Spanish

Capable / Phases 3–4

María Blanco
Gonzalo Vázquez
Series editor: Paul Morris

Boost

HODDER
EDUCATION
AN HACHETTE UK COMPANY

Author's acknowledgements

We would like to dedicate this book to Ana de Castro, who thought about us for making this project real.

A special thank you to: Paul Morris, series editor for the MYP by Concept series and So-Shan Au, International Publisher at Hodder Education for their understanding and their help during the process of creating this book.

We would like to thank J. Rafael Ángel and Penny Fisher for being our guide with their generous comments.

Although every effort has been made to ensure that website addresses are correct at time of going to press, Hodder Education cannot be held responsible for the content of any website mentioned in this book. It is sometimes possible to find a relocated web page by typing in the address of the home page for a website in the URL window of your browser.

Hachette Livre UK's policy is to use papers that are natural, renewable and recyclable products and made from wood grown in well-managed forests and other controlled sources. The logging and manufacturing processes are expected to conform to the environmental regulations of the country of origin.

Orders: please contact Hachette UK Distribution, Hely Hutchinson Centre, Milton Road, Didcot, Oxfordshire, OX11 7HH. Telephone: +44 (0)1235 827827. Email education@hachette.co.uk. Lines are open from 9 a.m. to 5 p.m., Monday to Friday. You can also order through our website: www.hoddereducation.com

Cover photo © alexmillos/Thinkstock/iStock/Getty Images
Illustrations by DC Graphic Design Limited and Jim Eldridge/Oxford Designers & Illustrators
Typeset in Frutiger LT Std 45 Light 11/15pt by DC Graphic Design Limited, Hextable, Kent
Produced by DZS Grafik, printed in Bosnia & Herzegovina

A catalogue record for this title is available from the British Library

ISBN: 9781471881152

Índice

Cómo usar este libro

¡Bienvenido(a) a la serie by Concept de Hodder Education! Cada capítulo se ha diseñado para acompañarte en un proceso de indagación conceptual en el mundo de la lengua española y en los contextos globales que permiten interactuar con nuevas ideas, desarrollar nuevos escenarios de aprendizaje y crear significado.

El *Enunciado de Indagación* revela el marco de la indagación, y las preguntas de indagación sirven de guía a lo largo de la exploración a medida que aparecen en cada capítulo.

En cada capítulo, el marco de estudio se genera a partir de la unión de un *concepto clave*, y *conceptos relacionados* encuadrados en un *contexto global*.

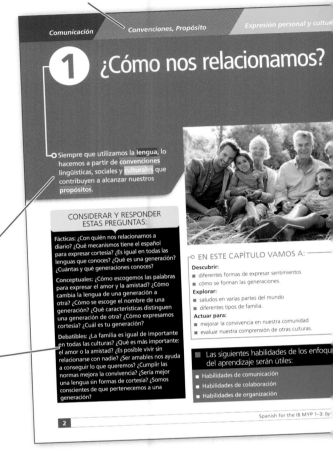

ACTIVIDAD

Algunos enfoques del aprendizaje esenciales en la asignatura de Adquisición de Lenguas en el PAI se han identificado en cada tarea con el fin de orientar tu trabajo.

Cada actividad tiene un enfoque especial que te permite poner en práctica diferentes destrezas de aprendizaje.

Enfoques del aprendizaje

■ Las actividades que encontrarás en este libro te brindarán la oportunidad de utilizar el idioma de manera personalizada. Todas las actividades se han diseñado para apoyar el desarrollo de los enfoques del aprendizaje. Tu profesor podrá indicarte cómo se relacionan con los objetivos de Adquisición de Lenguas en el PAI.

VOCABULARIO SUGERIDO

Al principio de cada capítulo, encontrarás un *vocabulario sugerido* que te ayudará a contextualizar, sustentar y desarrollar tus ideas de forma efectiva.

▼ Nexos

Como cualquier otra asignatura, el aprendizaje de lenguas extranjeras es sólo una fracción del conocimiento. Observarás cómo muchas actividades dan paso a crear nexos con otras asignaturas de manera natural, pero también podrás identificar recuadros que te permitirán crear conexiones con asignaturas y temas específicos.

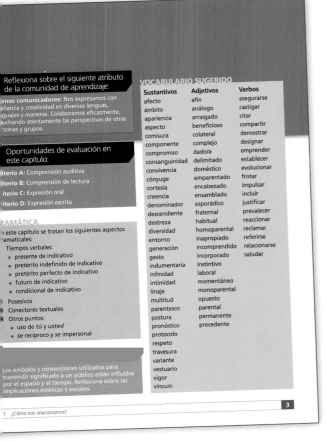

Reflexiona sobre el siguiente atributo de la comunidad de aprendizaje:

Buenos comunicadores: Nos expresamos con confianza y creatividad en diversas lenguas, lenguajes y maneras. Colaboramos eficazmente, escuchando atentamente las perspectivas de otras personas y grupos.

Oportunidades de evaluación en este capítulo:

Criterio A: Comprensión auditiva
Criterio B: Comprensión de lectura
Criterio C: Expresión oral
Criterio D: Expresión escrita

GRAMÁTICA

En este capítulo se tratan los siguientes aspectos gramaticales:

Tiempos verbales:
- presente de indicativo
- pretérito indefinido de indicativo
- pretérito perfecto de indicativo
- futuro de indicativo
- condicional de indicativo

- Posesivos
- Conectores textuales
- Otros puntos:
  - uso de tú y usted
  - se recíproco y se impersonal

Los símbolos y convenciones utilizados para transmitir significado a un público están influidos por el espacio y el tiempo. Reflexiona sobre las implicaciones estéticas y sociales.

VOCABULARIO SUGERIDO

Sustantivos	Adjetivos	Verbos
afecto	afin	asegurarse
ámbito	análogo	castigar
apariencia	arraigado	citar
aspecto	beneficioso	compartir
comisura	colateral	demostrar
componente	complejo	designar
compromiso	dado/a	emprender
consanguinidad	delimitado	establecer
convivencia	doméstico	evolucionar
cónyuge	emparentado	frotar
cortesía	encabezado	impulsar
creencia	ensamblado	incluir
denominador	esporádico	justificar
descendiente	fraternal	prevalecer
destreza	habitual	reaccionar
diversidad	homoparental	reclamar
entorno	inapropiado	referirse
generación	incomprendido	relacionarse
gesto	incorporado	saludar
indumentaria	instintivo	
infinidad	laboral	
intimidad	momentáneo	
linaje	monoparental	
multitud	opuesto	
parentesco	parental	
postura	permanente	
pronóstico	precedente	
protocolo		
respeto		
travesura		
variante		
vestuario		
vigor		
vínculo		

1   ¿Cómo nos relacionamos?

3

● Reflexiona sobre el siguiente atributo de la comunidad de aprendizaje:

● Cada capítulo aborda y promueve un atributo de la comunidad de aprendizaje para contribuir a tu proceso de reflexión.

! Actúa e involúcrate

! En este libro encontrarás una serie de oportunidades para generar acción y para enriquecer las relaciones conceptuales, por lo tanto debes ser un agente activo de todo el proceso. En las tareas que representan oportunidades de servicio, habrá indicaciones que te apoyarán en tu proceso de investigación y que te ayudarán a detectar las herramientas necesarias por medio del ciclo de indagación.

Finalmente, al final de cada capítulo tendrás la oportunidad de reflexionar sobre lo que has aprendido por medio de la tabla de *Reflexión*, en la cual podrás registrar algunas otras preguntas que pudieron surgir gracias al proceso de indagación.

Reflexionemos sobre nuestro aprendizaje…
Usa esta tabla para reflexionar sobre tu aprendizaje personal en este capítulo.

Preguntas que hicimos	Respuestas que encontramos	Preguntas que podemos generar ahora			
Fácticas					
Conceptuales					
Debatibles					
Enfoques del aprendizaje en este capítulo:	Descripción: ¿qué destrezas nuevas adquiriste?	¿Cuánto has consolidado estas destrezas?			
		Novato	En proceso de aprendizaje	Practicante	Experto
Atributos de la comunidad de aprendizaje	*Reflexiona sobre la importancia del atributo de la comunidad de aprendizaje de este capítulo.*				

GRAMÁTICA

Cada capítulo incluye algunas sugerencias sobre las estructuras gramaticales que aparecen en él, o que pueden ser útiles a la hora de expresar tus ideas en las actividades que realizarás. Siempre es recomendable tener en cuenta qué es posible expresar con las diferentes estructuras de manera individual y combinándolas.

◆ Oportunidades de evaluación

Muchas de las actividades en este libro te permitirán fortalecer destrezas de los cuatro criterios de evaluación. Es posible que algunas de estas actividades se realicen para evaluar tu progreso de manera formativa en un tema específico o de manera sumativa cuando concluya el capítulo. Las actividades en las que no veas esta indicación te ayudarán a profundizar la indagación.

① ¿Cómo nos relacionamos?

○ Siempre que utilizamos la **lengua**, lo hacemos a partir de **convenciones** lingüísticas, sociales y **culturales** que contribuyen a alcanzar nuestros **propósitos**.

CONSIDERAR Y RESPONDER ESTAS PREGUNTAS:

Fácticas: ¿Con quién nos relacionamos a diario? ¿Qué mecanismos tiene el español para expresar cortesía? ¿Es igual en todas las lenguas que conoces? ¿Qué es una generación? ¿Cuántas y qué generaciones conoces?

Conceptuales: ¿Cómo escogemos las palabras para expresar el amor y la amistad? ¿Cómo cambia la lengua de una generación a otra? ¿Cómo se escoge el nombre de una generación? ¿Qué características distinguen una generación de otra? ¿Cómo expresamos cortesía? ¿Cuál es tu generación?

Debatibles: ¿La familia es igual de importante en todas las culturas? ¿Qué es más importante: el amor o la amistad? ¿Es posible vivir sin relacionarse con nadie? ¿Ser amables nos ayuda a conseguir lo que queremos? ¿Cumplir las normas mejora la convivencia? ¿Sería mejor una lengua sin formas de cortesía? ¿Somos conscientes de que pertenecemos a una generación?

○ EN ESTE CAPÍTULO VAMOS A:

Descubrir:
- diferentes formas de expresar sentimientos
- cómo se forman las generaciones.

Explorar:
- saludos en varias partes del mundo
- diferentes tipos de familia.

Actuar para:
- mejorar la convivencia en nuestra comunidad
- evaluar nuestra comprensión de otras culturas.

■ Las siguientes habilidades de los enfoques del aprendizaje serán útiles:

- Habilidades de comunicación
- Habilidades de colaboración
- Habilidades de organización

- Reflexiona sobre el siguiente atributo de la comunidad de aprendizaje:

Buenos comunicadores: Nos expresamos con confianza y creatividad en diversas lenguas, lenguajes y maneras. Colaboramos eficazmente, escuchando atentamente las perspectivas de otras personas y grupos.

◆ Oportunidades de evaluación en este capítulo:

Criterio A: Comprensión auditiva

Criterio B: Comprensión de lectura

Criterio C: Expresión oral

Criterio D: Expresión escrita

GRAMÁTICA

En este capítulo se tratan los siguientes aspectos gramaticales:

1 Tiempos verbales:
   - presente de indicativo
   - pretérito indefinido de indicativo
   - pretérito perfecto de indicativo
   - futuro de indicativo
   - condicional de indicativo

2 Posesivos

3 Conectores textuales

4 Otros puntos:
   - uso de *tú* y *usted*
   - *se* recíproco y *se* impersonal

▼ Nexos: Artes

Los símbolos y convenciones utilizados para transmitir significado a un público están influidos por el espacio y el tiempo. Reflexiona sobre las implicaciones estéticas y sociales.

VOCABULARIO SUGERIDO

Sustantivos	Adjetivos	Verbos
afecto	afín	asegurarse
ámbito	análogo	castigar
apariencia	arraigado	citar
aspecto	beneficioso	compartir
comisura	colateral	demostrar
componente	complejo	designar
compromiso	dado/a	emprender
consanguinidad	delimitado	establecer
convivencia	doméstico	evolucionar
cónyuge	emparentado	frotar
cortesía	encabezado	impulsar
creencia	ensamblado	incluir
denominador	esporádico	justificar
descendiente	fraternal	prevalecer
destreza	habitual	reaccionar
diversidad	homoparental	reclamar
entorno	inapropiado	referirse
generación	incomprendido	relacionarse
gesto	incorporado	saludar
indumentaria	instintivo	
infinidad	laboral	
intimidad	momentáneo	
linaje	monoparental	
multitud	opuesto	
parentesco	parental	
postura	permanente	
pronóstico	precedente	
protocolo		
respeto		
travesura		
variante		
vestuario		
vigor		
vínculo		

¿Cómo escogemos las palabras para expresar el amor y la amistad?

EL AMOR

El amor es sin duda el sentimiento más estudiado, complejo e incomprendido de la historia de la humanidad. Por esto es uno de los tópicos artísticos más recurridos en la historia del arte, lo que ha producido infinidad de obras literarias, pinturas, esculturas, etc. basadas en el amor.

No existe unicamente un tipo de amor, sino que, en nuestra cultura, el amor puede tener multitud de significados y formas, que se expresan de diferentes maneras en nuestras relaciones. Por ejemplo, lo que una madre siente por sus hijos o estos por su madre es amor, también lo que sentimos por nuestra familia, hacia nuestros amigos. Este amor nos lleva a aceptar cierto grado de cariño y compromiso con ellos.

En todas las culturas hay diferentes formas de expresar el amor, tanto por medio de las palabras como de los gestos, para expresar los diferentes grados de intimidad y respeto con los demás.

PIENSA–COMPARA–COMPARTE

Lee las siguientes preguntas con atención y **comparte** tus ideas con tus compañeros:

1 **¿Qué es el amor?**
2 **¿Qué es la amistad?**
3 **¿Cuántos tipos de amor y de amistad conoces?**
4 **¿Crees que es lo mismo *querer* y *amar* en español?**
5 **¿Qué palabras usamos para hablar de amor?**

ACTIVIDAD: Tipos de amor

Habilidades de comunicación: Ofrecen y reciben comentarios pertinentes

En nuestro entorno podemos encontrar diferentes tipos de amor como los siguientes:
- **amor compañero**
- **amor maternal / paternal**
- **amor fraternal**
- **amor romántico**

Elige uno de ellos y **escribe** una pequeña historia (150 palabras) donde los personajes tengan una experiencia de este tipo.

◆ Oportunidades de evaluación

En esta actividad se han practicado las habilidades que son evaluadas por medio del Criterio D: Expresión escrita.

ACTIVIDAD: Los gritones

■ Enfoques del aprendizaje

Habilidades de comunicación: Utilizan el entendimiento intercultural para interpretar la comunicación

Busca en YouTube el vídeo **Los gritones** o escribe la siguiente dirección web: **www.youtube.com/watch?v=7EHO7Q8FjsM**.

Después de ver este vídeo, contesta las siguientes preguntas y **justifica** tus respuestas:

1 **¿Qué relación tienen los protagonistas?**
2 **¿Dónde están?**
3 **¿Por qué gritan?**
4 **¿Qué significado tiene el último grito?**
5 **¿Cómo crees que se sienten los protagonistas al principio y al final del cortometraje?**
6 **¿Qué crees que pasará después?**
7 **¿Has vivido alguna situación similar?**

◆ Oportunidades de evaluación

En esta actividad se han practicado las habilidades que son evaluadas por medio del Criterio A: comprensión auditiva.

Lee la siguiente carta de Pedro a su mascota Lanas.

Carta de amor de Pedro

Querido Lanas:

Esta mañana nos han llamado del veterinario para decirnos que ya nunca volverás a casa y por esto he decidido escribir esta carta, para que la puedas leer allí donde estés ahora.

Me he acordado de lo importante que eras para toda la familia y lo mucho que te hemos querido. Aunque no eras humano, eras uno más y eras la alegría de la casa.

Me encantaba cuando todas las mañanas venías a despertarnos. Entrabas silenciosamente en la habitación y empezabas a ladrar al lado de mi cama para que fuésemos juntos a desayunar.

También recuerdo cuando salíamos a pasear y jugábamos en el parque con todos mis amigos, ellos también te querían mucho.

Todos te echaremos muchísimo de menos y no te olvidaremos nunca.

Te querré siempre.

Tu gran amigo, Pedro.

P. S: No te olvides de ser bueno y no hacer travesuras. Si en ese nuevo mundo hay zapatillas de deporte, ¡no las destruyas!

ACTIVIDAD: La carta de Pedro

■ Enfoques del aprendizaje

Habilidades de comunicación: Utilizan el entendimiento intercultural para interpretar la comunicación

Después de haber leído la carta de Pedro, responde las siguientes preguntas:

1 ¿Quién es Lanas y quién es Pedro?
2 ¿Qué le ha sucedido a Lanas?
3 ¿Por qué Pedro escribe esta carta?
4 ¿Qué cosas hacían juntos Lanas y Pedro?
5 ¿Por qué escribe Pedro "Si en ese nuevo mundo hay zapatillas de deporte, ¡no las destruyas!"?
6 ¿Cuál es el sentimiento que se trata en este texto?

◆ Oportunidades de evaluación

En esta actividad se han practicado las habilidades que son evaluadas por medio del Criterio B: Comprensión de lectura.

CÍRCULO DE OPINIONES

Contesta las siguientes preguntas y después **comparte** tus opiniones con el resto de la clase.

1 ¿Tienes o has tenido mascota alguna vez?
2 ¿Crees que la mascota es un miembro de la familia?
3 ¿Qué importancia tienen los animales en diferentes culturas?
4 ¿Has vivido alguna vez una experiencia similar? ¿Y ha vivido alguien que conozcas una experiencia similar?
5 ¿Es tan doloroso perder a una mascota como a una persona?
6 ¿Cómo crees que se debe reaccionar a este tipo de situaciones?
7 ¿Te parece buena idea escribir una carta?

ACTIVIDAD: La convivencia doméstica

■ Enfoques del aprendizaje

Habilidades de comunicación: Comparten ideas con múltiples destinatarios empleando una variedad de medios y entornos digitales

Durante diez minutos prepara una presentación oral sobre la convivencia diaria en tu casa, que **compartirás** con el resto de la clase durante un tiempo aproximado de dos minutos.

Asegúrate de que incluyes la siguiente información:
- **cuántas personas viven en tu casa**
- **cuántas mascotas tenéis**
- **qué relación tienes con esas personas**
- **cuánto tiempo pasáis juntos**
- **qué actividades compartís**
- **qué importancia tienen en tu vida**
- **qué gestos y palabras utilizáis para demostraros respeto y cariño**
- **en qué se diferencia este tipo de relaciones con las de tus amigos**

◆ Oportunidades de evaluación

En esta actividad se han practicado las habilidades que son evaluadas por medio del Criterio C: Expresión oral.

¿La familia es igual de importante en todas las culturas?

Lee el siguiente artículo sobre lo que significa la familia.

La familia

En la sección "Temas mundiales" de la página de la ONU, podemos leer que "la familia es uno de los pilares de la sociedad". Por su parte, la Real Academia Española la define como: "grupo de personas emparentadas entre sí que viven juntas" o como "conjunto de ascendientes, descendientes, colaterales y afines de un linaje". Como sucede en estos temas tan profundos y complejos, el concepto no es universal, aunque pueda parecer así. Y es que su composición no es igual en todas las culturas, ni a lo largo del tiempo.

Independientemente de lo que signifique la familia para nosotros y para la sociedad, por la época que nos toca vivir, se distinguen varios tipos de familia. La siguiente clasificación corresponde a los diversos tipos de familia que existen en la actualidad:

- **Familia nuclear:** formada por una madre, un padre y sus hijos, es la familia clásica.

- **Familia extendida:** formada por parientes cuyas relaciones no son únicamente entre padres e hijos, sino que puede incluir abuelos, tíos, primos y otros consanguíneos o afines.

- **Familia monoparental:** formada por un padre o una madre (la mayoría de las veces la madre) y sus hijos. Puede tener diversos orígenes: padres separados o divorciados donde los hijos quedan viviendo con uno de ellos; por la familia constituida por una madre soltera o, por último, por el fallecimiento de uno de los cónyuges.

- **Familia homoparental:** formada por una pareja homosexual (hombres o mujeres) y sus hijos biológicos o adoptados

- **Familia ensamblada:** formada por agregados de dos o más familias monoparentales. En este tipo, también se incluyen aquellas familias conformadas solamente por hermanos o por amigos que comparten la misma vivienda, donde el sentido de la palabra familia no tiene que ver con parentesco de consanguinidad, sino sobre todo con sentimientos, convivencia y solidaridad.

- **Familia de hecho:** este tipo de familia tiene lugar cuando la pareja convive sin ningún tipo de enlace legal.

ACTIVIDAD: La familia

En el texto anterior, hemos visto que existen muchos tipos de familia. Contesta las siguientes preguntas siguiendo la información del texto:

1 ¿Cómo define la Real Academia Española la familia?
2 ¿Cuántos tipos de familia aparecen en el texto?
3 ¿En qué consiste la familia extendida?
4 ¿Qué ejemplo aparece en el texto para familia ensamblada?
5 Según el texto, ¿es universal el concepto de familia?
6 Según el texto, ¿hay más familias monoparentales con padre o con madre?
7 ¿Ha cambiado el concepto de familia a lo largo del tiempo?
8 ¿Cómo se organiza la información de los diferentes tipos de familia en el texto?

◆ Oportunidades de evaluación

En esta actividad se han practicado las habilidades que son evaluadas por medio del Criterio B: Comprensión de lectura.

ACTIVIDAD: La familia de Pimpinela

Busca en YouTube el vídeo La familia de Pimpinela o escribe la siguiente dirección web: https://www.youtube.com/watch?v=VKpCWaAv6Vs.

Después de verlo, contesta las siguientes preguntas y justifica tus respuestas:

1 ¿De qué tema trata el vídeo?
2 ¿Da una imagen positiva de la familia?
3 ¿Cuáles son los aspectos positivos y negativos de la familia según la canción?
4 ¿A quién va dirigida la canción?
5 ¿Dónde tiene lugar la escena de la canción?
6 ¿De qué tipo de familia trata esta canción?
7 ¿Has vivido situaciones similares?
8 ¿Tu familia se comporta de este modo?
9 ¿Qué es lo que más y lo que menos te gusta de las reuniones familiares?

◆ Oportunidades de evaluación

En esta actividad se han practicado las habilidades que son evaluadas por medio del Criterio A: Comprensión auditiva.

ACTIVIDAD: En el patio del colegio

■ Enfoques del aprendizaje

Habilidades de colaboración: Delegan y comparten responsabilidades a la hora de tomar decisiones

Prepara con un(a) compañero/a una conversación para la siguiente situación:

Contexto: el patio del colegio

Alumno/a 1: amigo/a 1

Alumno/a 2: amigo/a 2

Tema: ruptura sentimental

Registro: informal

Duración: dos minutos

◆ Oportunidades de evaluación

En esta actividad se han practicado las habilidades que son evaluadas por medio del Criterio C: Expresión oral.

PIENSA–COMPARA–COMPARTE

Lee las siguientes preguntas con atención y **comparte** tus ideas con tus compañeros:

1 **¿Qué es para ti la cortesía?**
2 **¿Crees que es necesario el protocolo?**
3 **¿Conoces las normas de protocolo de tu cultura?**
4 **¿Influye nuestro carácter en nuestra forma de relacionarnos con los demás?**
5 **¿Es importante la apariencia a la hora de relacionarnos?**
6 **¿Crees que las normas de indumentaria ayudan a la convivencia en el colegio?**

ACTIVIDAD: ¿Cuál es tu lenguaje para mostrar amor?

Busca en YouTube el vídeo ¿Cuál es tu lenguaje para expresar amor? – ELSA PUNSET – El Mundo En Tus Manos o escribe la siguiente dirección web: **https://www.youtube.com/watch?v=q9U6mWcC4y0&t=296s**.

Después de verlo, contesta las siguientes preguntas y **justifica** tus respuestas:

1 ¿Cuántas formas hay de expresar cariño según el vídeo?
2 ¿Cuáles son estas formas de expresar amor?
3 ¿Con cuántos lenguajes de amor nos sentimos cómodos según Elsa Punset?
4 ¿Por qué el lenguaje físico es el más fácil de demostrar? Cita algunos ejemplos.
5 ¿Qué se dice en el vídeo sobre los regalos?
6 ¿Qué importancia tienen las palabras para expresar amor?
7 ¿Qué es y para qué sirve un acto de servicio?
8 ¿Por qué Elsa Punset cree que el tiempo de calidad es muy importante?

¿Cómo expresamos cortesía?

Lee el siguiente artículo sobre las diferentes formas de saludar.

¿Cómo se debe saludar?

El saludo es una forma de comunicarse, de introducir a una persona en el círculo de otra al hacer las presentaciones, bien sea de una forma momentánea y esporádica, bien de una forma más permanente al establecer un vínculo más estrecho con ella (amistad, amor, etc.).

El saludo más utilizado en todo el mundo es el apretón de manos. Saludar dando la mano es mundialmente aceptado, aunque hay países que tienen sus propias costumbres y solamente utilizan este saludo para tratar con los extranjeros.

En América

En América Anglosajona, el saludo más utilizado es el apretón de manos, a nivel social y laboral. A nivel familiar, se puede utilizar el beso como forma de saludo, para la pareja o cónyuge y para los familiares.

En América Latina, predomina el carácter latino y social del saludo, y son muy utilizados, además del apretón de manos, los besos entre personas, incluso entre los caballeros, aunque sea más habitual entre las mujeres y entre hombres y mujeres. Entre los hombres, los abrazos y otras formas de expresión del saludo más cercanas son más habituales que los besos. Tanto en el ámbito social, como en el laboral o familiar, los saludos son bastante cercanos en la mayor parte de estos países.

En Europa

Si nos vamos a Europa, aquí la diversidad de saludos es bastante amplia, siendo el denominador común dar la mano, como expresión más internacional del saludo. En España, los besos son muy habituales en los saludos, no solo en el ámbito social o familiar, sino en el laboral. No es difícil ver a la propia Reina de España dando dos besos a un escritor premiado o a un deportista que ha obtenido una medalla.

En el resto de Europa, hasta la frontera rusa, el saludo más habitual es dar la mano en el ámbito social y laboral, dejando el beso para el ámbito familiar e íntimo. Hay excepciones. Los franceses dan tres besos y en algunas ocasiones más de tres. En la zona de los Balcanes también son muy dados a los besos como forma de saludo. Los rusos se besan muy cerca de la comisura de los labios como también lo hacen en Australia.

En Oriente

Si hablamos de países orientales, podemos destacar Japón, por sus valores y arraigadas ceremonias tradicionales aún en vigor actualmente. Prevalecen los saludos sin contacto físico. El saludo más habitual es una leve inclinación de cabeza como muestra de respeto por la otra persona. A mayor respeto mayor será la inclinación que se hace. Pero no solo en Japón, sino en muchos otros países asiáticos, esta forma de saludo, inclinando la cabeza, es la forma más habitual de saludar. Con personas occidentales, sobre todo en el ámbito laboral, se puede utilizar una forma de saludar más internacional, dependiendo mucho del país, la región del mismo y de otras circunstancias.

En el mundo Árabe

En los países de cultura árabe, es común que las personas del mismo género se besen en las mejillas, pero hacerlo con personas de distinto sexo está mal visto e incluso puede ser una ofensa que se castiga en algunos países, en los que está absolutamente prohibido como en los Emiratos Árabes Unidos.

Ahora bien, si dos personas del mismo género van de la mano, se los considera "buenos amigos", como descubrió el expresidente George W. Bush cuando conoció al príncipe de Arabia Saudí en 2005.

En otros lugares

Como formas curiosas de saludar, una de las más conocidas es el saludo esquimal, en el cual las personas que se saludan frotan sus narices como muestra de cortesía; o de algunas tribus indias, que levantan su palma derecha como señal de saludo a otra persona y como muestra de sus buenas intenciones de no portar armas en la mano. Algunas tribus no solo levantan la palma de la mano, sino que hacen un pequeño círculo con ella en el aire a la hora de saludar.

Para terminar, uno de los saludos que más sorpresa despierta es el saludo que se hacen los rusos entre camaradas. Los besos que se dan, generalmente tres, tan cercanos a los labios, producen cierta extrañeza en aquellas personas que no conocen este tipo de saludo.

Todos los saludos suelen tener un importante componente cultural, lo que implica que hay muchas variantes en la forma de saludar en función del país, la zona, la región, etc. debido a sus costumbres, creencias y tradiciones locales. También hay que saber diferenciar entre un saludo social y un saludo más familiar, personal o íntimo.

ACTIVIDAD: Tipos de saludo

Después de haber leído el texto sobre los diferentes saludos en diferentes partes del mundo, di si las siguientes afirmaciones son verdaderas o falsas y **justifica** tus respuestas:

1 **El apretón de manos es aceptado en todo el mundo como forma de saludo.**
2 **En América del Norte no se puede besar a los familiares.**
3 **Los hombres sudamericanos no se besan en ningún caso.**
4 **En España, está bien visto besarse en el trabajo.**
5 **Los franceses tienen por costumbre no besarse en público.**
6 **El saludo tradicional japonés consiste en abrazarse fuertemente.**
7 **En Arabia Saudí cogerse de la mano es un símbolo de amistad.**
8 **Los esquimales se saludan frotando sus mejillas.**
9 **Existen tribus que se saludan levantando la palma de su mano y haciendo un pequeño círculo en el aire.**
10 **Los saludos dependen de cada cultura.**

PUNTO DE INDAGACIÓN

Lee las siguientes preguntas y **comparte** tu experiencia y tus opiniones con tus compañeros:

1 **¿Qué tipo de saludos utilizas más?**
2 **¿Cómo se saluda en tu país?**
3 **¿En tu cultura se saluda de la misma forma entre hombres y mujeres? ¿A qué crees que se debe?**
4 **¿Qué expresiones conoces en español para saludar?**
5 **¿En qué situaciones usas las expresiones anteriores?**
6 **¿Qué efecto puede producir un saludo en un contexto inapropiado?**

¿Cumplir las normas mejora la convivencia?

ACTIVIDAD: El uniforme

■ Enfoques del aprendizaje

Habilidades de comunicación: Utilizan formas de redacción adecuadas para distintos destinatarios y propósitos

En la fotografía, puedes observar a las alumnas de un colegio en el que se debe usar uniforme. Imagina que en tu colegio van a cambiar las normas de vestuario. **Escríbele** un email de aproximadamente 200 palabras a tu director(a) para expresarle tu acuerdo o desacuerdo con el uso del uniforme en el colegio. No olvides:

- **saludar**
- **hacer una introducción del tema**
- **exponer las razones de tu postura**
- **despedirte.**

◆ Oportunidades de evaluación

En esta actividad se han practicado las habilidades que son evaluadas por medio del Criterio D: Expresión escrita.

ACTIVIDAD: La buena educación en otras culturas

■ Enfoques del aprendizaje

Habilidades de comunicación: Utilizan formas de redacción adecuadas para distintos destinatarios y propósitos

Investiga y prepara una breve presentación sobre las normas de buena educación en diferentes culturas. Para ello, haz un breve esquema en el que no olvides incluir la siguiente información:

- **¿Cómo nos comportamos en la mesa?**
- **¿Cómo reaccionas cuando te hacen un regalo?**
- **¿Qué haces cuando vas a casa de alguien?**

◆ Oportunidades de evaluación

En esta actividad se han practicado las habilidades que son evaluadas por medio de los Criterios D: Expresión escrita y C: Expresión oral.

ACTIVIDAD: En el aeropuerto

■ Enfoques del aprendizaje

Habilidades de colaboración: Ayudan a los demás a alcanzar sus objetivos

Prepara con un(a) compañero/a la conversación para la siguiente situación:

Contexto: aeropuerto internacional

Alumno/a 1: alumno/a del colegio

Alumno/a 2: profesor(a) del colegio

Tema: las próximas vacaciones

Registro: formal (uso de *usted*)

Duración: dos minutos

◆ Oportunidades de evaluación

En esta actividad se han practicado las habilidades que son evaluadas por medio del Criterio C: Expresión oral.

CÍRCULO DE OPINIONES

Contesta las siguientes preguntas y después **comparte** tus opiniones con el resto de la clase.

1 ¿Cuántos amigos tienes en el colegio?
2 ¿Somos amigos de todos los compañeros de la clase?
3 ¿Cuántos amigos tienes fuera del colegio?
4 ¿Cuál es la diferencia entre tus amigos de dentro del colegio y tus amigos de fuera del colegio?
5 ¿Conservas amigos en otros lugares en los que has vivido con anterioridad?
6 ¿Cuál es la diferencia entre amigos y compañeros?
7 ¿Qué esperamos de los amigos? ¿Y qué esperamos de los compañeros?

CONECTA–EXTIENDE–DESAFÍA

Partiendo de la información que has adquirido en este tema, **investiga** sobre las diferentes formas de saludar en el mundo. Para ello, puedes servirte de internet o de tu propio entorno familiar.

Sigue estos pasos:

1 **Conecta** la información que abordaste con lo que ya sabías previamente.
2 **Extiende** las ideas agregando información que no se haya mencionado.
3 **Desafía** las ideas mencionadas con preguntas que tengas al respecto.

Prepara una breve presentación audiovisual de aproximadamente dos minutos que mostrarás al resto de la clase durante un tiempo aproximado de tres minutos.

En ella debes **explicar** en qué consiste cada saludo, cómo se realiza, qué partes del cuerpo se utilizan para saludar, quién lo realiza a quién, etc.

¿Cuál es tu generación?

LAS GENERACIONES

La palabra "generación" puede ser utilizada en diferentes sentidos. El sentido más amplio es el que se refiere al conjunto de seres (humanos o animales) que forma parte de una línea de sucesión genealógica anterior o posterior a un individuo. Si este individuo se toma como punto de partida se conoce como primera generación y a los que le siguen segunda generación y así sucesivamente.

También se utiliza la palabra generación para designar al conjunto de personas que comparten una serie de características comunes por el hecho de haber nacido en años próximos, compartir la misma educación, haber tenido influencias culturales y sociales muy parecidas, etc. Esto implica que el comportamiento de los miembros de una misma generación sea muy similar (aspecto, ideas, etc.).

Lo interesante es que dentro de una misma familia podemos encontrar miembros de diferentes generaciones, ya que conviven hijos con padres, abuelos o bisabuelos. Lo más común es que en una misma familia convivan tres generaciones, aunque muchas veces las diferencias culturales o sociales entre pares de generaciones no están claramente delimitadas.

PIENSA–COMPARA–COMPARTE

Lee las siguientes preguntas con atención y **comparte** tus ideas con tus compañeros:

1. **¿Qué es una generación?**
2. **¿Te sientes parte de una generación?**
3. **¿Qué define a tu generación?**
4. **¿Conoces otras generaciones?**
5. **¿A qué generación pertenecen tus padres y tus abuelos?**
6. **¿Qué sentido tiene clasificar a las personas en diferentes generaciones?**

ACTIVIDAD: Todos podemos aprender

Enfoques del aprendizaje

Habilidades de organización: Emplean estrategias adecuadas para organizar información compleja

Imagina y **describe** de forma breve la situación de la fotografía, sin olvidarte de tratar los siguientes puntos:

● ¿Qué personas participan en la acción?
● ¿Quiénes son y qué relación tienen?
● ¿Dónde están?
● ¿Qué crees que pasará después?

◆ Oportunidades de evaluación

En esta actividad se han practicado las habilidades que son evaluadas por medio del Criterio C: Expresión oral o D: Expresión escrita.

ACTIVIDAD: La familia digital

Enfoques del aprendizaje

Habilidades de comunicación: Ofrecen y reciben comentarios pertinentes

Busca en YouTube el vídeo La familia digital o escribe la siguiente dirección web: **www.youtube. com/watch?v=pbx2ZkFhnYc.**

Después de verlo, contesta las siguientes preguntas y **justifica** tus respuestas:

1 **¿Sobre qué trata el vídeo?**
2 **¿Dicen la verdad los protagonistas?**
3 **¿Qué importancia tiene la tecnología en la familia?**
4 **¿Qué opinión tienen los hijos sobre las destrezas tecnológicas de los padres?**
5 **¿Qué problema tiene el padre para conseguir las entradas?**
6 **¿Qué sucede en el baño?**
7 **¿Por qué crees que es tan importante el aspecto para la hija? Justifica tu respuesta haciendo referencia directa al vídeo.**
8 **¿Qué peligros de internet aparecen en el vídeo?**
9 **¿Qué le ocurre a la madre con la compra?**
10 **¿Te identificas con estas situaciones?**

◆ Oportunidades de evaluación

En esta actividad se han practicado las habilidades que son evaluadas por medio del Criterio A: Comprensión auditiva.

La Generación del milenio o Generación Y

De Eliana Álvarez

La Generación Y o la Generación del milenio está comprendida por las personas nacidas entre 1980 y 2000, conocidas también como los nativos digitales, ya que la convergencia digital se ha incorporado a su vida cotidiana.

El académico inglés, Charles Handy escribió en *La edad de la paradoja*: "Nosotros vivimos seguros de que nuestra generación es diferente a la de nuestros padres, pero vemos a nuestros hijos viviendo igual que nosotros." Frente a esta premisa, la generación del milenio parece romper todos los pronósticos de las generaciones precedentes. A ellos se les ha atribuido la categoría de la primera generación global: se han ganado las llaves del mundo.

Los *millennials* representan la nueva fuerza de trabajo global, al menos la mitad de ellos tiene su propio negocio o planea tener uno. El hecho de estar permanentemente conectados a internet, a las redes sociales y a los dispositivos móviles les permite establecer nuevas relaciones personales y profesionales entre sus círculos. Ellos se han criado en un contexto social, político y económico en el cual la tecnología tiene una presencia cada vez mayor.

Cada generación está encabezada por un grupo de personas que comparte una serie de características y objetivos comunes de acuerdo al contexto sociocultural y político. También existen otros dos patrones que identifican a las generaciones: intentan diferenciarse de las anteriores y buscan evolucionar.

Así lo sostiene el experto, Ignacio Martín, quien explica que los *millennials* "son una generación influída por la globalización, por las mismas series de televisión, las películas y las tecnologías," y a diferencia de la Generación X, lo que los impulsa a emprender nuevos desafíos es la capacidad de adaptarse a los cambios, siempre teniendo claro que la vida está hecha de propósitos y de pasión.

CÍRCULO DE OPINIONES

Contesta las siguientes preguntas y después **comparte** tus opiniones con el resto de la clase.

1 **¿Conoces a personas de esta generación?**
2 **¿Formas parte de esta generación? Justifica tu respuesta.**
3 **¿Compartes algunas características con las personas de esta generación?**
4 **¿Cómo crees que serán las próximas generaciones?**
5 **¿Por qué crees que será recordada tu generación en el futuro?**
6 **¿Qué importancia tiene en tu generación el trato con los demás?**
7 **¿Cómo ha afectado la tecnología a los cambios de generación?**

ACTIVIDAD: ¿Verdadero o falso?

■ **Enfoques del aprendizaje**

Habilidades de comunicación: Utilizan el entendimiento intercultural para interpretar la comunicación

Después de haber leído el texto sobre la Generación Y, di si las siguientes afirmaciones son verdaderas o falsas y **justifica** tus respuestas.

1 Los miembros de la Generación del milenio nacieron entre 1960 y 1980.
2 A los miembros de la Generación Y se les conoce como discapacitados digitales.
3 La Generación del milenio es la última generación global.
4 Los miembros de la Generación del milenio se han beneficiado de las nuevas tecnologías para ser más emprendedores.
5 Los miembros de la Generación del milenio solamente utilizan ordenadores fijos.
6 La Generación Y tiene mayor capacidad de adaptación que la Generación X.
7 Según Ignacio Martín, los *millennials* están influidos por la globalización.

◆ **Oportunidades de evaluación**

En esta actividad se han evaluado las habilidades que son evaluadas por medio del Criterio B: Comprensión de lectura.

ACTIVIDAD: Jóvenes talentos informáticos

■ **Enfoques del aprendizaje**

Habilidades de colaboración: Practican la empatía

Prepara con un(a) compañero/a la conversación para la siguiente situación:

Contexto: una entrevista para el concurso "jóvenes talentos informáticos"

Alumno/a 1: entrevistador(a) del concurso

Alumno/a 2: un(a) alumno/a del colegio

Tema: tus cualidades a la hora de usar internet, las redes sociales y los dispositivos móviles

Registro: formal

Duración: dos minutos

◆ **Oportunidades de evaluación**

En esta actividad se han practicado las habilidades que son evaluadas por medio del Criterio C: Expresión oral.

¿Qué características distinguen una generación de otra?

Lee la siguiente carta de un abuelo a su nieto.

LA CARTA

Querido Álvaro:

Te escribo para felicitarte por tu cumpleaños: ¡Ya son trece! ¡Si parece que fue ayer cuando te vimos por primera vez el día que naciste! ¡Y cuando eras pequeñito y jugábamos en el parque!

Ya sabes que, aunque estés creciendo, para nosotros siempre serás nuestro niño. Crecer es algo importante y también divertido, pero a veces puede ser muy duro, ya que cambiarán muchas cosas, y enfrentar esos cambios no siempre es fácil. No olvides disfrutar cada momento de tu vida, porque nunca podrás volver atrás para vivirlos de nuevo.

Además, con el paso del tiempo, tendrás que hacer frente a muchas decisiones, para las que toda tu familia ha intentado educarte lo mejor posible, pero cada vez más, las decisiones dependerán unicamente de ti. Intenta hacer el bien para ti y para los demás: con el tiempo sabrás que hacer lo correcto trae sus recompensas.

Sabes que te quiero mucho y me siento muy orgulloso de ti. Recuerda que toda tu familia está dispuesta a ayudarte.

Un gran abrazo,

tu abuelo Paco

P.S: Te envío la foto que nos hizo tu padre durante las vacaciones.

ACTIVIDAD: Una carta para Álvaro

■ Enfoques del aprendizaje

Habilidades de organización: Emplean estrategias adecuadas para organizar información compleja

Después de haber leído la carta que ha recibido Álvaro de su abuelo, responde las siguientes preguntas:

1 ¿Por qué escribe esta carta el abuelo de Álvaro?
2 ¿Qué recuerdos menciona el abuelo?
3 ¿Qué consejos le da?
4 ¿Por qué dice el abuelo que crecer es divertido y duro a la vez?
5 ¿Por qué le manda esa foto?
6 ¿Cómo crees que reaccionará Álvaro?
7 ¿Cómo te hace sentir este texto?

◆ Oportunidades de evaluación

En esta actividad se han practicado las habilidades que son evaluadas por medio del Criterio B: Comprensión de lectura.

ACTIVIDAD: Queridos padres

■ Enfoques del aprendizaje

Habilidades de comunicación: Utilizan una variedad de técnicas de expresión oral para comunicarse con diversos destinatarios

Busca en YouTube el vídeo Queridos padres o escribe la siguiente dirección web: **www.youtube.com/watch?v=GnXzQRauETY**.

Después de verlo, contesta las siguientes preguntas y **justifica** tus respuestas:

1 **¿Qué le sucede al protagonista?**
2 **¿Qué le pasa al padre?**
3 **¿Por qué dice *micro* en inglés?**
4 **¿Qué reclama el protagonista?**
5 **¿Para qué le sirve la música?**
6 **¿A quién crees que va dirigida esta canción?**
7 **¿Por qué llama jefe a su padre?**
8 **¿Cómo termina la historia?**

◆ Oportunidades de evaluación

En esta actividad se han practicado las habilidades que son evaluadas por medio del Criterio A: Comprensión auditiva.

ACTIVIDAD: Mi pasión

■ Enfoques del aprendizaje

Habilidades de organización: Planifican tareas a corto y largo plazo; cumplen con los plazos establecidos

Prepara una breve presentación oral de aproximadamente dos minutos de duración sobre algunas de tus pasiones artísticas, deportivas, etc. Para ello, haz un breve esquema en el que no olvides incluir la siguiente información:
- **desde cuándo sientes esta pasión**
- **cuánto tiempo le dedicas a la semana**
- **lo compartes con alguien**
- **crees que puede ser una salida profesional**
- **te sientes apoyado por tu familia y tus amigos**

◆ Oportunidades de evaluación

En esta actividad se han practicado las habilidades que son evaluadas por medio del Criterio C: Expresión oral.

■ Enfoques del aprendizaje ¿Qué es un TEXTO MULTIMODAL?

■ No usamos la lengua para comunicar ideas solamente. Las imágenes, fijas o en movimiento, pueden combinarse con el texto para expresar mensajes o presentar argumentos.

■ Los textos que se componen de más de un modo, por ejemplo, textos que usan el modo escrito y el modo visual, se llaman TEXTOS MULTIMODALES.

■ Los cómics son un buen ejemplo porque no solo usan dibujos y texto para crear una narración, sino que también incluyen elementos de la lengua hablada que pueden hacer el texto más accesible a los lectores.

■ ¿Eres capaz de hallar otros tipos de texto que se puedan considerar multimodales? Usa internet para llevar a cabo tu investigación y crea tu propia lista de TEXTOS MULTIMODALES.

ACTIVIDAD: Whatsapp

■ Enfoques del aprendizaje

Habilidades de colaboración: Utilizan las redes sociales de forma adecuada para entablar y desarrollar relaciones

Prepara con un(a) compañero/a una conversación por **escrito** para la siguiente situación:

Contexto: diálogo por WhatsApp

Alumno/a 1: alumno/a del colegio

Alumno/a 2: su mejor amigo/a

Tema: discusión con los padres

Registro: informal

Extensión: 25 a 30 líneas

◆ Oportunidades de evaluación

En esta actividad se han practicado las habilidades que son evaluadas por medio del Criterio C: Expresión oral.

ACTIVIDAD: La generación del futuro

■ Enfoques del aprendizaje

Habilidades de gestión de la información: Presentan la información en diversos formatos y plataformas

Investiga y prepara un breve texto sobre la generación del futuro. Para ello, haz un breve esquema en el que no olvides incluir la siguiente información:

- **¿Qué características tendrá la próxima generación?**
- **¿En qué aspectos crees que habrá más diferencias?**
- **¿Qué aspectos crees que no cambiarán?**

◆ Oportunidades de evaluación

En esta actividad se han practicado las habilidades que son evaluadas por medio del Criterio D: Expresión escrita.

REFLEXIONA

Enfoques de aprendizaje

Habilidades de comunicación: Colaboran con los compañeros y con expertos utilizando diversos medios y entornos digitales

Busca en YouTube el vídeo **Puesto 3 – Saludos excesivos** o escribe la siguiente dirección: **www.youtube.com/watch?v=AE1hVg9RRIQ**.

Después de verlo, reflexiona y **analiza** con tus compañeros los siguientes puntos:

1 **¿Cómo saludas a tus padres, a tus profesores y a tus amigos?**
2 **¿En qué se diferencian estos saludos?**
3 **¿Qué importancia crees que tiene un saludo?**
4 **¿Por qué utilizamos saludos más formales y otros más informales dependiendo de la persona a la que nos dirigimos?**
5 **¿Cómo interpretas las distintas formas de saludo de los demás?**

❗ ACTÚA E INVOLÚCRATE

Enfoques del aprendizaje

Habilidades de comunicación: Colaboran con los compañeros y con expertos utilizando diversos medios y entornos digitales

❗ Busca en YouTube el vídeo Los beneficios de sonreír o escribe la siguiente dirección web: **www.youtube.com/watch?v=U19RLJZZs8A**. En este vídeo podremos comprobar que reír y sonreír mejora nuestra vida y la de las personas que nos rodean.

❗ Entre toda la clase, haremos una campaña para que nuestra comunidad mejore a través de los beneficios de la risa o la sonrisa.

❗ Para realizar esta campaña, deberemos seguir los siguientes pasos:

1 Planificar y repartir las tareas entre toda la clase.

2 En grupos de tres, planificar nuestra parte de la campaña: buscar el eslogan, seleccionar el contenido (por ejemplo, carteles de humor gráfico), etc.

3 Seleccionar los lugares para su colocación y pedir los correspondientes permisos.

4 Poner en marcha la campaña.

ALGUNAS TAREAS SUMATIVAS PARA EVALUAR ESTE CAPÍTULO

Utiliza estas tareas para aplicar y ampliar tu conocimiento de este capítulo. Estas tareas están diseñadas para poder evaluar tus conocimientos en diferentes niveles de logro según los criterios de adquisición de lenguas.

TAREA 1: El valor de la amistad

Enfoques de aprendizaje

Habilidades de comunicación: Utilizan formas de redacción adecuadas para distintos destinatarios y propósitos

Instrucciones

En la siguiente fotografía puedes ver un grupo de personas en una situación particular.

En un texto de entre 200 y 250 palabras, **describe** la situación que observas en la fotografía, cómo han llegado estas personas hasta esta situación y cómo crees que se resolverá.

Además completa tu texto con tu opinión sobre los valores de la amistad en tu cultura en relación a situaciones como la que presenta la fotografía.

Para ello puedes apoyarte en las nociones en relación a la amistad en nuestra cultura y en otras que has visto a lo largo de este capítulo.

No utilices herramientas de traducción ni diccionarios para esta tarea.

Tendrás 60 minutos para completarla.

Oportudidades de evaluación

Esta tarea puede usarse para evaluar tus habilidades del Criterio D: Expresión escrita.

TAREA 2: Una carta

■ Enfoques de aprendizaje

Habilidades de comunicación: Utilizan formas de redacción adecuadas para distintos destinatarios y propósitos

Instrucciones

Lee la carta que aparece a continuación y **escribe** una respuesta con un mínimo de 200 palabras.

No utilices herramientas de traducción ni diccionarios para esta tarea.

Tendrás 60 minutos para completar esta tarea.

Querida Silvia:

Seguro que ya estás esbozando una sonrisa con esta carta en tus manos. Que sepas que, efectivamente, es una carta de amistad. Porque aunque seguro que lo sabes, nunca te había dicho hasta ahora que "te quiero". Todo lo que significas para mí puede resumirse en esa sonrisa reconfortante que me dedicas cada vez que nos encontramos.

Esa sonrisa tuya actúa como un faro. Cuando estoy perdida sigo tu sonrisa y recupero el camino; cuando estoy hundida, me agarro con fuerza a tu sonrisa para salir a flote; y cuando creo que ya no puedo más, ahí me ilumina tu sonrisa para recordarme que tengo a alguien que me apoya incondicionalmente. Que no estoy sola, lo sé en cuanto compruebo que sigues sonriendo.

Me gustaría agradecerte no solo tu sonrisa medicinal, sino también todos esos abrazos terapéuticos que me envuelven como en una confortable manta cuando siento frío. Tus frases de aliento, tus consejos y hasta tus silencios cuando no sabes qué decir son también mis mejores amigos.

Porque cuando pienso en ti, que eres mi mejor amiga, pienso en lo afortunada que soy de poder contar con una persona así en mi vida. Porque cumples a la perfección tu papel de mejor amiga, de consuelo, de esperanza, de impulso y, sobre todo, de diversión. Qué suerte he tenido de haberte encontrado en mi camino.

No me faltes nunca.

◆ Oportunidades de evaluación

Esta tarea puede usarse para evaluar tus habilidades del Criterio D: Expresión escrita.

Reflexión

Preguntas que hicimos	Respuestas que encontramos	Preguntas que podemos generar ahora			
Fácticas: ¿Con quién nos relacionamos a diario? ¿Qué mecanismos tiene el español para expresar cortesía? ¿Es igual en todas las lenguas que conoces? ¿Qué es una generación? ¿Cuántas y qué generaciones conoces?					
Conceptuales: ¿Cómo escogemos las palabras para expresar el amor y la amistad? ¿Cómo cambia la lengua de una generación a otra? ¿Cómo se escoge el nombre de una generación? ¿Qué características distinguen una generación de otra? ¿Cómo expresamos cortesía? ¿Cuál es tu generación?					
Debatibles: ¿La familia es igual de importante en todas las culturas? ¿Qué es más importante: el amor o la amistad? ¿Es posible vivir sin relacionarse con nadie? ¿Ser amables nos ayuda a conseguir lo que queremos? ¿Cumplir las normas mejora la convivencia? ¿Sería mejor una lengua sin formas de cortesía? ¿Somos conscientes de que pertenecemos a una generación?					
Enfoques de aprendizaje en este capítulo:	Descripción: ¿qué destrezas nuevas adquiriste?	¿Qué tan bien has consolidado estas destrezas?			
		Novato	En proceso de aprendizaje	Practicante	Experto
Habilidades de comunicación					
Habilidades de colaboración					
Habilidades de organización					
Atributos de la comunidad de aprendizaje	Reflexiona sobre la importancia de ser un buen comunicador en este capítulo. ¿Cómo demostraste tus habilidades como buen comunicador en este capítulo?				
Buen comunicador					

2 ¿Somos tan tolerantes como pensamos?

○ A través de la lengua y a partir de nuestra **cultura**, a menudo **empatizamos** con personas de otras **identidades**.

CONSIDERAR Y RESPONDER ESTAS PREGUNTAS:

Fácticas: ¿Qué conceptos asociamos a la emigración? ¿De qué origen son los emigrantes que viven en nuestra ciudad? ¿Qué es un refugiado? ¿Qué nos hace especiales? ¿Qué tipos de conflictos conoces? ¿Cuáles son los conflictos más cercanos?

Conceptuales: ¿En qué eres diferente a los demás? ¿Por qué se desata un conflicto? ¿Cómo se puede evitar los conflictos? ¿Cómo podemos vivir en paz?

Debatibles: ¿La emigración es positiva o negativa? En relación a la emigración, ¿qué harías si fueses el presidente de tu país? ¿Qué es mejor, ser iguales o diferentes? ¿Hay diferencias que no aceptaremos nunca? ¿Hay límites para defender lo que pensamos? ¿Se puede justificar el uso de la violencia?

○ EN ESTE CAPÍTULO VAMOS A:

Descubrir:
■ diferentes movimientos migratorios
■ tipos de conflictos.

Explorar:
■ nuestros propios prejuicios
■ el impacto de la violencia en las personas.

Actuar para:
■ mediar en conflictos del colegio
■ crear conexiones con experiencias personales.

Las siguientes habilidades de los enfoques del aprendizaje serán útiles:

- Habilidades de comunicación
- Habilidades de colaboración
- Habilidades de reflexión
- Habilidades de gestión de la información
- Habilidades de pensamiento crítico
- Habilidades sociales
- Habilidades de transferencia

Reflexiona sobre el siguiente atributo de la comunidad de aprendizaje:

- **Mente abierta:** Desarrollamos una apreciación crítica de nuestras propias culturas e historias personales, así como de los valores y tradiciones de los demás. Buscamos y consideramos distintos puntos de vista y estamos dispuestos a aprender de la experiencia.

Oportunidades de evaluación en este capítulo:

Criterio A: Comprensión auditiva

Criterio B: Comprensión de lectura

Criterio C: Expresión oral

Criterio D: Expresión escrita

Nexos: Individuos y sociedades

Los avances en las tecnologías de las comunicaciones y el transporte generan oportunidades, desafíos para las minorías culturales y étnicas. Considera el papel de las redes sociales y la publicidad en relación a los movimientos migratorios.

GRAMÁTICA

En este capítulo se tratan los siguientes aspectos gramaticales:

1. Tiempos verbales:
   - presente de indicativo
   - pretérito indefinido de indicativo
   - pretérito perfecto de indicativo
   - futuro de indicativo
   - condicional de indicativo
2. Pronombres reflexivos y recíprocos
3. Conectores textuales
4. Otros puntos:
   - los comparativos

VOCABULARIO SUGERIDO

Sustantivos	Adjetivos	Verbos
alcantarilla	denominado	aceptar
conflicto	desgarbado	calzar
cosmopolitismo	expulsor	combatir
diversidad	fascinado	conceder
emigración	huesudo	fingir
empeño	impronunciable	identificar
homofobia	larguirucho	permanecer
inmigración	recóndito	precisar
noción	reducido	puntuar
prejuicio	vinculado	quintuplicar
racismo		reaccionar
reconocimiento		retomar
sexismo		sostener
		suponer

¿Qué conceptos asociamos a la emigración?

Lee las siguientes definiciones de "migración", "emigración" e "inmigración".

Migración

Esta palabra a la vez designa un desplazamiento de una persona producido por un cambio de residencia, y el fenómeno caracterizado por este tipo de acontecimiento. Para entender el concepto es necesario precisar la noción de residencia. Se hace referencia a la residencia principal, de carácter privado de la persona, excluyendo los desplazamientos cotidianos vinculados al ejercicio de una profesión, de carácter turístico, etc. Por otra parte, el estado de desplazamiento casi permanente en que se hallan ciertas personas (nómades, marinos, etc.) no permite que ese les incluya en los estudios de migraciones.

Emigración

Para un territorio dado esta palabra designa, a la vez, la migración de una persona desde este territorio hacia el exterior, y el fenómeno caracterizado por este tipo de acontecimiento.

Inmigración

Para un territorio dado esta palabra designa, a la vez, la migración de una persona desde el exterior hacia este territorio, y el fenómeno caracterizado por este tipo de acontecimiento.

PIENSA–COMPARA–COMPARTE

Lee las siguientes preguntas con atención y **comparte** tus ideas con tus compañeros:

1 **¿Qué es para ti la emigración?**
2 **¿Has emigrado alguna vez?**
3 **¿Conoces a personas migrantes?**
4 **¿Cuáles son los motivos para emigrar?**
5 **¿Crees que emigrar es algo positivo o negativo?**

ACTIVIDAD: El emigrante

■ Enfoques del aprendizaje

Habilidades sociales: Practican la empatía

Imagina la experiencia de un emigrante y **escribe** una historia de 150 palabras.

No olvides decir:
- **su edad**
- **de qué lugar viene**
- **adónde llega**
- **cuál es el motivo por el que emigra.**

◆ Oportunidades de evaluación

En esta actividad se han practicado las habilidades que son evaluadas por medio del Criterio D: Expresión escrita.

ACTIVIDAD: Los niños migrantes

■ Enfoques del aprendizaje

Habilidades de comunicación: Utilizan el entendimiento intercultural para interpretar la comunicación

Busca en YouTube el vídeo Entre sombras, así viven los niños migrantes en México o escribe la siguiente dirección web: **www.youtube.com/watch?v=SW7wiJzc_fk.**

Después de verlo, contesta las siguientes preguntas y **justifica** tus respuestas:

1 **¿Cuáles son las ideas principales del vídeo?**
2 **¿Dónde y cuándo se grabó el vídeo?**
3 **¿De qué países se habla en el vídeo?**
4 **¿Cuánto tiempo tardó Brayan en llegar a Texas?**
5 **¿Cuántos años tiene Brayan?**
6 **¿A quién dejó en casa?**
7 **¿De qué trabajaba en Honduras?**
8 **¿Cómo se llaman y cuántos años tienen las chicas que aparecen en este vídeo?**

◆ Oportunidades de evaluación

En esta actividad se han practicado las habilidades que son evaluadas por medio del Criterio A: comprensión auditiva.

¿De qué origen son los emigrantes que viven en nuestra ciudad?

NUEVA YORK: LA CAPITAL DEL MUNDO

Para conocer a personas de cualquier parte del mundo y hasta compartir su cultura, no es necesario dar la vuelta al mundo, simplemente tienes que visitar la ciudad de Nueva York. En cada esquina, en las tiendas, en cualquier lugar de la Gran Manzana se escuchan lenguas y dialectos de todas partes del mundo.

De acuerdo a cifras dadas a conocer tras el censo de 2010, en Nueva York el 51% de sus residentes solo hablan inglés, mientras que el 49% restante, de acuerdo a expertos, hablaría 800 lenguas provenientes de todas partes del mundo.

Y no es sorprendente saber que la segunda lengua más hablada en Nueva York es el español, representada por una población del 25% de los neoyorquinos.

Históricamente, la Gran Manzana se ha destacado por recibir a inmigrantes de todas partes, lo que le ha permitido ganarse el título no oficial de "Capital del Mundo".

CÍRCULO DE OPINIONES

Contesta las siguientes preguntas y después **comparte** tus opiniones con el resto de la clase.

1 **¿Cuántas lenguas se hablan donde vives?**
2 **¿Cuántas lenguas eres capaz de identificar?**
3 **¿Consideras que es positivo hablar dos o más lenguas?**
4 **¿Qué lenguas te gustaría hablar y por qué?**
5 **¿Cuál crees que es la mejor forma de aprender una nueva lengua?**

ACTIVIDAD: Nueva York: la capital del mundo

■ Enfoques del aprendizaje

Habilidades de comunicación: Leen con actitud crítica y para comprender

Después de haber leído el texto, responde las siguientes preguntas:

1 ¿Cuántas lenguas se hablan en Nueva York?
2 ¿De qué año son los datos que nos da el texto?
3 ¿Qué porcentaje de la población neoyorquina habla solamente inglés?
4 ¿En qué medida se habla español en Nueva York? Justifica tu respuesta.
5 ¿Por qué se le concede el título de Capital del Mundo a Nueva York?
6 ¿Cómo se presentan los datos en el texto?

◆ Oportunidades de evaluación

En esta actividad se han practicado las habilidades que son evaluadas por medio del Criterio B: Comprensión de lectura.

ACTIVIDAD: Viaje al nuevo mundo

■ Enfoques del aprendizaje

Habilidades de gestión de la información: Presentan la información en diversos formatos y plataformas

Durante diez minutos prepara una presentación oral sobre lo que te llevarías a un nuevo país al que tuvieses que emigrar, que **compartirás** con el resto de la clase durante un tiempo aproximado de dos minutos.

¿Cómo presentar nuestras ideas?

Cuando diseñamos una presentación de PowerPoint o Keynote, es necesario prestar atención a detalles tales como el color del fondo de la diapositiva, el tamaño de la fuente que usamos, la posición y la distribución de las imágenes y del texto, etc.

Visita el recurso en este enlace: **https://goo.gl/FQKfKK** para aprender más sobre el diseño de presentaciones efectivas.

Asegúrate de que incluyes la siguiente información:
- **Habla de la importancia de las cosas que te llevarías.**
- **Habla de las cosas que has aprendido hasta ahora que te serán útiles en tu nuevo país.**
- **Habla de la experiencia de otras personas que te ayudará en tu nueva etapa.**

◆ Oportunidades de evaluación

En esta actividad se han practicado las habilidades que son evaluadas por medio del Criterio C: Expresión oral.

¿La emigración es positiva o negativa?

▼ Nexos: Individuos y sociedades

La gente emigra por muchas razones diferentes y a lo largo de la historia hubo grandes movimientos migratorios en diferentes momentos. ¿Por qué emigra la gente? ¿Hay algún patrón migratorio en tu ciudad? ¿Cuál es el impacto de las migraciones? ¿Cómo afectan las migraciones a la vida de la gente? ¿Cuáles son los retos a los que se enfrentan las personas que emigran de un país a otro? ¿Qué sucede en los países de los que emigra gente?

Lee el siguiente artículo sobre la emigración de los peruanos.

Uno de cada 10 peruanos tiene un familiar en el extranjero

Este año, Perú aprobó una ley para ayudar a los inmigrantes que retornaban al país a consecuencia de la recesión económica y que les concedía exenciones tributarias para volver con equipos y maquinaria. La legislación fue escrita suponiendo que los que regresaban se quedarían, pero un estudio difundido hoy revela que solo permanecen unos meses y parten otra vez, en un proceso denominado "migración circular". El 9,7% de los 30 millones de peruanos que viven en este país tiene algún familiar en el extranjero, indicó Aníbal Sánchez, subjefe del Instituto Nacional de Estadística e Informática (INEI).

De los 2.116.952 peruanos que emigraron de 1994 a 2011, el 50,8% son mujeres y 49,2%, hombres. Los datos son del estudio *Perú: Estadísticas de la emigración internacional de peruanos e inmigración de extranjeros 1990–2012*, preparado por el INEI y otras entidades especializadas en el tema, que ha adquirido relevancia por el cambio de flujos migratorios en Perú.

Si bien Perú fue un país expulsor, especialmente desde los años ochenta, a raíz de la crisis económica y el terrorismo (el mayor número de emigrados se registró en 1992, año de los más graves atentados en Lima) la tendencia es hoy distinta, debido a "la feminización del proceso y a la migración circular", explicó Fernando Quirós, director de comunidades peruanas en el exterior y asuntos consulares de la Cancillería.

Según el estudio, el 30,8% de los peruanos que han salido del país reside en Chile y Argentina y un 29,6% en países europeos, con España a la cabeza de la lista, pues fue el destino del 15,4% de los emigrados peruanos. En los últimos 13 años han vuelto 243.000 peruanos. Las mayores alzas se han notado en 2009, con la crisis argentina (18.040); en 2009, con la crisis internacional (31.924); y con la europea en 2012 (35.634). El mayor flujo regresó de Chile (un 34%), el 17% de Estados Unidos y el 10% de Argentina, sumando el 62% de los que no han vuelto a salir.

Pero otra novedad es el aumento de la cantidad de extranjeros que se instala legalmente en Perú: en los últimos 8 años ingresaron más de 197.000 extranjeros con permiso de trabajador, la mayoría, colombianos (un 14%). Les sigue Argentina (un 13%), Chile (un 12%), EE UU (un 8%) y Brasil (un 7%). La mitad de ellos ha llegado entre 2010 y 2012. Aníbal Sánchez precisó que entre 2000 y 2012 el número de residentes extranjeros se ha quintuplicado: son más de 89.000 los extranjeros que de 1994 a 2012 estuvieron residiendo y no tuvieron movimiento migratorio.

ACTIVIDAD: El caso de Perú

■ Enfoques del aprendizaje

Habilidades de comunicación: Leen con actitud crítica y para comprender

En el texto anterior, hemos visto cual es la situación de Perú en relación a la inmigración y a la emigración. Contesta las siguientes preguntas siguiendo la información del texto:

1 ¿Cuáles son los motivos para que Perú sea un país "expulsor"?
2 ¿Qué porcentaje de mujeres peruanas emigró entre 1994 y 2011?
3 ¿A qué países emigra el 30,8% de los peruanos según este estudio?
4 ¿En qué consiste la migración circular?
5 ¿Cuál es el objetivo del texto?

◆ Oportunidades de evaluación

En esta actividad se han practicado las habilidades que son evaluadas por medio del Criterio B: Comprensión de lectura.

ACTIVIDAD: Mi forma de ser

■ Enfoques del aprendizaje

Habilidades de gestión de la información: Obtienen, registran y verifican datos

Busca en YouTube el vídeo Mi forma de Ser. Artistas unidos contra la discriminación o escribe la siguiente dirección web: www.youtube.com/watch?v=EL_3RK9rxEg.

Después de verlo, contesta las siguientes preguntas y justifica tus respuestas:

1 ¿Cómo se llama el grupo que canta?
2 ¿Qué son nuestros hijos según la letra de la canción?
3 ¿Con qué se combate la ignorancia según la canción? ¿Y el llanto? ¿Y el miedo?
4 ¿Dónde están los niños que aparecen al principio y al final del vídeo?
5 ¿Qué formas de discriminación aparecen en la canción?
6 ¿A quién crees que va dirigida la canción?

◆ Oportunidades de evaluación

En esta actividad se han practicado las habilidades que son evaluadas por medio del Criterio A: Comprensión auditiva.

ACTIVIDAD: Llamar a un amigo

■ Enfoques del aprendizaje

Habilidades de colaboración: Logran consensos

Prepara con un(a) compañero/a una conversación para la siguiente situación:

Contexto: Llama a un(a) amigo(a) que ha emigrado a otro país y pregúntale cómo es su adaptación, en qué ha cambiado su vida, cómo es su nuevo colegio, etc.

Alumno/a 1: un(a) alumno/a del colegio

Alumno/a 2: un(a) amigo/a emigrado/a

Tema: la emigración

Registro: informal

Duración: dos minutos

◆ Oportunidades de evaluación

En esta actividad se han practicado las habilidades que son evaluadas por medio del Criterio C: Expresión oral.

ACTIVIDAD: Datos sobre las migraciones

■ Enfoques de aprendizaje

Habilidades de gestión de la información:
Acceden a la información para estar informados
e informar a otros

Busca en internet datos sobre la emigración en
tu país. Después **escribe** un pequeño artículo de
200 palabras, acompañado de un gráfico, para
presentarlo al resto de la clase.

◆ Oportunidades de evaluación

En esta actividad se han practicado las
habilidades que son evaluadas por medio del
Criterio D: Expresión escrita.

ACTIVIDAD: El padre de Miguel

■ Enfoques del aprendizaje

Habilidades de comunicación: Utilizan formas de
redacción adecuadas para distintos destinatarios y
propósitos

En la fotografía, puedes observar una escena común
relacionada con la emigración. **Describe** la imagen y
lo que te sugiere.

No olvides hablar de las personas de la fotografía,
cómo han llegado a esta situación y cómo crees que
será su vida en el futuro.

◆ Oportunidades de evaluación

En esta actividad se han practicado las
habilidades que son evaluadas por medio del
Criterio C: Expresión oral.

¿Qué nos hace especiales?

PIENSA–COMPARA–COMPARTE

Lee las siguientes preguntas con atención y **comparte** tus ideas con tus compañeros:

1 ¿Qué entiendes por diversidad cultural?
2 ¿Es positiva la diversidad cultural?
3 ¿Tienes amigos de diferentes culturas?
4 ¿Sería mejor tener una única cultura?
5 ¿Estás más cómodo con la gente de tu cultura? ¿Por qué?

ACTIVIDAD: Latinoamérica

■ Enfoques del aprendizaje

Habilidades de gestión de la información: Utilizan la capacidad crítica para analizar e interpretar los contenidos de los medios de comunicación

Busca en YouTube el vídeo Calle 13 - Latinoamérica o escribe la siguiente dirección web: **www.youtube.com/watch?v=DkFJE8ZdeG8**.

Después de verlo, contesta las siguientes preguntas y **justifica** tus respuestas:

1 ¿Qué cosas menciona el vídeo que no se pueden comprar?

2 ¿Qué otras lenguas identificas en esta canción además del español?
3 ¿Qué parte del cuerpo aparece al principio y al final del vídeo?
4 ¿Para qué sirven los dientes según la canción?
5 ¿Qué color respiran los pulmones del cantante?
6 ¿En qué país hay un cañaveral bajo el sol según el texto?
7 ¿Cómo te hace sentir la canción?

◆ Oportunidades de evaluación

En esta actividad se han practicado las habilidades que son evaluadas por medio del Criterio A: Comprensión auditiva.

El secreto de Mario

Aquel primer día de curso me senté en la última fila, junto a un sitio que permaneció vacío todo el día. Acababa de cumplir 13 años y yo, con mis primeros granos en la frente, con una nariz que daba la impresión de haberse puesto a crecer independientemente y un cuerpo larguirucho y flaco, pensaba que no debe haber edad peor en toda la vida. Me hubiera metido en una alcantarilla a pasar allí mi adolescencia.

Mientras nuestro antiguo tutor nos daba la bienvenida, me dediqué a pensar quién sería la persona que iba a ocupar el asiento vacío.

Existía una posibilidad del 50% de que se tratara de una chica. No soportaba la idea de estar escondiendo los granos toda la jornada escolar. Me tiraré por la ventana, decidí. Pero a última hora de la mañana, cuando por fin apareció nuestro tutor y leyó la lista de alumnos, recuperé la tranquilidad. La única persona que faltaba ese día era un chico, Mario Caramusi. La suerte estaba de mi lado.

Al día siguiente conocí a mi compañero, el muchacho de nombre interesante con el que debía compartir pupitre. Era un joven alto, desgarbado, de pelo negro y liso y piel muy blanca con una pequeña cicatriz en la mejilla. Tenía las manos grandes y huesudas y por lo menos calzaba un 42. Le saludé intentando parecer simpático, pero él se limitó a hacer un gesto con la cabeza y se concentró en el libro que sostenía entre las manos. No era la persona más sociable de este mundo. De eso estaba seguro.

Durante las primeras semanas de curso Mario Caramusi y yo intercambiamos una cantidad bastante reducida de frases simples, como "déjame la goma", "devuélveme la goma" o "está lloviendo hoy no haremos educación física en el patio". Eran frases reveladoras del tipo de relación que teníamos. Es decir, nos ignorábamos mutuamente, aunque él hacía un esfuerzo mayor en demostrarlo.

Una mañana de un día que prometía bastante poco, sucedió la primera cosa interesante del curso. El profe de geografía e historia hablaba de un próximo control y los alumnos protestaban y el profe decía: "Pero no os preocupéis, va a ser una prueba informal, sólo quiero saber cómo estáis preparados, no va a puntuar, va a ser fácil, no os voy a preguntar cuál es la capital de Tanzania, estad tranquilos." Y entonces Mario Caramusi, que como casi siempre estaba ensimismado mirando por la ventana dijo muy bajito "Dar es Salaam". Yo lo oí perfectamente. Siempre he tenido buen oído. Así que al volver a casa miré en el atlas y efectivamente, como había supuesto, Dar es Salaam era la capital de Tanzania.

Es decir, Mario Caramusi era un chaval bastante listo, aunque hiciera grandes esfuerzos por no demostrarlo.

Desde ese momento puse gran empeño en conocer más de mi misterioso compañero. Lo disimulaba, pero estaba pendiente de cualquier detalle.

Al cabo de un mes tenía cierta información como: le gustaba la geografía, le gustaban los viajes, le gustaba la astronomía. No le gustaban las chicas ni los deportes en grupo. Era bueno en cálculo mental, conocía a la perfección los minerales, usaba ropa grande y llevaba un objeto en el bolsillo que no quería que yo viese. Ese era el balance. No había avanzado demasiado.

Sin embargo todo cambió cuando la casualidad intervino de repente.

Una mañana la policía vino a buscarme al colegio y me sacaron de clase sin dar ningún tipo de explicaciones. El caso es que desde que salí escoltado por los agentes, hasta que volví algunas horas más tarde, la idea que todos tenían de mí había cambiado bastante. Ya no era el chico tímido y callado de la última fila, sino alguien que había hecho algo, o que sabía algo... A fin de cuentas, alguien más interesante. Los chicos me rodearon y me preguntaron, pero yo les dije que no podía decir nada por el momento, lo que contribuyó a aumentar el misterio.

Fue entonces cuando Mario Caramusi empezó a interesarse por mí. "Sé que me lo vas a contar," me dijo con tanta confianza que supe que no podría mantener la promesa que había hecho a la policía. Le conté a Mario Caramusi cómo había sido testigo accidentalmente de un robo en el piso de arriba de mi casa. Cómo había visto a los ladrones, que pertenecían a una banda muy peligrosa, según la policía. Cómo mi madre se lo había dicho a la policía. Cómo había asistido a una ronda de reconocimiento y había identificado a

dos de ellos... Mario, porque desde ese día pasó a ser Mario, estaba fascinado. Le encantaban las aventuras, me confesó. "Hubiera dado mi dedo meñique por haber podido ir yo a la ronda de reconocimiento," dijo.

Al cabo de unos meses nos convertimos en uña y carne. Éramos inseparables.

Todos esos sentimientos tan negativos que me acompañaban desaparecieron. Con Mario tenía muchas otras cosas en las que pensar.

Todas ellas más interesantes. Por ejemplo, qué importancia podían tener unos granos, en comparación con la preparación del crimen perfecto...

Mario me había contagiado su pasión por la novelas de misterio y pasábamos las horas muertas inventando historias repletas de asesinos sin escrúpulos, indefensas mujeres hermosas, detectives de tres al cuarto y pequeños héroes anónimos capaces de salvar al mundo.

Además del gusto por la literatura, Mario me enseñó su pasión por la geografía, por conocer mundos diversos. Podíamos pasarnos horas y horas preguntándonos por cordilleras de nombres impronunciables, ciudades recónditas, ríos que morían en desiertos, desiertos helados, capitales de países más pequeñas que nuestro barrio. Descubrir mundos tan pequeños o tan grandes, situaciones tan imposibles y a la vez tan reales, hacía que la vida fuera más interesante. Tras tantas horas de conversación, acabamos teniendo un lenguaje propio, lleno de referencias, de sugerencias, tan personales y tan secretas, que si queríamos, nadie podía entendernos al hablar. Era un juego más. Otro de aquellos fascinantes juegos de una infancia que acababa.

Mario venía muchas veces a mi casa. Nos encerrábamos en mi cuarto y pasábamos las horas muertas hablando de ese mundo que estábamos creando. Mi madre nos hacía la merienda y nos preguntaba por qué no bajábamos a jugar al fútbol como hacían los otros chicos. "Me gusta tu madre," me dijo una vez Mario. Aunque tenía gran confianza en él y éramos inseparables yo hacía tiempo que me había dado cuenta de que él ocultaba algo. No le gustaba hablar de su familia y nunca íbamos a su casa. Así que cuando hizo aquel comentario, yo aproveché para preguntar: "¿Y tu madre?" Mario hizo cómo que no me había oído y se puso a hablar de otra cosa.

Yo le seguí la corriente. Hay que respetar los silencios. Si Mario no quería hablarme de su madre, era asunto suyo. Pero la pregunta que Mario había fingido no oír no había sido en vano. Al día siguiente, en el recreo, mientras tirábamos piedras, Mario se me quedó mirando fijamente y dijo...

ACTIVIDAD: El secreto de Mario

Después de haber leído el texto sobre el secreto de Mario, contesta las siguientes preguntas:

1 ¿Cómo se siente la persona que habla al principio del texto?
2 ¿Le gustaría que su nuevo compañero fuese una chica?
3 ¿Cómo descubrió el narrador la capital de Tanzania?
4 ¿Qué había descubierto el compañero sobre Mario durante el tiempo que lo estuvo observando?
5 ¿Por qué la policía lo sacó de clase?
6 ¿Qué les gustaba hacer juntos?
7 ¿Cuál es el objetivo de este texto?
8 ¿Te sientes identificado con la historia? ¿Por qué?

PUNTO DE INDAGACIÓN

Lee las siguientes preguntas y **comparte** tu experiencia y tus opiniones con tus compañeros:

1 ¿Cuántos amigos tienes en la clase?
2 ¿Qué sabes sobre tus compañeros de clase y sus familias?
3 ¿Crees que las familias de tus compañeros de clase son iguales a la tuya?
4 ¿Es importante para ti que tus amigos conozcan a tu familia?
5 ¿Participa tu familia en las actividades del colegio? ¿Y las familias de tus compañeros?

ACTIVIDAD: El final de la historia

Al texto que acabamos de leer le falta el final. Imagina cómo termina la historia y **escribe** un texto de 200 palabras en el que cuentes el secreto de Mario.

ACTIVIDAD: Así es Mario

Teniendo en cuenta la información que da el texto, imagina y **escribe** en un texto de aproximadamente 200 palabras cómo es un día cualquiera en la vida de Mario. Después **compara** tu texto con tus compañeros.

CÍRCULO DE OPINIONES

Contesta las siguientes preguntas y después **comparte** tus opiniones con el resto de la clase.

1 ¿Te sientes diferente?
2 ¿En qué eres diferente?
3 ¿Te gusta que tus amigos sean diferentes o prefieres que sean iguales a ti?
4 ¿Qué diferencias te sorprenden más de tus compañeros de clases?
5 ¿Crees que en un colegio internacional hay más personas diferentes que en otros?
6 ¿Te gustan las diferencias entre alumnos propias de un colegio internacional? ¿Preferirías un colegio convencional?
7 ¿Para qué nos sirve estar en contacto con diferentes culturas?

ACTIVIDAD: Discurso por la diversidad cultural

Prepara con un(a) compañero/a un pequeño discurso a favor de la diversidad cultural:

No olvides tener en cuenta los siguientes puntos:

Contexto: una asamblea en el colegio

Tema: diversidad cultural

Registro: formal

Duración: dos minutos

CONECTA–EXTIENDE–DESAFÍA

Partiendo de la información que has adquirido en este tema, **investiga** sobre personas o hechos que hayan cambiado la historia a favor de la diversidad cultural. Para ello, puedes servirte de internet, de la biblioteca del centro o de tu propio entorno familiar.

Sigue estos pasos:

1 **Conecta la información que abordaste con lo que ya sabías previamente.**
2 **Extiende las ideas agregando información que no se haya mencionado.**
3 **Desafía las ideas mencionadas con preguntas que tengas al respecto.**

Prepara una breve presentación audiovisual de aproximadamente dos minutos que mostrarás al resto de la clase. Repasa la información sobre TEXTOS MULTIMODALES de la página 22, así como los consejos para presentar ideas de la página 33.

¿Cómo se puede evitar los conflictos?

INFANCIA Y CONFLICTOS

Las mayores víctimas de la violencia suelen ser los más pequeños. Cada año millones de niños y niñas en todo el mundo son víctimas de la violencia que se ejerce directamente contra ellos o también indirectamente, cuando son testigos de la violencia en sus países, comunidades y familias, o a través de los medios de comunicación. Los conflictos, que pueden ser un buen escenario para el desarrollo personal, se pueden convertir en fuente de represión, violencia e injusticia, siendo sus máximos exponentes las guerras.

Aprender a gestionar los conflictos y comprometerse en la defensa de la paz son caminos básicos para garantizar el cumplimiento de los derechos.

Según las Naciones Unidas, la violencia tiene lugar cuando alguien usa su fuerza o su posición para herir a otros a propósito, no por accidente. Además de los actos que causan daño, la definición de violencia incluye amenazas de violencia y actos que pudieran causar daño. El daño puede ser tanto físico como emocional o a la salud y bienestar general de una persona.

PIENSA–COMPARA–COMPARTE

Lee las siguientes preguntas con atención y **comparte** tus ideas con tus compañeros:

1   ¿Qué entiendes por conflicto?
2   ¿Qué conflictos conoces?
3   ¿Cómo se desata un conflicto?
4   ¿Cuál es la mejor manera de resolver un conflicto?
5   ¿Hay situaciones en las que solamente se puede resolver los conflictos con violencia?
6   ¿Podrías contar un conflicto personal? ¿Cómo surgió el conflicto y cómo se resolvió?

¿Qué es un refugiado?

ACTIVIDAD: Refugiados

■ Enfoques del aprendizaje

Habilidades de reflexión: Consideran las implicaciones éticas, culturales y ambientales

Imagina y **describe** en aproximadamente 200 palabras la situación de la fotografía, sin olvidarte de tratar los siguientes puntos:

- ¿Qué es un refugiado?
- ¿Qué crees que sucede en la fotografía?

- ¿Cómo crees que han llegado a esta situación?
- ¿Qué crees que pasará después?

◆ Oportunidades de evaluación

En esta actividad se han practicado las habilidades que son evaluadas por medio del Criterio D: Expresión escrita.

ACTIVIDAD: La paz también está en tus manos

■ Enfoques del aprendizaje

Habilidades de comunicación: Utilizan formas de redacción adecuadas para distintos destinatarios y propósitos

Busca en YouTube el vídeo **La Paz también está en tus manos #SÍMeImporta** o escribe la siguiente dirección web: **www.youtube.com/watch?v=GKUrz5Sj7U0**.

Después de verlo, contesta las siguientes preguntas y **justifica** tus respuestas:

1 ¿De qué país son los chicos que aparecen en el vídeo?

2 ¿De qué conflicto crees que hablan?
3 ¿Cuál es su actitud hacia la violencia? ¿Tienen todos la misma actitud o postura?
4 ¿Qué es para ellos la felicidad?
5 ¿Han vivido todos la violencia de la misma manera?
6 ¿Qué te sugiere el final del vídeo?
7 ¿Cuál es el objetivo del vídeo?

◆ Oportunidades de evaluación

En esta actividad se han practicado las habilidades que son evaluadas por medio del Criterio A: Comprensión auditiva.

¿Se puede justificar el uso de la violencia?

LAS CONSECUENCIAS DE LA GUERRA EN LOS NIÑOS

Más de un millón de niños han muerto en los últimos diez años como resultado de guerras comenzadas por adultos. El número de niños heridos o discapacitados es tres veces mayor, haciendo incluso sufrido más enfermedades, malnutrición, violencia sexual y padecer duras dificultades y penurias. Un incontable número de niños se ha enfrentado a la angustia de la pérdida de sus hogares, sus pertenencias y personas cercanas.

Pese al hecho de que las guerras afectan también a los adultos, desafortunadamente los niños son, demasiado a menudo, las víctimas directas e indefensas de los horrores cometidos contra sus familias.

En cada conflicto, numerosos niños son asesinados, heridos o incluso explotados. Otros son encarcelados, forzados a dejar su país para sobrevivir o a unirse a las fuerzas armadas convirtiéndose en "niños soldados". Muchos se encuentran huérfanos y sin protección.

Otras consecuencias pueden ser añadidas a esta lista. Frente a los horrores de la guerra, los niños están sujetos a profundos traumas emocionales que los marcan y cambian para siempre. Estas heridas emocionales son difíciles de cicatrizar y tienen serias repercusiones en su vida futura.

Estos niños, incapaces de crecer en una atmósfera de confianza y habiendo tenido que hacer frente a atrocidades desde muy jóvenes, desarrollan la convicción de que la violencia es una forma como cualquier otra de resolver disputas, y por ello es difícil enviar un mensaje de paz y de seguridad internacional a futuras generaciones.

CÍRCULO DE OPINIONES

Contesta las siguientes preguntas y después **comparte** tus opiniones con el resto de la clase.

1 ¿Qué es una guerra?
2 ¿Qué otros tipos de conflictos conoces?
3 ¿Crees que se puede justificar el uso de la violencia? ¿En qué casos?
4 ¿Cómo crees que afectan los conflictos armados a la población de un país?
5 ¿Cómo pueden evitarse las guerras antes de que sucedan?

ACTIVIDAD: Las consecuencias de la guerra en los niños

■ Enfoques del aprendizaje

Habilidades de transferencia: Utilizan estrategias de aprendizaje eficaces en distintas disciplinas y grupos de asignaturas

Después de haber leído el texto, contesta las siguientes preguntas y **justifica** tus respuestas:

1 ¿De qué época nos habla el texto?
2 ¿Cuántos niños han muerto en guerras durante los últimos diez años?
3 ¿Quiénes son los niños soldados?
4 ¿Qué piensan estos niños de la violencia?
5 ¿Por qué es difícil enviar un mensaje de paz a futuras generaciones?
6 ¿Cuál es el objetivo del texto?

◆ Oportunidades de evaluación

En esta actividad se han practicado las habilidades que son evaluadas por medio del Criterio B: Comprensión de lectura.

ACTIVIDAD: Negociar un conflicto

■ Enfoques del aprendizaje

Habilidades de colaboración: Negocian con eficacia

Prepara con un(a) compañero/a la conversación para la siguiente situación:

Contexto: imagina un conflicto que puede darse en tu colegio; negocia con un(a) compañero/a para poder resolverlo amistosamente

Tema: negociación pacífica de un conflicto

Registro: informal

Duración: dos minutos

◆ Oportunidades de evaluación

En esta actividad se han practicado las habilidades que son evaluadas por medio del Criterio C: Expresión oral.

Lee el blog sobre el conflicto en Colombia.

El conflicto en Colombia afectó a más de 250.000 niños

Más de 250.000 niños han sido afectados por el conflicto en Colombia desde que comenzaron las conversaciones de paz entre el gobierno y el grupo rebelde Fuerzas Armadas Revolucionarias de Colombia (FARC).

Datos nacionales muestran que de los 7,6 millones de personas en Colombia registradas como víctimas del conflicto, casi una tercera parte de la población, son niños, según UNICEF.

Entre 2013 y 2016, más de 250.000 niños han sido afectados por el conflicto, incluidos 230.000 que fueron desplazados.

El gobierno colombiano y las FARC han estado sosteniendo conversaciones de paz en La Habana, desde noviembre de 2012. Las negociaciones tienen el objetivo de poner fin al conflicto que se ha prolongado durante 52 años y que ha causado la muerte a 220.000 personas, la desaparición de 45.000 y desplazado a cerca de 6 millones más.

UNICEF dijo que aunque las conversaciones de paz han ayudado a mejorar la situación en Colombia, la violencia generalizada y el combate persistente entre las distintas partes beligerantes continúan poniendo en riesgo las vidas de los niños.

ACTIVIDAD: El conflicto en Colombia afectó a más de 250.000 niños

◼ Enfoques del aprendizaje

Habilidades de gestión de la información: Obtienen, registran y verifican datos

Después de haber leído el texto, responde las siguientes preguntas:

1 ¿Cómo se llama el grupo rebelde de Colombia?
2 ¿Qué porcentaje de víctimas del conflicto colombiano son niños?
3 ¿Dónde han tenido lugar las conversaciones de paz?

4 ¿Cuánto ha durado este conflicto?
5 ¿Qué ha dicho UNICEF al respecto?
6 ¿Recomendarías el texto a otra persona? ¿Por qué?

◆ Oportunidades de evaluación

En esta actividad se han practicado las habilidades que son evaluadas por medio del Criterio B: Comprensión de lectura.

ACTIVIDAD: No dudaría Antonio Flores

■ Enfoques del aprendizaje

Habilidades de reflexión: Se centran en el proceso de creación mediante la imitación del trabajo de otras personas

Busca en YouTube el vídeo **Antonio Flores-No Dudaría (Con letra)** o escribe la siguiente dirección web: **www.youtube.com/watch?v=j1fyQBFLLAY**.

Después de verlo, contesta las siguientes preguntas y **justifica** tus respuestas:

1 **¿Qué promete no hacer nunca más Antonio Flores en esta canción?**
2 **¿Qué quiere olvidar el autor según la canción?**
3 **¿Qué instrumento toca Antonio Flores en el vídeo?**
4 **¿Qué quiere borrar el protagonista?**
5 **¿Qué quiere sembrar Antonio Flores en esta canción?**
6 **¿Cuál es el tema principal de esta canción según tu opinión?**

◆ Oportunidades de evaluación

En esta actividad se han practicado las habilidades que son evaluadas por medio del Criterio A: Comprensión auditiva.

ACTIVIDAD: Discurso en la ONU

■ Enfoques del aprendizaje

Habilidades de comunicación: Utilizan formas de redacción adecuadas para distintos destinatarios y propósitos

Prepara un breve discurso de aproximadamente 3 minutos de duración para **presentar** en las Naciones Unidas con el fin de resolver un conflicto existente. Para ello, haz un breve esquema en el que no olvides incluir la siguiente información:
- **¿De qué conflicto se trata?**
- **¿Dónde tiene lugar?**
- **¿Cuáles son las causas?**
- **¿Posibles soluciones?**

◆ Oportunidades de evaluación

En esta actividad se han practicado las habilidades que son evaluadas por medio del Criterio C: Expresión oral.

¿Cómo podemos vivir en paz?

ACTIVIDAD: Poema por la paz

■ Enfoques del aprendizaje

Habilidades de gestión de la información:
Presentan la información en diversos formatos y
plataformas

Escribe un poema de al menos ocho versos
por la paz y contra la violencia. No olvides
la forma de un poema: versos, estrofas,
rima, etc. Para inspirarte, puedes ver por
ejemplo el vídeo "Poema Ilustrado de Miguel
Hernández: Tristes Guerras" (**www.youtube.com/
watch?v=d1eur39TMP8**).

◆ Oportunidades de evaluación

En esta actividad se han practicado las
habilidades que son evaluadas por medio del
Criterio D: Expresión escrita.

ACTIVIDAD: Mediadores famosos

■ Enfoques del aprendizaje

Habilidades de comunicación: Comparten ideas
con múltiples destinatarios empleando una
variedad de medios y entornos digitales

Investiga sobre mediadores famosos, para ello
puedes servirte de internet.

Prepara una breve presentación en PowerPoint
de aproximadamente ocho diapositivas y de tres
minutos de duración que mostrarás al resto de la
clase. En ella debes **explicar**:
- **¿En qué tipo de conflictos han mediado?**
- **¿Es un trabajo ser mediador?**
- **¿Cómo se aprende a ser mediador?**

◆ Oportunidades de evaluación

En esta actividad se han practicado las
habilidades que son evaluadas por medio del
Criterio C: Expresión oral.

REFLEXIONA

Enfoques de aprendizaje

Habilidades de reflexión: Consideran las implicaciones éticas, culturales y ambientales

Busca en YouTube el vídeo **Y tú... ¿que piensas de la paz?** o escribe la siguiente dirección web: www.youtube.com/watch?v=wg_tQDPqWMg.

Después de verlo, reflexiona y **analiza** con tus compañeros los siguientes puntos:

1 ¿Qué te sugiere el vídeo?
2 ¿Qué es para ti la paz?
3 ¿El concepto de paz puede variar entre culturas?
4 ¿La paz puede ser percibida de manera diferente por niños y adultos? ¿Por qué?
5 ¿Cómo fomentarías la paz?

! ACTÚA E INVOLÚCRATE

! Como hemos podido ver en este capítulo, respetar las diferencias de cada uno de nosotros es algo que nos hace mejores personas. Aún así, muchas veces es preciso solucionar problemas que surgen entre personas que conviven.

! Entre toda la clase, haremos un proyecto de campaña de mediación de conflictos que podremos presentar al consejo escolar de nuestro colegio. No olvidéis incluir la siguiente información:

   ◆ ¿Qué hacer en caso de conflicto?
   ◆ ¿A quién hay que recurrir?
   ◆ ¿Cuándo es necesario negociar?
   ◆ ¿Cómo establecer un protocolo?

ALGUNAS TAREAS SUMATIVAS PARA EVALUAR ESTE CAPÍTULO

Utiliza estas tareas para aplicar y ampliar tu conocimiento de este capítulo. Estas tareas están diseñadas para poder evaluar tus conocimientos en diferentes niveles de logro según los criterios de adquisición de lenguas.

TAREA 1: Cuestión de tolerancia

■ Enfoques de aprendizaje

Habilidades de comunicación: Utilizan una variedad de técnicas de expresión oral para comunicarse con diversos destinatarios

Instrucciones

Vas a mantener un diálogo de aproximadamente tres minutos con tu profesor sobre el concepto de la tolerancia usando los estímulos que aparecen a continuación.

La conversación deberá incluir una respuesta personal y tu punto de vista sobre la tolerancia.

Puedes hacer referencia a ejemplos y textos que has visto en este capítulo.

No puedes preparar las respuestas con antelación.

Estímulos

- ¿Qué es para ti la tolerancia?
- ¿Te consideras una persona tolerante?
- ¿Cómo afecta la intolerancia a la convivencia?
- Ejemplos de tu vida cotidiana.

◆ Oportunidades de evaluación

Esta tarea puede usarse para evaluar tus habilidades del Criterio C: Expresión oral.

TAREA 2: Seamos tolerantes

■ Enfoques de aprendizaje

Habilidades de pensamiento crítico: Obtienen y organizan información pertinente para formular un argumento

Instrucciones

Imagina que llega una persona nueva a tu colegio y que no es aceptado por la comunidad por razones culturales.

Ante este conflicto decides dar un discurso para concienciar a tus compañeros de lo injusta que es esta situación.

Prepara durante diez minutos un discurso de cuatro minutos en el que **expliques** las razones por las que toda persona debe ser aceptada independientemente de su origen, su cultura, etc.

◆ Oportunidades de evaluación

Esta tarea puede usarse para evaluar tus habilidades del Criterio D: Expresión escrita.

Reflexión

Reflexionemos sobre nuestro aprendizaje... Usa esta tabla para reflexionar sobre tu aprendizaje personal en este capítulo.		
Preguntas que hicimos	Respuestas que encontramos	Preguntas que podemos generar ahora
Fácticas: ¿Qué conceptos asociamos a la emigración? ¿De qué origen son los emigrantes que viven en nuestra ciudad? Qué es un refugiado? ¿Qué nos hace especiales? ¿Qué tipos de conflictos conoces? ¿Cuáles son los conflictos más cercanos?		
Conceptuales: ¿En qué eres diferente a los demás? ¿Por qué se desata un conflicto? ¿Cómo se puede evitar los conflictos? Cómo podemos vivir en paz?		
Debatibles: ¿La emigración es positiva o negativa? En relación a la emigración, ¿qué haría si fueses el presidente de tu país? ¿Qué es mejor, ser iguales o diferentes? ¿Hay diferencias que no aceptaremos nunca? ¿Hay límites para defender lo que pensamos? ¿Se puede justificar el uso de la violencia?		

Enfoques de aprendizaje en este capítulo:	Descripción: ¿qué destrezas nuevas adquiriste?	¿Qué tan bien has consolidado estas destrezas?			
		Novato	En proceso de aprendizaje	Practicante	Experto
Habilidades de comunicación					
Habilidades de colaboración					
Habilidades de reflexión					
Habilidades de gestión de la información					
Habilidades de pensamiento crítico					
Habilidades sociales					
Habilidades de transferencia					
Atributos de la comunidad de aprendizaje	Reflexiona sobre la importancia de ser alguien de mente abierta en este capítulo. ¿Cómo demostraste tus habilidades como estudiante con mente abierta en este capítulo?				
Mente abierta					

3 ¿Qué ritos forman parte de nuestra vida?

Cada lengua y **cultura** tiene sus propias **convenciones** y ritos para la **expresión personal**.

CONSIDERAR Y RESPONDER ESTAS PREGUNTAS:

Fácticas: ¿Cómo es nuestra rutina diaria? ¿Qué es una creencia? ¿Todas las creencias son religiosas? ¿Qué es un rito? ¿Qué ritos conoces?

Conceptuales: ¿Qué es lo bueno de ser adolescente? ¿Y lo malo? ¿Cómo cambian las rutinas a lo largo de nuestra vida? ¿Cómo afectan las creencias a nuestro modo de vida? ¿Qué tienen en común todas las creencias? ¿Cuál es la diferencia entre creencias y supersticiones? ¿Qué relación hay entre ritos y religión?

Debatibles: ¿Estarías dispuesto a cambiar tus rutinas para mejorar la vida de otras personas? ¿Escogemos nosotros nuestras creencias? ¿Son todas las creencias igual de buenas? ¿Identificamos todos los ritos y sus significados? ¿Son necesarios los ritos y las tradiciones?

○ EN ESTE CAPÍTULO VAMOS A:

Descubrir:
- diferentes estilos de vida
- las diferencias entre creencias y supersticiones.

Explorar:
- nuevos ritos y tradiciones
- cómo nos afecta la rutina.

Actuar para:
- cambiar hábitos nocivos
- concienciar a los demás de cómo nos afecta la rutina.

Las siguientes habilidades de los enfoques del aprendizaje serán útiles:

- Habilidades de comunicación
- Habilidades de colaboración
- Habilidades de reflexión
- Habilidades de pensamiento crítico
- Habilidades de gestión de la información

Reflexiona sobre el siguiente atributo de la comunidad de aprendizaje:

- **Indagadores:** Cultivamos nuestra curiosidad, a la vez que desarrollamos habilidades para la indagación y la investigación. Sabemos cómo aprender de manera autónoma y junto con otros. Aprendemos con entusiasmo y mantenemos estas ansias de aprender durante toda la vida.

Oportunidades de evaluación en este capítulo:

Criterio A: Comprensión auditiva

Criterio B: Comprensión de lectura

Criterio C: Expresión oral

Criterio D: Expresión escrita

GRAMÁTICA

En este capítulo se tratan los siguientes aspectos gramaticales:

1. Tiempos verbales:
   - presente de indicativo
   - pretérito indefinido de indicativo
   - pretérito perfecto de indicativo
   - futuro de indicativo
   - condicional de indicativo
2. Conectores temporales
3. Otros puntos:
   - adverbios de tiempo

▼ Nexos: Individuos y sociedades

Las perspectivas personales y sociales sobre el proceso y los efectos de la globalización reflejan las circunstacias y los valores locales.

VOCABULARIO SUGERIDO

Sustantivos	Adjetivos	Verbos
caridad	bendito	asumir
creencia	beneficioso	averiguar
devocionario	catastrófico	consolidar
diluvio	inconforme	desprender
gesto	inconfundible	diferir
incienso	paulatino	frustrar
infancia	predominante	incorporar
maduración		manifestar
masas		mantener
mística		resultar
pubertad		
purgatorio		
quicio		
raqueta		
regaño		
rito		
sosiego		
superstición		
temeridad		
tiranía		
tormento		

¿Cómo es nuestra rutina diaria?

CÓMO MANTENER UNA RUTINA MATUTINA

Un buen día comienza en el momento en que despiertas. Para tener un buen comienzo, también debes tener una rutina de buenos días. Estos son algunos consejos que te pueden ayudar:

1 Ve a dormir a una hora razonable y duerme ocho horas como mínimo.
2 Levántate siempre a la misma hora.
3 Usa un buen despertador, que te resulte agradable.
4 Levántate al ritmo de la música que te gusta.
5 Haz algo de ejercicio cuando te despiertes.
6 Refresca tu piel con agua.
7 Toma una ducha.
8 Toma un desayuno saludable.
9 Cepilla los dientes.
10 ¡Sonríe!

Estos son algunos hábitos que te ayudarán a empezar bien el día. Pruébalos y haz que tus días sean mejores. Coméntalo con tus amigos.

PIENSA–COMPARA–COMPARTE

Lee las siguientes preguntas con atención y **comparte** tus ideas con tus compañeros:

1 ¿Qué significa rutina?
2 ¿La rutina es algo positivo o negativo?
3 ¿Qué rutinas practicas?
4 ¿Qué rutinas son beneficiosas para la salud?
5 ¿Decides tú mismo tus rutinas?
6 ¿Qué rutinas cambian con la edad?

ACTIVIDAD: Mis rutinas

■ Enfoques del aprendizaje

Habilidades de comunicación: Escriben con diferentes propósitos

Haz una lista con todas tus rutinas y **compártela** con tus compañeros. Averigua qué rutinas se repiten.

◆ Oportunidades de evaluación

En esta actividad se han practicado las habilidades que son evaluadas por medio del Criterio D: Expresión escrita.

ACTIVIDAD: Y no hago más na'

■ Enfoques del aprendizaje

Habilidades de gestión de la información: Procesan datos y elaboran informes de resultados

Busca en YouTube el vídeo **Y no hago más na' - El Gran Combo** o escribe la siguiente dirección web: **www.youtube.com/watch?v=-L-ISzDeZw8**.

Después de verlo, contesta las siguientes preguntas y **justifica** tus respuestas:

1   **¿Qué hace el protagonista por las mañanas?**
2   **¿Qué hace a las doce?**
3   **¿Qué come el protagonista?**
4   **¿A qué hora se levanta?**
5   **¿Qué hace en el balcón?**
6   **¿Qué estilo musical es?**
7   **¿Qué efecto crea la música?**
8   **¿Cuál crees que es el lugar y la época del vídeo?**

◆ Oportunidades de evaluación

En esta actividad se han practicado las habilidades que son evaluadas por medio del Criterio A: Comprensión auditiva.

¿Qué es lo bueno de ser adolescente? ¿Y lo malo?

ADOLESCENCIA: ¿EDAD INFELIZ?

Esta etapa del desarrollo hacia la edad adulta está muy relacionada con la maduración de la psiquis y depende de complejos factores psicosociales originados principalmente en el seno familiar, pero también asociados a la cultura predominante. A diferencia del proceso biológico conocido como pubertad, que se inicia entre los 11 y los 13 años de edad con cambios físicos paulatinos, pero definitivos, la adolescencia varía mucho en cuanto a la edad de comienzo, duración y forma de manifestarse en cada persona.

Mientras el cuerpo avanza a su propio ritmo, la personalidad se desarrolla a saltos, con sorprendentes avances y lógicos retrocesos: un día ven las cosas de una manera y al siguiente de otra. Hoy rechazan lo que ayer aceptaban, y viceversa. Se despiertan rebeldes y al rato les invade la melancolía. De pronto se creen capaces de asumir las riendas y razonar como adultos, y al minuto siguiente se enfadan sacando de quicio a toda la familia.

Ser adolescente implica casi siempre sentir inseguridad, desorientación, soledad, deseos de llorar, y también vivir inconformes con la realidad. De algún modo se consideran capaces de cambiar el mundo y hasta desarrollan cierta temeridad, pero a la vez son muy sensibles a los regaños.

CÍRCULO DE OPINIONES

Contesta las siguientes preguntas y después **comparte** tus opiniones con el resto de la clase.

1 ¿Qué es la adolescencia?
2 ¿Qué es lo bueno de ser adolescente? ¿Y lo malo?
3 ¿Qué diferencias hay entre un niño y un adolescente?
4 ¿Son más felices los niños o los adultos?
5 ¿Son más importantes los cambios físicos o los cambios psicológicos?

ACTIVIDAD: Adolescencia: ¿edad infeliz?

■ Enfoques del aprendizaje

Habilidades de gestión de la información: Establecen conexiones entre diversas fuentes de información

Después de haber leído el texto, responde las siguientes preguntas:

1 ¿Qué significa psiquis?
2 ¿Qué es la cultura predominante?
3 ¿Es lo mismo pubertad y adolescencia?
4 ¿Por qué se sienten inconformes los adolescentes con la realidad?
5 ¿Por qué creen los adolescentes que pueden cambiar el mundo?

◆ Oportunidades de evaluación

En esta actividad se han practicado las habilidades que son evaluadas por medio del Criterio B: Comprensión de lectura.

ACTIVIDAD: Consejos para adolescentes

■ Enfoques del aprendizaje

Habilidades de comunicación: Usan una variedad de organizadores para realizar las tareas de redacción académica

Durante diez minutos prepara una presentación oral sobre la adolescencia, que **compartirás** con el resto de la clase durante un tiempo aproximado de dos minutos.

Asegúrate de que incluyes la siguiente información:

● una breve explicación de qué es la adolescencia
● cambios físicos y psíquicos de la adolescencia
● ejemplos de situaciones propias de la adolescencia

◆ Oportunidades de evaluación

En esta actividad se han practicado las habilidades que son evaluadas por medio del Criterio C: Expresión oral.

¿Cómo cambian las rutinas a lo largo de nuestra vida?

Lee el siguiente blog sobre los recuerdos de Celia, Laura y Óscar sobre sus infancias.

Cuando era pequeño…

Celia

He vivido siempre en la ciudad, pero me gusta recordar cómo eran mis vacaciones cuando era pequeña.

Cuando era pequeña, iba todos los veranos a casa de mis abuelos en el campo. Estaba al lado de una gran montaña, a la que subía muchas veces con mi abuela. Las casas eran de piedra y tenían un jardín muy grande con muchas flores.

Laura

Cuando era pequeña, todos los veranos viajaba con mis padres, mis tíos y mis primos a algún lugar de la costa. ¡Nos gustaba muchísimo la playa! Nos pasábamos todo el día en la playa y jugábamos a la pelota, a las raquetas, a las cartas. Los domingos hacíamos picnic en alguno de los muchos pinares cercanos a la playa, donde había muchas familias y donde el ambiente era muy agradable.

Óscar

Me acuerdo muchas veces de cómo eran las vacaciones de mi infancia. Mis padres tenían una casa en el pueblo e íbamos todos los veranos en el mes de agosto. Allí conocí a muchos amigos que aún conservo. Siempre estábamos deseando que llegase el verano para reencontrarnos y contarnos todo lo que había pasado durante el año, ya que no se usaban tanto las redes sociales como ahora. El verano era una época muy especial, para disfrutar de la familia y los amigos.

ACTIVIDAD: Cuando era pequeño…

■ Enfoques del aprendizaje

Habilidades de gestión de la información: Obtienen, registran y verifican datos

Después de haber leído el texto sobre los recuerdos de Celia, Laura y Óscar sobre sus infancias, di si las siguientes afirmaciones son verdaderas o falsas y **justifica** tus respuestas:

1 Óscar iba de vacaciones en agosto cuando era pequeño.
2 En el pueblo de los abuelos de Celia las casas eran de madera.
3 Cuando Laura era pequeña pasaba las vacaciones en la costa con su familia.
4 Celia es una chica de campo.
5 Óscar no conserva ningún amigo de sus vacaciones de la infancia.
6 La familia de Laura comía en un restaurante todos los domingos.
7 Laura y su familia jugaban al escondite durante las vacaciones.

◆ Oportunidades de evaluación

En esta actividad se han practicado las habilidades que son evaluadas por medio del Criterio B: Comprensión de lectura.

ACTIVIDAD: Atrévete a cambiar un hábito

■ Enfoques del aprendizaje

Habilidades de pensamiento crítico: Extraen conclusiones y realizan generalizaciones razonables

Busca en YouTube el vídeo **Atrévete a cambiar un hábito - Yesid Barrera - TEDxUFM** o escribe la siguiente dirección web: **www.youtube.com/watch?v=fE8y9V-XyWw**.

Después de verlo hasta el minuto 07:10, contesta las siguientes preguntas y **justifica** tus respuestas:

1. **¿A quién va dirigido este vídeo?**
2. **¿Qué porcentaje de cosas hacemos inconscientemente?**
3. **¿Qué nos enseñó Aristóteles?**
4. **¿Dónde se hizo la investigación?**
5. **¿Qué tres preguntas se hicieron a las personas que participaron en el experimento?**
6. **¿Es lo mismo cambiar un hábito que incorporar un hábito?**
7. **¿Quiénes consiguen cambiar sus hábitos más rápidamente?**
8. **¿A qué llama el conferenciante caja de trabajo? ¿Y la caja de los hábitos?**
9. **¿Recomendarías este vídeo a otra persona? ¿Por qué?**

◆ Oportunidades de evaluación

En esta actividad se han practicado las habilidades que son evaluadas por medio del Criterio A: Comprensión auditiva.

ACTIVIDAD: Las últimas vacaciones de verano

■ Enfoques del aprendizaje

Habilidades de comunicación: Escriben con diferentes propósitos

Realiza una encuesta a tus compañeros sobre sus últimas vacaciones:

Contexto: en clase

Alumno/a 1: entrevistador(a)

Demás alumnos: entrevistados

Tema: las últimas vacaciones de verano

Registro: informal

◆ Oportunidades de evaluación

En esta actividad se han practicado las habilidades que son evaluadas por medio del Criterio C: Expresión oral.

ACTIVIDAD: Mis vacaciones favoritas

Habilidades de comunicación: Organizan y describen la información de manera lógica

Siguiendo el modelo de los textos "Cuando era pequeño…" **escribe** un texto de 150 palabras sobre las mejores vacaciones de tu vida.

No olvides incluir adónde fuiste, cuándo, con quién, qué hiciste, qué fue lo que más te gustó, etc.

◆ Oportunidades de evaluación

En esta actividad se han practicado las habilidades que son evaluadas por medio del Criterio D: Expresión escrita.

ACTIVIDAD: Planes de vacaciones

■ Enfoques del aprendizaje

Habilidades de pensamiento crítico: Proponen y evalúan diversas soluciones

Imagina que tu clase ha sido premiada con un viaje y que tú tienes la oportunidad de **organizarlo**.

¿Adónde te gustaría ir? ¿Cómo te gustaría que fuese el viaje?

Investiga en internet cómo viajar a ese lugar, dónde os podríais alojar, que opciones culturales y lúdicas existen en este espacio, etc.

Después, con ayuda de recursos visuales, muestra tu propuesta a toda la clase. Recuerda que estás usando un texto MULTIMODAL.

◆ Oportunidades de evaluación

En esta actividad se han practicado las habilidades que son evaluadas por medio del Criterio C: Expresión oral.

¿Cuál es la diferencia entre creencias y supersticiones?

PIENSA–COMPARA–COMPARTE

Lee las siguientes preguntas con atención y **comparte** tus ideas con tus compañeros:

1 ¿Qué es un rito?
2 Pon ejemplos de ritos religiosos y no religiosos.
3 ¿Para qué existen las tradiciones?
4 ¿Cuáles son tus tradiciones favoritas de tu cultura?
5 ¿Qué tradiciones cambiarías o eliminarías?
6 ¿Por qué se pierden algunas tradiciones y se conservan otras?

ACTIVIDAD: Mis supersticiones

■ Enfoques del aprendizaje

Habilidades de pensamiento crítico: Identifican tendencias y prevén posibilidades

Busca en YouTube el vídeo MIS SUPERSTICIONES |desitaa o escribe la siguiente dirección web: www.youtube.com/watch?v=rieQC-Bc5bs.

Después de verlo, contesta las siguientes preguntas y **justifica** tus respuestas:

1 **¿Cuáles son las ideas principales del vídeo?**

2 ¿Qué supersticiones conoces de todas las que menciona?
3 ¿Cómo necesita que estén las puertas y los cajones para dormir?
4 ¿Cuántos nudos tienen que tener sus pulseras?
5 ¿Qué costumbres tiene la chica a la hora de irse a dormir?

◆ Oportunidades de evaluación

En esta actividad se han practicado las habilidades que son evaluadas por medio del Criterio A: Comprensión auditiva.

Lee el siguiente artículo sobre las diferencias y similitudes de las religiones.

Las religiones: diferencias y similitudes

Todas las religiones creadas con intención de conducir al hombre hacia Dios son prácticamente iguales. No hay religiones superiores ni inferiores. Las diferencias se basan en su inconfundible modo de plantear sus objetivos.

El Budismo se consolida como la religión del sosiego mental, el Cristianismo como la religión de la caridad, el Hinduismo la religión de la mística, y el Islam la de la contestación ante la tiranía. Obviamente las religiones abarcan todas las necesidades del ser humano, de otra forma no hubieran llegado a ser religiones de masas, pero estos rasgos son lo esencial de ellas.

Por el contrario, algunas religiones tienen una parte menos positiva como la excesiva ritualidad, la comprensión de la sexualidad, la complejidad metafísica, sus conductas machistas y sus actitudes intolerantes.

¿Cómo es Dios?

Mientras el Cristianismo y el Judaísmo creen en un Dios personal, con capacidad de consuelo como un padre o un amigo, el Hinduismo y el Budismo tienen la idea de un Dios cósmico poderoso. Sólo el Islam, debido a su complejidad, mantiene ambas posturas.

Superficialmente, las religiones de hoy en día parecen diferir mucho unas de otras. Pero si les quitamos las diferencias producidas por el clima, el idioma, su tierra nativa y otros factores específicos, sorprende lo similares que son.

ACTIVIDAD: Las religiones: diferencias y similitudes

◼ Enfoques del aprendizaje

Habilidades de gestión de la información:
Establecen conexiones entre diversas fuentes de información

Después de haber leído el texto, contesta las siguientes preguntas y **justifica** tus respuestas:

1 **¿Cuáles son las diferencias entre las religiones que se mencionan en el texto?**

2 **¿Cuáles son los puntos en común entre ellas?**

El Paraíso Cristiano

Muchas religiones hablan de una "edad de oro" en la que comenzó la humanidad. No existía la culpa y los hombres eran felices en estrecha comunión con Dios y no existían enfermedades ni muerte. De ahí se desprende que Dios creó al primer hombre y a la primera mujer y los colocó en el paraíso. Fueron felices hasta que al poco tiempo se hicieron rebeldes, por lo que perdieron el paraíso y pasaron a una vida de trabajo, dolor y sufrimiento.

Con el tiempo, la humanidad se hizo tan mala que Dios castigó a los hombres enviando un enorme diluvio que destruyó a toda la gente excepto a una familia. Al multiplicarse esta familia, algunos descendientes formaron un grupo y empezaron a edificar una inmensa torre en desafío a Dios. Dios frustró su proyecto al confundir su idioma y dispersarlos hasta los extremos de la Tierra.

El Catolicismo frente al Budismo

Si tomamos el Catolicismo de Occidente y el Budismo de Oriente y pensamos que no pueden tener nada en común, veremos que ambas comparten muchos ritos y ceremonias: el uso de velas, incienso, agua bendita, imágenes de santos, devocionarios y hasta la señal de la cruz. Ambas tienen órdenes de monjes y monjas, días de fiesta sagrados y alimentos especiales.

Esto se debe a que tienen ciertas enseñanzas y creencias que son universales: el alma humana es inmortal, hay una recompensa celestial para los buenos y tormento eterno para los malos, existe un purgatorio, se cuenta la historia de dioses o semidioses que vivieron entre los humanos, hay una diosa madre de Dios o reina del cielo, y un diluvio catastrófico que devastó a casi toda la humanidad.

---

3 ¿A qué se refiere el texto con el término edad de oro?

4 ¿Cómo frustró Dios el proyecto de edificación de la torre de acuerdo con el texto?

5 ¿Qué comparten el Catolicismo y el Budismo?

◆ Oportunidades de evaluación

En esta actividad se han practicado las habilidades que son evaluadas por medio del Criterio B: Comprensión de lectura.

LAS SUPERSTICIONES

El origen de las supersticiones, por lo que he comprobado, suele remontarse a cientos de años atrás. Nada nuevo; imagino que todos los que leéis esto lo sospechabais. No parece casual que este tipo de creencias se remonten a épocas en las que el acceso al conocimiento era muy limitado para la mayoría de la población, de modo que no era difícil infundir miedo y superchería entre los ciudadanos. Unas veces por ejercer control sobre ellos, otras porque los mismos que creaban estos cuentos… se lo creían.

El caso es que hoy, en pleno s. XXI, seguimos tirando la sal por encima del hombro, evitando las escaleras abiertas y cerrando los ojos cuando vemos un lindo gatito negro al final del callejón. Hay una delgada línea entre una manía y una superstición. Diría que la diferencia entre una y otra es que la manía te causa un pequeño desorden o intranquilidad a nivel emocional, pero la superstición tiene una consecuencia directa (a ojos del supersticioso) con la mala o buena suerte.

ACTIVIDAD: Las supersticiones

■ Enfoques del aprendizaje

Habilidades de gestión de la información: Establecen conexiones entre diversas fuentes de información

Después de haber leído el texto, contesta las siguientes preguntas y **justifica** tus respuestas:

1 **¿Qué antigüedad tienen o suelen tener las supersticiones?**
2 **¿Por qué son antiguas?**
3 **¿Para qué sirven las supersticiones?**
4 **¿Qué cosas seguimos haciendo en pleno siglo XXI?**
5 **¿Es lo mismo "manía" que "superstición"?**

◆ Oportunidades de evaluación

En esta actividad se han practicado las habilidades que son evaluadas por medio del Criterio B: Comprensión de lectura.

PUNTO DE INDAGACIÓN

Lee las siguientes preguntas y **comparte** tu experiencia y tus opiniones con tus compañeros:

1 **¿Cuál es la religión mayoritaria en tu país?**
2 **¿Qué importancia tiene la religión en la vida política de tu país? ¿Y en otros países?**
3 **¿Qué tradiciones de tu cultura están relacionadas con la religión?**
4 **¿Qué ritos o tradiciones no religiosas se practican en tu país?**
5 **¿Es posible escoger libremente la religión en todos los países?**

Spanish for the IB MYP 1–3: *by Concept*

ACTIVIDAD: Creer o no creer

■ Enfoques del aprendizaje

Habilidades de reflexión: Consideran las implicaciones éticas, culturales y ambientales

Si en tu familia se practica una religión, habla sobre los distintos ritos propios de tu religión en un texto de alrededor de 200 palabras.

En caso contrario, habla de la experiencia de no tener una religión propia y de los ritos no religiosos que se practican en tu familia.

◆ Oportunidades de evaluación

En esta actividad se han practicado las habilidades que son evaluadas por medio del Criterio C: Expresión oral y Criterio D: Expresión escrita.

ACTIVIDAD: Las otras religiones

■ Enfoques del aprendizaje

Habilidades de pensamiento crítico: Elaboran argumentos en contra u opuestos

Haz una lista con las características principales de la religión que más conozcas y, de forma paralela, **investiga** y **escribe** las características de la religión que menos conozcas de entre las que se hayan mencionado en este tema.

◆ Oportunidades de evaluación

En esta actividad se han practicado las habilidades que son evaluadas por medio del Criterio D: Expresión escrita.

CÍRCULO DE OPINIONES

Contesta las siguientes preguntas y después **comparte** tus opiniones con el resto de la clase.

1 **¿Qué has aprendido de la religión en general?**
2 **¿De qué religión has aprendido más cosas nuevas?**
3 **¿Qué religión te ha sorprendido más?**
4 **¿Ha cambiado tu punto de vista sobre las religiones? ¿Por qué?**
5 **¿Cómo afecta a tu vida todo lo que has aprendido?**

CONECTA–EXTIENDE–DESAFÍA

Partiendo de la información que has adquirido en este tema, **investiga** sobre la relación entre las religiones y la violencia. Para ello, puedes servirte de internet y de la prensa sobre actualidad reciente.

Sigue estos pasos:

1 **Conecta la información que abordaste con lo que ya sabías previamente.**
2 **Extiende las ideas agregando información que no se haya mencionado.**
3 **Desafía las ideas mencionadas con preguntas que tengas al respecto.**

Prepara una breve presentación audiovisual de aproximadamente tres minutos que mostrarás al resto de la clase, en la que **explicarás** por qué no es correcto asociar religión y terrorismo.

ACTIVIDAD: Mis supersticiones

■ Enfoques del aprendizaje

Habilidades de colaboración: Escuchan con atención otras perspectivas e ideas

Prepara con un(a) compañero/a la conversación para la siguiente situación:

Contexto: en el patio del colegio

Alumno/a 1: entrevistador(a)

Alumno/a 2: entrevistado/a

Tema: las supersticiones

Registro: formal

Duración: dos minutos

◆ Oportunidades de evaluación

En esta actividad se han practicado las habilidades que son evaluadas por medio del Criterio C: Expresión oral.

¿Qué ritos conoces?

LA FIESTA DE 15 AÑOS

Una de las celebraciones más importantes y perdurables en la cultura mexicana es la tradición de la quinceañera. Mucho más que una simple fiesta de 15 años, es un hito familiar que representa el paso simbólico de una niña a su etapa como mujer y en el que se presenta a la comunidad. La celebración de los 15 años tiene sus orígenes en los aztecas y ha evolucionado a una gran celebración familiar al mismo nivel de una boda.

Las quinceañeras usan vestidos que pueden ser tan caros como un vestido de novia y las familias regularmente invierten mucho dinero en el evento a pesar de que no siempre pueden costear dicho gasto.

La organización empieza con un año de antelación y requiere de los recursos y ayuda de varios miembros de la familia y amigos. "En estos tiempos en los que se cuenta con presupuestos cortos, he visto fiestas en las que hay casi cien padrinos," señaló Silvia Castellanos, fotógrafa especializada en fiestas de quince años.

Anteriormente, la tradición era que la quinceañera usara un vestido rosa, pero ahora "las niñas quieren usar atuendos extravagantes. "Los colores de los vestidos son morados, verdes, fucsia, anaranjados, turquesa y obviamente todos sin tirantes y sin mangas."

Generaciones atrás, las familias acaudaladas solían regalar un viaje a Europa a sus jóvenes hijas, frecuentemente a París. Hoy en día, los regalos oscilan entre dinero en efectivo y ropa. La fiesta es un asunto muy grande, tradicionalmente dura por lo menos 6 horas. Los padres, padrinos y frecuentemente otras familias se organizan para hacer de la fiesta una experiencia absolutamente fuera de serie. Un componente principal es el pastel, que generalmente refleja el atuendo de la quinceañera en su maravillosa decoración.

PIENSA–COMPARA–COMPARTE

Lee las siguientes preguntas con atención y **comparte** tus ideas con tus compañeros:

1 ¿Qué ritos de paso a la edad adulta conoces?
2 ¿Para qué crees que sirven este tipo de ritos?
3 ¿Por qué no existen en todas las culturas?
4 ¿Se practica algo parecido en tu cultura?
5 ¿Crees que es tan importante el paso a la edad adulta?

ACTIVIDAD: La fiesta de quince años

■ Enfoques del aprendizaje

Habilidades de comunicación: Leen con actitud crítica y para comprender

Después de haber leído el texto sobre "La fiesta de quince años" responde las siguientes preguntas:

1 ¿Cuál es el significado de esta celebración?
2 ¿Cómo se celebra?
3 ¿Cuándo se empieza a preparar esta celebración?
4 ¿Cómo han cambiado los vestidos de las quinceañeras?
5 ¿Cuánto tiempo dura la celebración?
6 ¿Cómo es el pastel de la fiesta?

◆ Oportunidades de evaluación

En esta actividad se han practicado las habilidades que son evaluadas por medio del Criterio B: Comprensión de lectura.

ACTIVIDAD: Ritual sagrado

■ Enfoques del aprendizaje

Habilidades de gestión de la información: Utilizan la capacidad crítica para analizar e interpretar los contenidos de los medios de comunicación

Busca en YouTube el vídeo **Falcon es Patrimonio -Turas Ritual Sagrado** o escribe la siguiente dirección web: **www.youtube.com/watch?v=Q6wwSApaxOY**.

Después de verlo, contesta las siguientes preguntas y **justifica** tus respuestas:

1 ¿Para qué se realiza esta danza?
2 ¿En qué consiste la danza?
3 ¿Qué antigüedad tiene la danza?
4 ¿A qué religión hace referencia?
5 ¿Qué alimentos se mencionan en el vídeo?
6 ¿Recomendarías el vídeo a otra persona?

◆ Oportunidades de evaluación

En esta actividad se han practicado las habilidades que son evaluadas por medio del Criterio A: Comprensión auditiva.

CÍRCULO DE OPINIONES

Contesta las siguientes preguntas y después **comparte** tus opiniones con el resto de la clase.

1 ¿Qué ritos has realizado a lo largo de tu vida?
2 ¿Qué ritos realizarás en el futuro y para qué?
3 ¿Nos hace mejores realizar ciertos ritos?
4 ¿Somos libres a la hora de decidir los propios ritos?
5 ¿Tiene sentido realizar ritos de otras culturas?

ACTIVIDAD: Tradiciones de paso a la adultez de todo el mundo

■ Enfoques del aprendizaje

Habilidades de comunicación: Hacen deducciones y extraen conclusiones

Después de haber leído el texto en las páginas 72 a 73 sobre algunas tradiciones de paso a la adultez en algunas culturas, responde las siguientes preguntas:

1 ¿Qué se celebra en los rituales mencionados en el texto?
2 ¿A qué edades se celebran los ritos que aparecen en el texto?
3 ¿En cuál de los ritos hay animales implicados?
4 ¿Cuál crees que es más peligroso?
5 ¿Cuánto puede durar la transición hacia la edad adulta de los Amish?
6 ¿Te sientes identificado de alguna forma con el mensaje del texto? ¿Por qué?

◆ Oportunidades de evaluación

En esta actividad se han practicado las habilidades que son evaluadas por medio del Criterio B: Comprensión de lectura.

ACTIVIDAD: Un rito de iniciación

■ Enfoques del aprendizaje

Habilidades de colaboración: Ejercen liderazgo y asumen diversos roles dentro de los grupos

Prepara con un(a) compañero/a la conversación que podría darse en un rito inventado, en el que uno fuese el maestro de ceremonias y el otro el iniciado:

Contexto: un lugar sagrado

Alumno/a 1: maestro de ceremonias

Alumno/a 2: iniciado

Tema: un rito de iniciación

Registro: formal

Duración: dos minutos

◆ Oportunidades de evaluación

En esta actividad se han practicado las habilidades que son evaluadas por medio del Criterio C: Expresión oral.

ACTIVIDAD: Otros ritos de paso a la edad adulta

■ Enfoques del aprendizaje

Habilidades de gestión de la información: Acceden a la información para estar informados e informar a otros

Después de haber leído el texto sobre algunos ritos de paso a la edad adulta, **investiga** sobre los ritos que se practican en las siguientes culturas y lugares:

1 Inuit
2 Masái
3 Vanuatu
4 Apache
5 Japón

◆ Oportunidades de evaluación

En esta actividad se han practicado las habilidades que son evaluadas por medio del Criterio B: Comprensión de lectura.

Tradiciones de paso a la adultez de todo el mundo

La transición de la infancia a la vida adulta es un peldaño significativo en la vida de todos y todas. Pero la edad a la que este rito sucede, y la forma en la que niños y niñas celebran el paso a la adolescencia, depende completamente del lugar y la cultura en la que se vive y se crece. Aquí presentamos algunas de las tradiciones de paso a la adultez más diversas del mundo.

Los Sateré-Mawé: iniciación de las hormigas bala

En la región amazónica de Brasil, los chicos pertenecientes a la tribu indígena Sateré-Mawé celebran su paso a la adultez cuando cumplen 13 años mediante el rito de iniciación de las hormigas bala. La tradición es la siguiente: los chicos salen a buscar hormigas bala en la selva. Luego, el líder de la tribu las sumerge en una solución de hierbas para sedarlas y después poder incrustarlas en guantes con los aguijones apuntando hacia el interior. Más o menos una hora más tarde, las hormigas se despiertan más furiosas que nunca, y es ahí que comienza la iniciación. Cada chico tiene que usar los guantes por diez minutos.

Al soportar el dolor, los chicos demuestran estar preparados para la adultez, de modo que pocos gritan, pues gritar es símbolo de debilidad. Cada chico tendrá que usar los guantes otras 20 veces después de la primera ceremonia en un periodo de varios meses; sólo después de dicho periodo la iniciación llega a su fin.

Los Amish: Rumspringa

En la tradición amish, el Rumspringa representa el momento en el que los jóvenes cumplen 16 años y finalmente pueden pasar fines de semana lejos de la familia bajo ninguna supervisión. Durante este periodo, se les anima a disfrutar de cualquier placer que ellos quieran, ya sea usar ropas modernas o beber alcohol. El objetivo de este periodo es darle la oportunidad a los y las jóvenes amish de ver y vivir el mundo que existe más allá de las fronteras de su cultura y su crianza. De esta forma, el regreso a la comunidad y al estilo de vida de siempre se transforma en una decisión absolutamente propia. Los que regresan son bautizados y se vuelven miembros comprometidos de la iglesia y de la comunidad amish, con lo que se celebra el fin del Rumspringa (sin embargo, el fin debe suceder antes de cumplir los 26 años).

Rituales de Año Nuevo en los países latinos

La lista de tradiciones para pasar el Año Nuevo es casi interminable, aunque sí que hay algunas que se repiten en casi todos los países, como ver los fuegos artificiales o vestirse de una forma especial. Entre todas las costumbres a la hora de hacer el tránsito anual, estas tres son especialmente curiosas:

Monigotes

Ecuador es un país realmente original a la hora de celebrar la Nochevieja. Su tradición más popular es la quema de enormes muñecos que representan el año que termina. Los monigotes suelen estar llenos de petardos, así que uno bien se puede imaginar el estruendo que provoca esta costumbre.

Maletas para viajar

Colombia, Ecuador, México y Venezuela son países de viajeros, sin ninguna duda. Al menos si atendemos a esta tradición del Año Nuevo. A la medianoche, tienen costumbre en estos cuatro países de sacar las maletas a pasear, alrededor del edificio. Por lo visto esto asegura doce meses llenos de viajes.

El anillo de la suerte

En Venezuela no se le da la bienvenida al nuevo año brindando con una simple copa de champaña. Dentro de la copa hay que introducir un anillo de oro (ya sea del blanco o del amarillo), si es que se quiere tener buena suerte. ¿Y quién no la quiere?

ACTIVIDAD: Rituales de Año Nuevo en los países latinos

◼ Enfoques del aprendizaje

Habilidades de comunicación: Leen una variedad de fuentes para obtener información y por placer

Después de haber leído sobre los rituales de Año Nuevo, responde las siguientes preguntas:

1 **¿Qué tradiciones se repiten en diferentes países?**
2 **¿En qué países se utilizan petardos para celebrar el Año Nuevo?**
3 **¿En qué países se realiza un ritual para garantizar los viajes? ¿En qué consiste?**
4 **¿Qué se hace en Venezuela en Año Nuevo para tener buena suerte?**
5 **¿Qué se quema en Ecuador a final de año?**

◆ Oportunidades de evaluación

En esta actividad se han practicado las habilidades que son evaluadas por medio del Criterio B: Comprensión de lectura.

ACTIVIDAD: Origen de la tradición de comer las 12 uvas

■ Enfoques del aprendizaje

Habilidades de reflexión: Consideran las implicaciones éticas, culturales y ambientales

Busca en YouTube el vídeo Origen de la tradición de comer las 12 uvas o escribe la siguiente dirección web: www.youtube.com/watch?v=zbyO4mqyeos.

Después de verlo, contesta las siguientes preguntas y **justifica** tus respuestas:

1 **¿De qué país procede la tradición?**
2 **¿Cuándo se realiza esta tradición?**
3 **¿En qué consiste la tradición?**
4 **¿De qué ciudad se habla en el vídeo?**
5 **¿En qué año fue el excedente de uva?**
6 **¿En qué otros países se realiza esta tradición?**

◆ Oportunidades de evaluación

En esta actividad se han practicado las habilidades que son evaluadas por medio del Criterio A: Comprensión auditiva.

ACTIVIDAD: El solsticio de verano

■ Enfoques del aprendizaje

Habilidades de comunicación: Escriben con diferentes propósitos

Prepara una breve presentación oral de aproximadamente tres o cuatro minutos de duración sobre una celebración asociada a un momento del año, por ejemplo, el solsticio de verano. Para ello, haz un breve esquema en el que no olvides incluir la siguiente información:

- **¿Dónde se celebra?**
- **¿A qué hora se celebra?**
- **¿Quién participa en la celebración?**
- **¿Cómo se celebra?**
- **¿Por qué se celebra?**

◆ Oportunidades de evaluación

En esta actividad se han practicado las habilidades que son evaluadas por medio del Criterio C: Expresión oral.

ACTIVIDAD: Otros rituales de Año Nuevo

■ Enfoques del aprendizaje

Habilidades de gestión de la información: Evalúan y seleccionan fuentes de información y herramientas digitales basándose en su idoneidad para tareas específicas

Después de haber leído el texto sobre algunos ritos de Año Nuevo en algunos países latinos, **investiga** sobre los ritos que se practican en otros lugares como:

1 Chile
2 Brasil
3 Italia
4 Finlandia
5 China

◆ Oportunidades de evaluación

En esta actividad se han practicado las habilidades que son evaluadas por medio del Criterio B: Comprensión de lectura.

ACTIVIDAD: Postal de Año Nuevo

■ Enfoques del aprendizaje

Habilidades de comunicación: Escriben con diferentes propósitos

Prepara una postal en la que **escribas** tus mejores deseos de Año Nuevo a un(a) amigo/a que hace tiempo que no ves. Para ello puedes consultar otros ejemplos en internet.

◆ Oportunidades de evaluación

En esta actividad se han practicado las habilidades que son evaluadas por medio del Criterio D: Expresión escrita.

REFLEXIONA

Enfoques de aprendizaje

Habilidades de pensamiento crítico: Consideran ideas desde múltiples perspectivas

Busca en YouTube el vídeo **Canción de graduación - Me Toca Partir - Giovanni Barrantes (video oficial)** o escribe la siguiente dirección web: **www.youtube.com/watch?v=QAeYHm39G-0**.

Después de verlo, reflexiona y **analiza** con tus compañeros sobre los siguientes puntos:

1 **¿Qué te sugiere el vídeo?**
2 **¿Te has graduado alguna vez?**
3 **¿Qué se hace en una graduación?**
4 **¿Por qué se celebra una graduación?**
5 **¿En qué se parece la graduación a un rito religioso?**

! ACTÚA E INVOLÚCRATE

! Como hemos podido ver en este capítulo los hábitos y las costumbres son una parte importante de nuestras vidas. Si conseguimos cambiar los hábitos de forma positiva, conseguiremos mejorar la convivencia.

! Entre toda la clase, haremos una campaña de normas para utilizar en los espacios comunes del colegio.

! Algunos ejemplos de las cosas que podréis tratar son los siguientes:

◆ el volumen al hablar

◆ la forma y el orden al caminar por los pasillos

◆ el estado en que se dejan las clases al final del día

◆ la puntualidad

ALGUNAS TAREAS SUMATIVAS PARA EVALUAR ESTE CAPÍTULO

Utiliza estas tareas para aplicar y ampliar tu conocimiento de este capítulo. Estas tareas están diseñadas para poder evaluar tus conocimientos en diferentes niveles de logro según los criterios de adquisición de lenguas.

TAREA 1: El acto de graduación

■ Enfoques de aprendizaje

Habilidades de gestión de la información: Obtienen, registran y verifican datos

Un acto de graduación es la ceremonia oficial que clausura el curso escolar y sirve de reconocimiento a los estudiantes que, a lo largo de él, han completado los requisitos académicos de un plan de estudios (habitualmente una licenciatura o un grado académico) y, por lo tanto, se han hecho merecedores del título académico que otorgue la institución de enseñanza donde lo han desarrollado (propiamente, una universidad, aunque es muy habitual que hagan ceremonias semejantes las instituciones de enseñanza media e incluso de enseñanza primaria). Independientemente de su origen en la universidad medieval europea, tales ceremonias, y los festejos asociados a ellas (baile de graduación o fiesta de graduación), se han convertido en un tópico de la cultura popular estadounidense, donde antropológicamente cumple la función de un rito de paso, difundido extensivamente en películas y series de televisión (incluso remarcando sus aspectos ridículos o problemáticos), y se imita en el resto del mundo.

El acto cuenta con la presencia de las autoridades académicas y por lo general está presidido por el rector o director, que puede invitar a una personalidad relevante de la vida social y cultural a fin de que actúe de padrino de la promoción y pronuncie un discurso (*commencement speech*). En la tradición anglosajona, el estudiante que ha obtenido la segunda mejor calificación (*salutatorian*) da un discurso inicial o saludo (*salutatio*) y el estudiante que ha obtenido la mejor calificación (*valedictorian*) da el discurso final o despedida (*valedicto*).

◆ Oportunidades de evaluación

Esta tarea puede usarse para evaluar tus habilidades del Criterio B: Comprensión de lectura.

Instrucciones

Lee el artículo sobre el acto de graduación y después contesta las siguientes preguntas.

Contesta las preguntas en español utilizando tus propias palabras.

Haz referencia al texto siempre que sea posible, **justificando** tus respuestas y dando ejemplos siempre que sea necesario.

No utilices herramientas de traducción ni diccionarios para esta tarea.

Tendrás 45 minutos para completar esta tarea.

Preguntas

1 **¿En qué país son un tópico las graduaciones?**
2 **¿Quién preside este tipo de ceremonias?**
3 **¿Qué alumno recibe el título de *salutatorian*?**
4 **¿Quién da el discurso de despedida?**
5 **¿Cuándo se celebran las ceremonias de graduación?**

TAREA 2: Supersticiones y creencias populares

Enfoques de aprendizaje

Habilidades de comunicación: Hacen deducciones y extraen conclusiones

Las supersticiones corresponden a creencias contrarias a la razón, ya que no atribuyen explicaciones lógicas a los fenómenos y sus relaciones. Aunque se trata siempre de creencias sin evidencia científica, su concepto no siempre engloba todo lo que no es científico; en el caso, por ejemplo, de las creencias religiosas que no son científicamente probables, pero tampoco constituyen supersticiones. La denominación se aplica también en sentido peyorativo a formas de creencias, prácticas y rituales religiosos que no corresponden a las opiniones y convicciones propias; por otra parte, en el sentido coloquial, el término se utiliza como sinónimo de irracional o no científico. Como se puede observar, por lo dicho anteriormente, las supersticiones son creencias que se tienen de determinadas situaciones, causantes de algún impacto místico, sin la necesidad de evidencias científicas que puedan afirmarlo. En Venezuela son parte de la cultura popular, muchas personas creen que situaciones de la vida diaria pueden, o no, suceder de forma voluntaria e influirán de alguna forma es sus vidas.

Existen supersticiones relacionadas con los diferentes ámbitos de la vida del ser humano, desde los acontecimientos importantes para las personas; por ejemplo el matrimonio, la menstruación femenina, el levantarse de la cama; otros están relacionados con los oficios, acontecimientos temporales, objetos, elementos o con procesos, etc. Hay muchas supersticiones relacionadas con tijeras, cuchillos, espadas, agujas... Muchos escoceses creían que dormir con un cuchillo bajo la almohada evitaría que las brujas se los llevasen mientras dormían y, en muchos países, se considera fatídico regalar un arma blanca.

Se cree que, al caer un cuchillo al suelo, el mango de este apuntará en la dirección de donde provendrán la buena suerte o los amigos. Por otra parte, si el cuchillo queda con el filo hacia arriba, se espera mala suerte, pues los espíritus se cortarán los pies; en fin, un sinnúmero de creencias que forman parte de la cultura de los pueblos.

Origen e historia de las supersticiones

Según su etimología, el término "superstición" viene del verbo latino *super-stare* ("permanecer sobre" o, en sentido figurado, "ser testigo", "sobrevivir"); en ese sentido, se mantenía la idea de trascender y perpetuarse a través de la realización constante de rituales que subyacían en el uso de esta palabra. En la antigua Roma, por ejemplo, los adivinos eran calificados frecuentemente como *superstitiosus* y no era una valoración peyorativa; sin embargo, a veces, tuvo un sentido desfavorable porque designaba hechos entendidos como manifestación religiosa, superflua y desordenada. Esta idea resulta más comprensible si se considera que *religio* o *religión*, significaba precisamente lo contrario para los romanos. Para los entendidos, *religio* viene de *relegere* ("reagrupar, ordenar"), así que, dentro de la preocupación romana de realizar el culto dentro de normas rígidas, una exageración, como hacer sacrificios todos los días, podía llegar a ser entendido como un defecto; estos hechos dan cuenta de que para los romanos, el supersticioso podía llegar a ser una persona afectadamente religiosa.

Las supersticiones romanas estaban en gran parte relacionadas con el mundo de la naturaleza; al respecto, se conoce que los romanos leían presagios de desastres en el croar de los cuervos, y encontraban protección contra el mal de ojo entre las hojas del acebo. Junto a esta consulta de los augurios, iba una fe en las propiedades mágicas, generalmente medicinales, de plantas y animales. Entre otras, se conocían las siguientes creencias:

- **La lechuza:** se creía que esta ave presagiaba desastres. Horacio afirmaba que las brujas usaban plumas en sus pócimas.

- **El ciclamen:** los romanos creían que los hombres que estaban perdiendo el pelo podían evitarlo oliendo partes de esta planta.

- **Campanas:** se suponía que el tañer de campana junto a la mujer que estaba dando a luz aliviaba los dolores de parto.

- **Abejas:** se creía que estos insectos sagrados eran mensajeros de los dioses, y que su presencia traía buena suerte.

- **La peonía**: esta flor, así llamada según Peón, dios de las curaciones, era considerada de propiedades curativas mágicas.

- **El águila:** ave sagrada de las legiones romanas; se decía que esta ave rapaz, de vuelo rápido, producía rayos y truenos.

Instrucciones

Lee el artículo sobre las supersticiones y las creencias populares y después contesta las siguientes preguntas.

Contesta las preguntas en español utilizando tus propias palabras.

Haz referencia al texto siempre que sea posible, **justificando** tus respuestas y dando ejemplos siempre que sea necesario.

No utilices herramientas de traducción ni diccionarios para esta tarea.

Tendrás 45 minutos para completar esta tarea.

Preguntas

1 **El término superstición en sentido coloquial es sinónimo de…**
2 **¿Qué sucede en Venezuela con las supersticiones?**
3 **¿Qué hacían los escoceses para evitar a las brujas?**
4 **¿Qué sucede según la superstición si un cuchillo cae con el filo hacia arriba?**
5 **¿Quiénes eran los *superstitious* en la antigua Roma?**
6 **¿Qué decía la superstición sobre el acebo según los romanos?**

◆ Oportunidades de evaluación

Esta tarea puede usarse para evaluar tus habilidades del Criterio B: Comprensión de lectura.

Reflexión

Reflexionemos sobre nuestro aprendizaje... Usa esta tabla para reflexionar sobre tu aprendizaje personal en este capítulo.		
Preguntas que hicimos	Respuestas que encontramos	Preguntas que podemos generar ahora
Fácticas: ¿Cómo es nuestra rutina diaria? ¿Qué es una creencia? ¿Todas las creencias son religiosas? ¿Qué es un rito? ¿Qué ritos conoces?		
Conceptuales: ¿Qué es lo bueno de ser adolescente? ¿Y lo malo? ¿Cómo cambian las rutinas a lo largo de nuestra vida? ¿Cómo afectan las creencias a nuestro modo de vida? ¿Qué tienen en común todas las creencias? ¿Cuál es la diferencia entre creencias y supersticiones? ¿Qué relación hay entre ritos y religión?		
Debatibles: ¿Estarías dispuesto a cambiar tus rutinas para mejorar la vida de otras personas? ¿Escogemos nosotros nuestras creencias? ¿Son todas las creencias igual de buenas? ¿Identificamos todos los ritos y sus significados? ¿Son necesarios los ritos y las tradiciones?		

Enfoques de aprendizaje en este capítulo:	Descripción: ¿qué destrezas nuevas adquiriste?	¿Qué tan bien has consolidado estas destrezas?			
		Novato	En proceso de aprendizaje	Practicante	Experto
Habilidades de comunicación					
Habilidades de colaboración					
Habilidades de reflexión					
Habilidades de pensamiento crítico					
Habilidades de gestión de la información					
Atributos de la comunidad de aprendizaje	Reflexiona sobre la importancia de ser un indagador en este capítulo. ¿Cómo demostraste tus habilidades como indagador en este capítulo?				
Indagador					

¿La vida escolar está solamente en el aula?

○ En nuestra **vida social** dentro de la escuela, utilizamos las lenguas y **convenciones** que conocemos para **desarrollarnos** como individuos.

CONSIDERAR Y RESPONDER ESTAS PREGUNTAS:

Fácticas: ¿El acceso a la educación es igual en todos los países? ¿Qué es lo más importante de un sistema educativo? ¿Cuánto tiempo pasamos en el colegio dentro y fuera del aula? ¿Nos comportamos igual en clase que en el patio? ¿Qué es el acoso escolar? ¿Cómo nos afecta la presión de los compañeros?

Conceptuales: ¿Qué es la educación? ¿Cómo mejora la educación nuestra vida? ¿Cómo medimos la calidad de la educación en diferentes países? ¿Cómo sería la escuela perfecta? ¿Cómo ayudamos a mejorar nuestra escuela? ¿Cómo es un estudiante de IB fuera del aula?

Debatibles: ¿Por qué recomendarías el IB a tus amigos? ¿Somos más felices cuánto más sabemos? ¿Aprendemos solamente cuando estamos dentro del aula? ¿Por qué te gustaría ser profesor? ¿Es la vida en la escuela un reflejo de la sociedad? ¿Se puede evitar el acoso escolar?

○ EN ESTE CAPÍTULO VAMOS A:

Descubrir:
- la situación de la educación en diferentes países
- diferentes estilos de aprendizaje.

Explorar:
- el efecto de la educación en la sociedad
- aspectos de la educación fuera del aula.

Actuar para:
- valorar el acceso a la educación
- concienciar sobre acoso escolar y las soluciones a nuestro alcance.

■ Las siguientes habilidades de los enfoques del aprendizaje serán útiles:

■ Habilidades de comunicación

■ Habilidades de colaboración

■ Habilidades de organización

■ Habilidades de reflexión

■ Habilidades de pensamiento crítico

■ Habilidades de alfabetización mediática

■ Habilidades de gestión de la información

● Reflexiona sobre el siguiente atributo de la comunidad de aprendizaje:

● Reflexivos: Evaluamos detenidamente el mundo y nuestras propias ideas y experiencias. Nos esforzamos por comprender nuestras fortalezas y debilidades para, de este modo, contribuir a nuestro aprendizaje y desarrollo personal.

VOCABULARIO SUGERIDO

Sustantivos	Adjectivos	Verbos
acceso	dispar	exponer
acoso	drástico	generar
aprendizaje	encabezado	permitir
carencia	maleable	reclamar
controversia	potencial	respaldar
desarrollo	preocupante	
estancamiento	prioritario	
preocupación	sólido	
presión		
recelo		
recompensa		
reformador		
resonancia		
tasa		
temor		

◆ Oportunidades de evaluación en este capítulo:

Criterio A: Comprensión auditiva

Criterio B: Comprensión de lectura

Criterio C: Expresión oral

Criterio D: Expresión escrita

GRAMÁTICA

En este capítulo se tratan los siguientes aspectos gramaticales:

1 Tiempos verbales:
   ● presente de indicativo
   ● pretérito indefinido de indicativo
   ● pretérito perfecto de indicativo
   ● futuro de indicativo
   ● condicional de indicativo
   ● imperativo
2 La interrogación
3 Hay que… / Tener que… / Deber…
4 Otros puntos:
   ● pedir permiso
   ● dar órdenes y consejos

▼ Nexos: Educación Física y para la Salud

La resolución de conflictos de jugadores y equipos requiere voluntad de cooperación de las distintas partes. Reflexiona sobre la función del entrenador.

¿Qué es la educación?

EL CEREBRO ADOLESCENTE

La adolescencia es un periodo en la vida en el que el cerebro está en desarrollo y es maleable. Es un buen momento para el aprendizaje y el desarrollo social. Sin embargo, según Unicef, el 40% de los adolescentes del mundo no tiene acceso a la educación secundaria. El porcentaje de chicas adolescentes que no tiene acceso a la educación es mucho más alto y, sin embargo, hay sólidas evidencias de que la educación de las chicas en los países en desarrollo tiene múltiples e importantes beneficios para la salud familiar, las tasas de crecimiento de la población, las tasas de mortalidad infantil, las tasas de SIDA, así como la autoestima de la mujer y su calidad de vida. La adolescencia representa un periodo de desarrollo cerebral en el que la educación y la formación deberían ser particularmente beneficiosas. Por todo esto, es preocupante que muchos adolescentes del mundo no tengan acceso a la educación.

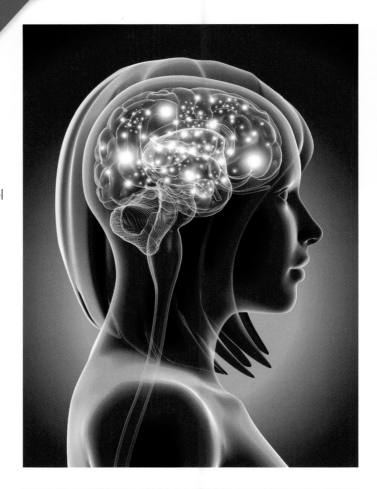

PIENSA–COMPARA–COMPARTE

Lee las siguientes preguntas con atención y **comparte** tus ideas con tus compañeros:

1   **¿Crees que es importante para un adolescente tener acceso a la educación?**
2   **¿Es especialmente importante en esta etapa de la vida? ¿Por qué?**
3   **¿Por qué crees que el porcentaje de chicas que no tiene acceso a la educación es más alto que el de chicos?**
4   **¿Cómo puede influir la educación en un adolescente para su vida futura?**
5   **¿Hay alguna relación entre el acceso a la educación y la marginación social?**

ACTIVIDAD: Mi vida sin educación

■ Enfoques del aprendizaje

Habilidades de comunicación: Escriben con diferentes propósitos

Imagina cómo podría ser tu vida si nunca hubieses ido a la escuela y **escribe** un relato corto de 200 palabras contando cómo sería tu vida actual.

◆ Oportunidades de evaluación

En esta actividad se han practicado las habilidades que son evaluadas por medio del Criterio D: Expresión escrita.

ACTIVIDAD: Animación sobre educación

■ Enfoques del aprendizaje

Habilidades de gestión de la información: Utilizan la capacidad crítica para analizar e interpretar los contenidos de los medios de comunicación

Busca en YouTube el vídeo La educación estatal mata la creatividad o escribe la siguiente dirección web: www.youtube.com/watch?v=wf7-s2lMWaU.

Después de verlo, contesta las siguientes preguntas y **justifica** tus respuestas:

1 **¿Cuáles son las ideas principales del texto?**
2 **¿Cuánto tiempo tarda en formarse el cerebro de un bebé?**
3 **¿Con qué relaciona el vídeo el cerebro de un bebé?**
4 **¿Qué sucede si un niño no está expuesto al lenguaje antes de los ocho años?**
5 **¿Qué aprendemos jugando?**
6 **¿Qué cambió a partir de la última edad de hielo?**

◆ Oportunidades de evaluación

En esta actividad se han practicado las habilidades que son evaluadas por medio del Criterio A: Comprensión auditiva.

Lee el siguiente artículo sobre los diferentes estilos de aprendizaje.

Estilos de aprendizaje

Llevamos siglos intentando averiguar cuál es la mejor manera de aprender; a lo largo de los años, ha habido numerosas ideas y teorías al respecto. Por ejemplo, los antiguos griegos creían que el dios Hermes le daba a cada persona una cantidad de inteligencia determinada y que la inteligencia de uno era esencialmente un aspecto de su fortuna.

Sin embargo, las teorías más modernas no son tan drásticas. Una de las principales teorías acerca de los estilos de aprendizaje es la teoría VARK (por sus siglas en inglés que se refieren a las palabras *visual*, *auditive*, *reading* y *kinesthetic*). La teoría VARK divide a los estudiantes en cuatro categorías, según su forma de aprender:

1 **Visual:** Los estudiantes con un estilo de aprendizaje visual no son buenos con textos escritos, pero asimilan bien imágenes, gráficos, diagramas, videos y otros materiales de aprendizaje de ese estilo.

2 **Auditiva:** Estos estudiantes aprenden mejor cuando escuchan. Pueden hacer esto mediante debates cara a cara, de uno a uno o en grupos. También son buenos aprendiendo en clase o en clases en las que los profesores son buenos comunicadores.

3 **Leyendo / Escribiendo:** Este tipo de estudiantes aprende mejor leyendo o escribiendo. Se sienten extremadamente cómodos con información que se presenta en un formato textual como listas, folletos, libros o manuales.

4 **Kinestésica:** Estos son estudiantes que aprenden haciendo y son los que suelen adoptar un enfoque práctico. Esto no quiere decir que actúen antes de pensar o que sean osados, tan solo significa que consiguen entender mejor al llevar las cosas a la práctica y analizar el asunto por sí mismos.

CÍRCULO DE OPINIONES

Contesta las siguientes preguntas y después **comparte** tus opiniones con el resto de la clase.

1 **¿Crees que tiene sentido la teoría VARK?**
2 **¿En qué categoría crees que encajas mejor? ¿Por qué?**
3 **¿Cómo prefieres aprender?**
4 **¿Por qué necesitamos una educación?**
5 **¿Crees que la educación es muy diferente de unos países a otros?**

ACTIVIDAD: Estilos de aprendizaje

■ Enfoques del aprendizaje

Habilidades de comunicación: Leen con actitud crítica y para comprender

Después de haber leído el texto sobre los estilos de aprendizaje, responde las siguientes preguntas:

1 ¿Cuáles son las ideas principales del texto?
2 ¿Por qué se llama así la teoría VARK?
3 ¿Cuántos tipos de estudiantes hay según la teoría VARK?
4 ¿Cómo aprenden los estudiantes kinestésicos?
5 ¿Qué ejemplos de aprendizaje da el texto para la categoría auditiva?
6 ¿En qué no son buenos los estudiantes visuales?
7 ¿Cuál es el objetivo de este texto?

◆ Oportunidades de evaluación

En esta actividad se han practicado las habilidades que son evaluadas por medio del Criterio B: Comprensión de lectura.

ACTIVIDAD: La educación es útil

■ Enfoques del aprendizaje

Habilidades de gestión de la información: Establecen conexiones entre diversas fuentes de información

Durante diez minutos prepara una presentación oral sobre las cosas más importantes que has aprendido en los últimos años en el colegio, que **compartirás** con el resto de la clase durante un tiempo aproximado de dos minutos.

Asegúrate de que incluyes la siguiente información:
● en qué asignaturas
● para qué te sirve ahora o en el futuro
● de qué forma lo aprendiste

◆ Oportunidades de evaluación

En esta actividad se han practicado las habilidades que son evaluadas por medio del Criterio C: Expresión oral.

¿Cómo medimos la calidad de la educación en diferentes países?

Lee el siguiente artículo sobre la educación en América Latina.

¿Por qué no mejora la educación en América Latina?

Hay preocupación por el estancamiento de la calidad de la educación en demasiados países de América Latina.

Esto es un problema importante en una economía globalizada, donde las recompensas van a parar a los trabajadores mejor cualificados y más productivos, y donde se le da más importancia que nunca a la educación de alta calidad.

¿Pero cómo medimos la calidad de la educación en América Latina respecto a estándares globales si no hay voluntad para participar en las pruebas internacionales? ¿Cómo podrán los potenciales reformadores comparar los resultados más allá de las fronteras?

Entre las comparaciones más reconocidas globalmente está la prueba PISA (el Programa para la Evaluación Internacional de Estudiantes) que realiza cada 3 años la Organización para la Cooperación y el Desarrollo Económico (OCDE).

En América Latina, los rankings regionales de estos test internacionales realizados a jóvenes de 15 años en matemáticas, lectura y ciencia están encabezados por Chile, por encima de potencias económicas como Brasil y México.

La mayoría de los países de la región está en un lugar bajo de la lista.

Parte del recelo de muchos países latinoamericanos hacia este tipo de listas puede ser un temor a ser comparados con líderes mundiales en educación como Finlandia y Japón.

Incluso Chile, el país de la región más alto de la lista PISA, está considerablemente por debajo de la media en estos test, que queda marcada por países como Reino Unido y Francia.

Pero el examen PISA ha generado también bastante controversia por su metodología y diseño, generando dudas (algo común en muchos exámenes estándar) sobre si mide de forma adecuada la calidad de la enseñanza. O por el hecho de que no captura de forma real la diversidad de contextos de unos sistemas de educación tan dispares.

Estas inquietudes se reflejan en el hecho de que menos de la mitad de los países de América Latina participa en la prueba.

Más allá de sus carencias, pusieron la atención en el hecho de que la masiva expansión del acceso a la educación en la región, una gran victoria en sí misma, no es suficiente sin una mejora equivalente en calidad.

ACTIVIDAD: ¿Por qué no mejora la educación en América Latina?

■ Enfoques del aprendizaje

Habilidades de alfabetización mediática: Demuestran conciencia de las diferentes interpretaciones que los medios hacen de los hechos y las ideas (incluidas las redes sociales)

Contesta las siguientes preguntas siguiendo la información del texto:

1 ¿Cuáles son las ideas principales del texto?
2 ¿Qué país consigue los mejores resultados en educación en América Latina?
3 ¿Cuáles son los líderes mundiales en cuanto a educación?
4 ¿Cuáles son las críticas que se hacen al examen PISA?
5 ¿Qué porcentaje de países de América Latina participan en el examen PISA?
6 ¿A quién va dirigido este texto?

◆ Oportunidades de evaluación

En esta actividad se han practicado las habilidades que son evaluadas por medio del Criterio B: Comprensión de lectura.

ACTIVIDAD: El rap de la educación 2.0

■ Enfoques del aprendizaje

Habilidades de reflexión: Consideran las implicaciones éticas, culturales y ambientales

Busca en YouTube el vídeo El rap de la educación 2.0 o escribe la siguiente dirección web: www.youtube.com/watch?v=3_3XKefLsig.

Después de verlo, contesta las siguientes preguntas y justifica tus respuestas:

1 ¿Qué dice la canción que llevamos dentro de la piel?
2 ¿Qué hay que pensar según la canción?
3 ¿Con qué debemos ponernos al día según la canción?
4 ¿Qué trabajos se mencionan?
5 ¿Qué efecto crea la música de la canción?
6 ¿Recomendarías el vídeo a otra persona?

◆ Oportunidades de evaluación

En esta actividad se han practicado las habilidades que son evaluadas por medio del Criterio A: Comprensión auditiva.

ACTIVIDAD: Debate sobre la prueba PISA

■ Enfoques del aprendizaje

Habilidades de colaboración: Animan a otros a contribuir

En el texto anterior se menciona la prueba PISA (Programa para la Evaluación Internacional de Estudiantes) que clasifica a los países según los resultados académicos de sus estudiantes. ¿Crees que es positiva la utilización de estos tipos de listas? En grupos de cuatro personas, **discutid** este asunto y después **compartid** vuestras opiniones con el resto de la clase.

Registro: Formal

Duración: Diez minutos

◆ Oportunidades de evaluación

En esta actividad se han practicado las habilidades que son evaluadas por medio del Criterio C: Expresión oral.

ACTIVIDAD: La noticia

■ Enfoques del aprendizaje

Habilidades de comunicación: Escriben con diferentes propósitos

Escribe un artículo de prensa de 200 palabras que pueda ser ilustrado con la siguiente fotografía.

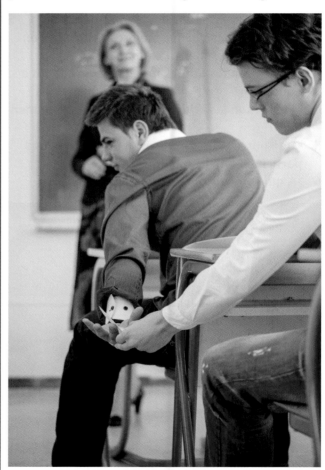

No olvides las partes de un artículo (titular, entradilla y cuerpo de la noticia) y responder las preguntas: ¿Qué? ¿Quién? ¿Cómo? ¿Cuándo? ¿Dónde? ¿Por qué?

◆ Oportunidades de evaluación

En esta actividad se han practicado las habilidades que son evaluadas por medio del Criterio D: Expresión escrita.

ACTIVIDAD: La educación en mi país

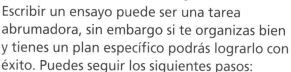

◼ Enfoques del aprendizaje

Habilidades de organización: Establecen metas que representan un desafío y son realistas

Después de haber leído el texto sobre la educación en algunos países latinos, **investiga** sobre la educación en tu país y **escribe** un artículo de 200–250 palabras.

No olvides incluir los siguientes datos:

- **algunos rankings en los que aparezca tu país**
- **qué tipo de educación se utiliza**
- **cuántas horas pasan los estudiantes en el colegio**

◆ Oportunidades de evaluación

En esta actividad se han practicado las habilidades que son evaluadas por medio del Criterio D: Expresión escrita.

¿Cómo escribir un ensayo?

Escribir un ensayo puede ser una tarea abrumadora, sin embargo si te organizas bien y tienes un plan específico podrás lograrlo con éxito. Puedes seguir los siguientes pasos:

1 Asegúrate de que estás listo para escribir: que el ambiente sea cómodo, mejor en silencio, etc.

2 Escoge el tema. Es importante que definas el tema con claridad para conseguir un enfoque claro.

3 Investiga sobre el tema.

4 Organiza los materiales.

5 Ponlos en un orden lógico.

6 Haz un borrador de tu ensayo. Primero mediante una lluvia de ideas, después escribe el enunciado de tu tesis, a continuación incluye ejemplos específicos y, por último, cita las fuentes en el esquema.

7 Organiza la información en párrafos.

8 Escribe la introducción y la conclusión al final.

9 Utiliza un lenguaje claro y conciso, así como un estilo y tono apropiados.

10 Haz las correcciones pertinentes.

11 Léelo en voz alta.

12 Escribe el título, antes de revisarlo por última vez.

¿Cómo sería la escuela perfecta?

PIENSA–COMPARA–COMPARTE

Lee las siguientes preguntas con atención y **comparte** tus ideas con tus compañeros:

1 ¿Cuántas horas de clase tienes a la semana?
2 ¿Cuántas horas en total pasas en el colegio?
3 ¿Cómo mejorarías tu escuela?
4 ¿Te gustaría ser profesor? ¿Por qué?
5 ¿Cómo consideras que debe ser un buen profesor?

ACTIVIDAD: El pupitre de atrás

■ Enfoques del aprendizaje

Habilidades de reflexión: Se centran en el proceso de creación mediante la imitación del trabajo de otras personas

Busca en YouTube el vídeo Loquillo y Trogloditas - El pupitre de atrás o escribe la siguiente dirección web: **www.youtube.com/watch?v=JI4O8ddNmgs**.

Después de verlo, contesta las siguientes preguntas y **justifica** tus respuestas:

1 ¿Crees que el protagonista de la canción está motivado para estudiar?

2 ¿Qué es lo que prefiere hacer en lugar de estudiar?
3 ¿Qué asignaturas se mencionan en la canción?
4 ¿Qué expresiones se utilizan para referirse a faltar a clase?
5 ¿Te sientes identificado con el contenido de la canción? ¿Por qué / Por qué no?
6 ¿Cuál es el sentimiento que te transmite la canción? ¿Por qué?

◆ Oportunidades de evaluación

En esta actividad se han practicado las habilidades que son evaluadas por medio del Criterio A: Comprensión auditiva.

ACTIVIDAD: Qué enseñar

■ Enfoques del aprendizaje

Habilidades de comunicación: Leen con actitud crítica y para comprender

Después de haber leído el texto en las páginas 94 y 95 sobre la educación en Argentina, contesta las siguientes preguntas y **justifica** tus respuestas:

1 ¿Cuáles son las prioridades de los docentes argentinos?
2 ¿Cuáles son las demandas de los alumnos?
3 ¿En qué temas coinciden profesores y estudiantes?
4 ¿Qué tipo de materias prefieren los alumnos? Da ejemplos.
5 ¿Quiénes están más preocupados por los valores y la educación sexual y para la salud?
6 ¿Cuál es el objetivo del texto?

◆ Oportunidades de evaluación

En esta actividad se han practicado las habilidades que son evaluadas por medio del Criterio B: Comprensión de lectura.

PUNTO DE INDAGACIÓN

Lee las siguientes preguntas y **comparte** tu experiencia y tus opiniones con tus compañeros:

1 ¿Qué asignaturas eliminarías de tu colegio? ¿Y cuáles añadirías?
2 ¿Cuáles crees que son las tres asignaturas más importantes de las que estás estudiando este curso?
3 ¿Qué te preocupa de tu futuro con respecto a la educación?
4 ¿Crees que la educación que recibes te ayudará para tener una vida feliz? ¿Por qué?
5 ¿Qué actividades extraescolares crees que deberían ser obligatorias?

Lee el siguiente artículo sobre la escuela ideal.

La escuela ideal, según los chicos y los maestros

Cuando imaginan el futuro del colegio secundario, los maestros y los alumnos argentinos tienen miradas muy distintas.

Para los docentes, la escuela ideal se identifica con mejoras en los materiales y condiciones de trabajo, entre otras prioridades. Los alumnos, en cambio, piden renovar los contenidos que se enseñan, con la inclusión de deportes, artes y talleres de convivencia, y que exista un trato "justo e igualitario" por parte de los maestros.

Estas diferentes percepciones surgen de una investigación realizada por la Fundación Santillana, dirigida por la investigadora Inés Dussel.

Los miedos que se viven en el aula

El estudio refleja miradas dispares sobre cómo ven la escuela media en comparación con el pasado, qué cosas nuevas deberían enseñarse en las aulas y cuál es el compromiso que hoy mantienen los padres con la educación de sus hijos, entre otros indicadores.

"Hay muchas coincidencias y consideraciones positivas sobre la escuela, que sigue teniendo un alto nivel de valoración, a pesar de la crisis," explicó a LA NACION la doctora Inés Dussel, directora de la investigación y coordinadora del área de Educación de la Facultad Latinoamericana de Ciencias Sociales (FLASCO).

Entre las coincidencias, los docentes y los jóvenes señalan la necesidad de fortalecer el respeto a los símbolos patrios y la presencia de educación sexual, con mayor insistencia en los chicos.

Sin embargo, en esta mirada también hay matices: los profesores incluyen la ortografía y la sintaxis entre los temas prioritarios, mientras que los alumnos reclaman una mayor enseñanza de la historia de Argentina. Con porcentajes más bajos, los estudiantes ponen más énfasis en el respeto a los horarios que los maestros.

La percepción de ambos grupos educativos muestra divergencias no sólo frente al futuro, sino también hacia el pasado. Sólo el 13,1% de los docentes considera que la escuela media actual es mejor que antes. Entre los alumnos, el 42% respalda esa visión.

Claro que en este aspecto lo que cambia es el punto de partida que sirve como base de comparación. "En muchas familias, los alumnos son la primera generación que accede a la escuela secundaria. Por eso la visión es más positiva. Los docentes, en cambio, contrastan la realidad actual con el imaginario social que ubica históricamente a la educación argentina en peldaños muy altos," comentó Dussel, al interpretar los resultados.

¿Qué enseñar?

En esta investigación hay respuestas múltiples a la pregunta sobre qué debería enseñarse hoy en la escuela secundaria respecto a temas que no se dictan.

Para los docentes, es hora de enseñar valores, educación sexual y para la salud, nuevos contenidos de disciplinas escolares ya existentes, trabajo y tecnología. Los alumnos piden, por su parte, contenidos más concretos: arte y talleres expresivos y estéticos, computación, trabajo y tecnología, idiomas, deportes y recreación.

"Los profesores quieren enseñarles a los alumnos a ser mejores personas. Los chicos prefieren disciplinas estéticas (música, canto, teatro, cine) y la producción de lo nuevo, donde se puedan expresar y simbolizar experiencias," reflexionó Dussel.

Respecto de lo que ya aprendieron en la escuela secundaria, el 31% de los chicos ponderó en primer lugar las relaciones y disposiciones sociales (aprender a compartir, convivir, relacionarse y socializar con otros). Luego ubicaron los contenidos vinculados con las disciplinas escolares, los valores y actitudes, como el respeto, la responsabilidad y la solidaridad, junto con las herramientas intelectuales.

Imaginar el futuro

Según explicó Dussel, al imaginar la escuela ideal los docentes se alimentan de las percepciones de la situación actual y la reconstrucción de la experiencia pasada. "Hablan más del presente y del pasado que del futuro," sintetizó.

Así, la mayoría de los profesores identifica la escuela ideal con mejoras en las condiciones y el clima de trabajo. De sus respuestas se desprende que hoy domina en ellos una sensación de menor satisfacción en la escuela.

"El profesor debería estar en una sola escuela, a lo sumo en dos. Con horarios y atención individualizada para los alumnos," contestó una profesora de psicología entre otros testimonios recogidos en la encuesta.

Los alumnos imaginan una escuela ideal caracterizada por docentes y directivos dispuestos a ofrecer una mayor contención en las aulas, con más compromiso para la enseñanza y mejores actitudes de atención, escucha y seguimiento de los chicos.

Ese reclamo es una muestra de que "sigue habiendo en los jóvenes una confianza y una demanda de cuidado y de sostén a los adultos de la escuela," interpreta Dussel.

ACTIVIDAD: Las calificaciones por países

■ Enfoques del aprendizaje

Habilidades de pensamiento crítico: Consideran ideas desde múltiples perspectivas

Después de haber leído el texto sobre la prueba PISA en la página 88, que calificaba los conocimientos de estudiantes de diferentes países, **investiga** sobre los sistemas de calificación en al menos tres países.

Fíjate si utilizan sistemas de letras, de números, en qué escala, etc. y **escribe** un post de 150 palabras para una página web especializada en la educación.

◆ Oportunidades de evaluación

En esta actividad se han practicado las habilidades que son evaluadas por medio del Criterio D: Expresión escrita.

ACTIVIDAD: El menú escolar

■ Enfoques del aprendizaje

Habilidades de colaboración: Negocian con eficacia

En la fotografía, puedes observar un comedor escolar. Imagina que algo del menú de tu colegio no te gusta demasiado. **Escribe** una carta al / a la director(a) de tu colegio pidiéndole estos cambios. No olvides respetar el formato de una carta formal.

◆ Oportunidades de evaluación

En esta actividad se han practicado las habilidades que son evaluadas por medio del Criterio D: Expresión escrita.

CÍRCULO DE OPINIONES

Contesta las siguientes preguntas y después **comparte** tus opiniones con el resto de la clase.

1 **¿Crees que las normas del reglamento de tu escuela son justas?**
2 **¿Cuáles te gustaría cambiar? ¿Por qué?**
3 **¿Crees que puedes cambiarlas?**
4 **¿Sabes a quién dirigirte para cambiarlas?**
5 **¿Añadirías alguna regla que no existe?**

ACTIVIDAD: Mejorando el colegio

■ Enfoques del aprendizaje

Habilidades de colaboración: Escuchan con atención otras perspectivas e ideas

Prepara con un(a) compañero/a la conversación para la siguiente situación:

Contexto: el despacho del / de la director(a)

Alumno/a 1: un representante del consejo escolar

Alumno/a 2: el / la director(a) del colegio

Tema: código de vestimenta

Registro: formal

Duración: tres minutos

◆ Oportunidades de evaluación

En esta actividad se han practicado las habilidades que son evaluadas por medio del Criterio C: Expresión oral.

CONECTA–EXTIENDE–DESAFÍA

Partiendo de la información que has adquirido en este tema, **investiga** sobre la educación hace 50 años. Para ello, puedes servirte de internet o de tu propio entorno familiar.

Sigue estos pasos:

1 **Conecta la información que abordaste con lo que ya sabías previamente.**
2 **Extiende las ideas agregando información que no se haya mencionado.**
3 **Desafía las ideas mencionadas con preguntas que tengas al respecto.**

Prepara una breve presentación audiovisual de aproximadamente tres minutos que mostrarás al resto de la clase.

En ella deberás **explicar** cómo eran las escuelas, qué materias se explicaban, si estudiaban más chicos o más chicas, cuánto costaba estudiar, quiénes iban a la escuela, etc.

¿Cómo nos afecta la presión de los compañeros?

LA PRESIÓN DE GRUPO

Los compañeros a tu alrededor influyen en tu vida, incluso sin que te des cuenta, simplemente al compartir tiempo contigo. Es simplemente cuestión de naturaleza humana aprender a escuchar y al mismo tiempo aprender de otras personas que tienen tu misma edad.

Los compañeros pueden tener entre sí una influencia positiva. Quizás un(a) compañero/a en tu clase de ciencias te enseñó un método fácil de aprender los nombres de los planetas en el sistema solar, o alguien en tu equipo de fútbol te enseñó a hacer un truco interesante con la pelota. Puede que admires a un amigo con el que siempre es agradable compartir tu tiempo y quieras parecerte a ella o a él. Quizás otros compañeros se interesaron por tu nuevo libro favorito después de haberte escuchado hablar sobre ello. Estos son algunos ejemplos de cómo los compañeros pueden influir cada día de forma positiva.

Algunas veces los compañeros influyen mutuamente de forma negativa. Por ejemplo, algunos niños en la escuela pueden tratar de convencerte para que te unas a ellos y no asistas a clase, tu compañero/a de fútbol puede tratar de que seas cruel con otro jugador y no le pases el balón, o un niño en tu barrio puede querer que cometas robos en tiendas con él.

PIENSA–COMPARA–COMPARTE

Lee las siguientes preguntas con atención y **comparte** tus ideas con tus compañeros:

1 ¿Existe la presión de grupo en tu colegio?
2 ¿Conoces algún caso de presión de grupo?
3 ¿Sabes lo que tienes que hacer en caso de sufrir presión de grupo?
4 ¿Qué debes hacer si eres testigo de que alguien sufre acoso escolar?
5 ¿Se te ocurre alguna forma de terminar con el acoso escolar en tu escuela?

ACTIVIDAD: Campaña en contra del acoso

■ Enfoques del aprendizaje

Habilidades de comunicación: Organizan y describen la información de manera lógica

Escribe un folleto de aproximadamente 100 palabras para repartir entre los alumnos de tu colegio informando sobre la normativa del colegio en relación con el acoso escolar, sin olvidarte de tratar los siguientes puntos:
- qué hacer
- a quién recurrir
- cómo hacerlo

◆ Oportunidades de evaluación

En esta actividad se han practicado las habilidades que son evaluadas por medio del Criterio D: Expresión escrita.

ACTIVIDAD: La presión de grupo

■ Enfoques del aprendizaje

Habilidades de gestión de la información: Obtienen y analizan datos para identificar soluciones y tomar decisiones fundadas

Busca en YouTube el vídeo **Presión de grupo - Alex Zurdo - Mañana es hoy** o escribe la siguiente dirección web: **www.youtube.com/watch?v=RwR-sf5vHAQ**.

Después de verlo, contesta las siguientes preguntas y **justifica** tus respuestas:

1 **¿Cómo se refiere el vídeo al nuevo alumno?**
2 **¿Qué busca el protagonista de la canción?**
3 **¿Con qué se daña el protagonista a sí mismo?**
4 **¿Por qué cambia el protagonista su perfil de Facebook?**
5 **¿Qué quiere decir la canción con la expresión "aquellos que la hacen"?**
6 **¿Recomedarías el vídeo a otra persona? ¿Por qué?**
7 **¿Qué quiere el autor que sintamos al escuchar esta canción?**

◆ Oportunidades de evaluación

En esta actividad se han practicado las habilidades que son evaluadas por medio del Criterio A: Comprensión auditiva.

Lee el siguiente blog sobre la presión de grupo.

Cómo lidiar con la presión de grupo

Casi todas las personas terminan enfrenando situaciones comprometidas por parte de un grupo en algún momento en sus vidas. Independientemente de cuánto conozcas a tus amigos, tarde o temprano tendrás que tomar decisiones que pudieran ser difíciles o poco comunes. O puede significar mantener una decisión firme que te hace ver diferente a los demás o poco popular en tu grupo.

Pero estas situaciones pueden ser oportunidades para darte cuenta de lo que es correcto para ti. No hay una fórmula mágica para enfrentarse a la presión de grupo, pero es cierto que hace falta valentía, fundamentalmente la tuya:

1   Escucha a tu instinto. Si te sientes incómodo, incluso si tus amigos(as) parecen aceptar lo que está sucediendo, tu manera de sentirte significa que hay algo en la situación que no es correcto para ti. Este tipo de toma de decisiones es parte del proceso de confiar en ti mismo y aprender sobre quién eres.

2   Planea posibles situaciones de presión de grupo. Si quieres ir a una fiesta pero crees que van a ofrecerte alcohol o drogas, piensa con anticipación cómo harás frente a este reto. Decídete antes de asistir —incluso puedes practicar— lo que dirás y harás. Aprende algunos trucos. Si estás sujetando una botella de agua o un refresco, por ejemplo, será menos probable que te ofrezcan una bebida que no deseas.

3   Crea una frase código para "salir de la situación" que puedas usar con tus padres sin necesidad de que tus compañeros se den cuenta. Puedes llamar a casa desde la fiesta donde sientes que estás siendo presionado a beber alcohol y, por ejemplo, decir "¿Podéis venir a recogerme? Tengo un terrible dolor de cabeza."

4   Aprende a sentirte cómodo diciendo "no." Con los buenos amigos nunca deberías tener que explicarte o disculparte. Pero si sientes que necesitas una excusa para, por ejemplo, rechazar una bebida o un cigarrillo, piensa en algunas frases que puedas usar de forma informal. Siempre puedes decir, "No, gracias, tengo una prueba de Karate la próxima semana y estoy entrenando," o "Ni hablar —mi tío murió de cirrosis y no pienso ni si quiera mirar el alcohol."

5   Rodéate de personas que piensen del mismo modo que tú. Escoge amigos(as) que expresen su opinión cuando te haga falta apoyo moral, y actúa con rapidez cuando seas tú el que tenga que hablar por ellos. Si estás escuchando una pequeña voz que te dice que una situación no es correcta para ti, lo más probable es que otros también la escuchen.

6   Simplemente tener a otra persona que te respalde al hacer frente a la presión de grupo hace mucho más fácil que dos personas resistan este tipo de influencia.

7   Culpa a tus padres: "¿Estás loco? Si mi madre se da cuenta, me mata, y ella tiene espías en todos lados."

8   Si una situación se torna peligrosa, no dudes en pedir ayuda a un adulto.

No siempre es fácil resistir el tipo de presión de grupo negativa, pero cuando lo haces, es fácil sentirse bien después. Incluso puedes convertirte en una influencia positiva para tus compañeros que se sienten igual que tu —generalmente todo lo que hace falta para cambiar este tipo de situaciones es que una persona haga frente a la situación o tome una decisión diferente. Tus amigos pueden seguir tu ejemplo si tienes la valentía de hacer algo diferente o negarte a hacer lo mismo que el grupo. Considérate un líder con el poder de marcar la diferencia.

ACTIVIDAD: Cómo lidiar con la presión de grupo

Después de haber leído el texto sobre los consejos para lidiar con la presión de grupo, di si las siguientes afirmaciones son verdaderas o falsas y justifica tus respuestas:

1 Muy pocas personas enfrentan situaciones de presión de grupo.
2 La presión de grupo se puede enfrentar siempre de la misma forma.
3 Es muy bueno pensar anticipadamente en posibles situaciones de presión de grupo para saber gestionarlas positivamente.
4 Existe un código secreto para alertar a los padres.
5 Saber decir 'NO' es muy positivo para saber gestionar la presión de grupo.
6 Es muy bueno rodearse de personas que piensan como tú.
7 Los adultos pueden ayudarnos ante un caso de presión de grupo.

ACTIVIDAD: Cómo lidiar con la presión de grupo

■ Enfoques del aprendizaje

Habilidades de gestión de la información: Obtienen, registran y verifican datos

Después de haber leído el texto sobre los consejos para lidiar con la presión de grupo, di si las siguientes afirmaciones son verdaderas o falsas y **justifica** tus respuestas:

1 **La presión de grupo es un sentimiento siempre imaginario.**
2 **La presión de grupo puede ser positiva.**
3 **Hay estrategias para evitar la presión de grupo.**
4 **Los amigos de verdad te aceptan como eres.**
5 **El sentimiento "Oh-Oh" es un sentimiento de felicidad absoluta.**
6 **Hay que aprender a imponer tu propia opinión.**
7 **La amabilidad es muy importante para gestionar la presión de grupo.**

◆ Oportunidades de evaluación

En esta actividad se han practicado las habilidades que son evaluadas por medio del Criterio B: Comprensión de lectura.

ACTIVIDAD: Un caso de acoso escolar

■ Enfoques del aprendizaje

Habilidades de colaboración: Toman decisiones justas y equitativas

Prepara con un(a) compañero/a la conversación para la siguiente situación:

Contexto: en el colegio

Alumno/a 1: un(a) alumno/a acosado/a

Alumno/a 2: un(a) compañero/a de clase

Tema: confesión de presión de grupo o acoso escolar

Registro: informal

Duración: tres minutos

◆ Oportunidades de evaluación

En esta actividad se han practicado las habilidades que son evaluadas por medio del Criterio C: Expresión oral.

ACTIVIDAD: Toma de decisiones

Busca en YouTube el vídeo **Presión de grupo y toma de decisiones** o escribe la siguiente dirección web: **www.youtube.com/watch?v=ybjMndCd6z8**.

Después de verlo hasta el minuto 07:30, contesta las siguientes preguntas y **justifica** tus respuestas:

1 **¿Qué tribus urbanas se mencionan en el vídeo?**
2 **¿Qué aspecto tienen estas tribus urbanas en el vídeo?**
3 **¿Qué es un grupo según el vídeo?**
4 **¿Cómo se llama el batería del grupo musical?**
5 **¿Cómo es Sergio?**
6 **¿Por qué no fuma Sergio?**
7 **¿Te sientes identificado con el contenido?**

ACTIVIDAD: Un ejemplo real

Prepara una breve presentación oral de aproximadamente dos minutos de duración sobre el caso de una persona famosa que haya sufrido acoso escolar. Para ello, haz un breve esquema en el que no olvides incluir la siguiente información:
● **cuál fue su experiencia**
● **qué hizo para superarlo**
● **cómo afectó a su personalidad**

ACTIVIDAD: El acoso escolar en diferentes países

■ Enfoques del aprendizaje

Habilidades de gestión de la información: Obtienen, registran y verifican datos

Investiga la realidad del acoso escolar en un país de cada continente y realiza una tabla en la cual se comparen todos los datos obtenidos.

No olvides incluir los siguientes datos:
- **de qué países se trata**
- **en qué consiste el acoso en los diferentes países**
- **algunas campañas para evitarlo**
- **de qué fecha son los datos que has obtenido**

◆ Oportunidades de evaluación

En esta actividad se han practicado las habilidades que son evaluadas por medio del Criterio D: Expresión escrita.

ACTIVIDAD: El ciber-acoso

■ Enfoques del aprendizaje

Habilidades de colaboración: Negocian con eficacia

Prepara con un(a) compañero/a un post para un blog dirigido a adolescentes **explicando** en qué consiste el cíber-acoso y cómo combatirlo.

Contexto: internet

Público: adolescentes

Tema: el ciber-acoso

Registro: informal

Extensión: 200–250 palabras

◆ Oportunidades de evaluación

En esta actividad se han practicado las habilidades que son evaluadas por medio del Criterio D: Expresión escrita.

REFLEXIONA

■ Enfoques de aprendizaje

Habilidades de comunicación: Colaboran con los compañeros y con expertos utilizando diversos medios y entornos digitales

Busca en YouTube el vídeo **En Colombia niños tienen que desafiar el peligro para poder ir a la escuela** o escribe la siguiente dirección web: **www.youtube.com/watch?v=Us3EZtQJd2o**.

Después de verlo, reflexiona y **analiza** con tus compañeros sobre los siguientes puntos:

1 **¿Cómo vas al colegio?**
2 **¿Qué es lo que más te ha impactado del vídeo?**
3 **¿Qué estarías dispuesto a hacer para ir al colegio?**
4 **¿Por qué crees que la educación es un derecho universal?**
5 **¿Por qué crees que existen tantas diferencias en el acceso a la educación?**

! ACTÚA E INVOLÚCRATE

! Como hemos visto a lo largo de este capítulo, el acoso escolar puede tener consecuencias muy graves en la vida de los adolescentes. Por ello debemos concienciar a los demás y a nosotros mismos sobre esto. Para ello vamos a realizar una campaña contra el acoso escolar.

! Preparad una campaña (folletos, posters, etc.) para realizar en vuestro colegio informando sobre la normativa del colegio en relación con el acoso escolar, sin olvidar de tratar los siguientes puntos:

◆ qué hacer
◆ a quién recurrir
◆ cómo hacerlo

TAREA SUMATIVA PARA EVALUAR ESTE CAPÍTULO

Utiliza la siguiente tarea en la página 106, para aplicar y ampliar tu conocimiento de este capítulo. Esta tarea está diseñada para poder evaluar tus conocimientos en diferentes niveles de logro según los criterios de adquisición de lenguas.

TAREA: Cobardes

Instrucciones

Para hacer esta actividad tienes que trabajar con
los materiales de las dos fuentes que aparecen a
continuación.

Mira las fuentes A y B con detalle antes de contestar
las preguntas.

Asegúrate de que tus respuestas son detalladas.

Contesta en español y utiliza tus propias palabras
todo lo que puedas.

No utilices herramientas de traducción ni
diccionarios para esta tarea.

Tendrás 60 minutos para completar esta tarea.

FUENTE A

Consulta el tráiler de la película *Cobardes* en el siguiente
enlace: **https://www.youtube.com/watch?v=TUjY-
KIYTJQ&t=10s**

FUENTE B

La Comunidad de Madrid cree "muy necesario" visibilizar
el acoso escolar porque se trata de situaciones que
"se alimentan del silencio" y que dejan consecuencias
emocionales "terribles", por lo que se pondrá en marcha
para finales del mes de octubre una campaña publicitaria
para recordar que quien denuncia "es un valiente, no un
chivato". Así lo han manifestado el consejero de Educación
Cultura y Deporte, Rafael van Grieken, y la directora del
Equipo Específico de Alteraciones Graves del Desarrollo de
la Comunidad de Madrid, Juana María Hernández, en la
jornada informativa organizada por la Asociación Asperger
de Madrid, donde el foco se ha centrado en el acoso
escolar de niños con Trastorno del Espectro Autista (TEA).

En esta jornada el consejero ha hecho referencia a la
situación de vulnerabilidad en la que se encuentran estos
niños con TEA, por sus dificultades a la hora de socializar y
de participar en la escuela. En este sentido ha manifestado
la necesidad de proveer de una formación "específica"
para que los maestros y profesores sepan "perfectamente"
cómo actuar. Asimismo, ha destacado la puesta en marcha
por parte de la consejería de un protocolo "de obligado
cumplimiento" para los profesores que tiene como objeto
luchar contra el denominado "cyberbullying", el acoso
escolar a través de redes sociales e internet.

Por su parte, Juana Hernández ha presentado varias
investigaciones sobre el "complejo" entramado del acoso
escolar y ha manifestado su deseo de que las personas con
TEA estén presentes en la vida escolar, "con el objetivo
de que participen y aprendan a convivir con los otros
compañeros", porque de esta forma adquirirán aptitudes
para su día a día. Por otro lado, Hernández ha señalado la
importancia del papel social que tiene la escuela, donde,
a su juicio, debe enseñarse a "convivir en la diversidad
y donde se desarrollan las primeras relaciones sociales
de la persona". Asimismo, ha instado a la comunidad
educativa no sólo a intervenir en los comportamientos de
los alumnos, sino en los entornos, para identificar cuáles
son los "lugares de riesgo" de la escuela. Por último, la
directora Hernández ha calificado de "muy necesaria"
la participación entre el colegio y la familia del niño con
TEA, ya que deben trabajar en la misma línea para hacer
efectiva la lucha contra el acoso escolar.

Preguntas

1 **Identifica el tema común a las dos fuentes.**
2 **Analiza la intención del tráiler de la película.**
3 **Define las palabras "cobarde", "valiente" y
"chivato".**
4 **Escribe un texto de entre 200 y 250 palabras
sobre el argumento de la película que te sugiere
el tráiler que has visto.**

Reflexión

Reflexionemos sobre nuestro aprendizaje… Usa esta tabla para reflexionar sobre tu aprendizaje personal en este capítulo.					
Preguntas que hicimos	**Respuestas que encontramos**	**Preguntas que podemos generar ahora**			
Fácticas: ¿El acceso a la educación es igual en todos los países? ¿Qué es lo más importante de un sistema educativo? ¿Cuánto tiempo pasamos en el colegio dentro y fuera del aula? ¿Nos comportamos igual en clase que en el patio? ¿Qué es el acoso escolar? ¿Cómo nos afecta la presión de los compañeros?					
Conceptuales: ¿Qué es la educación? ¿Cómo mejora la educación nuestra vida? ¿Cómo medimos la calidad de la educación en diferentes países? ¿Cómo sería la escuela perfecta? ¿Cómo ayudamos a mejorar nuestra escuela? ¿Cómo es un estudiante de IB fuera del aula?					
Debatibles: ¿Por qué recomendarías el IB a tus amigos? ¿Somos más felices cuánto más sabemos? ¿Aprendemos solamente cuando estamos dentro del aula? ¿Por qué te gustaría ser profesor? ¿Es la vida en la escuela un reflejo de la sociedad? ¿Se puede evitar el acoso escolar?					
Enfoques de aprendizaje en este capítulo:	**Descripción: ¿qué destrezas nuevas adquiriste?**	**¿Qué tan bien has consolidado estas destrezas?**			
		Novato	En proceso de aprendizaje	Practicante	Experto
Habilidades de comunicación					
Habilidades de colaboración					
Habilidades de organización					
Habilidades de reflexión					
Habilidades de pensamiento crítico					
Habilidades de alfabetización mediática					
Habilidades de gestión de la información					
Atributos de la comunidad de aprendizaje	Reflexiona sobre la importancia de ser reflexivo en este capítulo. ¿Cómo demostraste tus habilidades como estudiante reflexivo en este capítulo?				
Reflexivo					

¿Cómo nos cuidamos?

La observación de **otras culturas** y el conocimiento de nuevas lenguas en el mundo **globalizado** nos permite descubrir nuevas **convenciones** para llevar una vida más sana.

CONSIDERAR Y RESPONDER ESTAS PREGUNTAS:

Fácticas: ¿Qué culturas tienen las dietas más sanas? ¿Qué haces para estar en forma? ¿Los hábitos de higiene cambian de una cultura a otra? ¿En qué se diferencian los modelos de belleza en diferentes culturas? ¿Qué importancia tienen las personas mayores en las diferentes culturas? ¿Cómo te imaginas de mayor?

Conceptuales: ¿Qué es una dieta sana? ¿Cuál es la relación entre salud física y salud mental? ¿Hay relación entre belleza y cirugía estética? ¿Cómo han cambiado los modelos de belleza a lo largo del tiempo? ¿Con qué asociamos la vejez? ¿Qué relación hay entre vejez y experiencia?

Debatibles: ¿Cómo afecta nuestro entorno para llevar una vida saludable? ¿Es más importante practicar deporte o seguir una dieta equilibrada? ¿Nos hace felices la belleza? ¿Cuáles son los límites de la belleza artificial? ¿Contribuyen nuestros mayores a nuestro bienestar? ¿Tenemos alguna obligación con las personas mayores?

EN ESTE CAPÍTULO VAMOS A:

Descubrir:
- diferentes dietas en diferentes culturas
- diferentes modelos de belleza en el mundo y a lo largo de la historia.

Explorar:
- los beneficios y riesgos del culto al cuerpo
- el valor de la vejez en la sociedad.

Actuar para:
- colaborar con colectivos de personas que necesiten nuestra ayuda
- concienciar acerca de la situación de los ancianos en nuestra comunidad.

Reflexiona sobre el siguiente atributo de la comunidad de aprendizaje:

- **Equilibrados (espirituales):** Entendemos la importancia del equilibrio físico, mental, (espiritual) y emocional para lograr el bienestar propio y el de los demás. Reconocemos nuestra interdependencia con respecto a otras personas y al mundo en que vivimos.

Las siguientes habilidades de los enfoques del aprendizaje serán útiles:

- Habilidades de comunicación
- Habilidades de colaboración
- Habilidades de pensamiento crítico
- Habilidades de gestión de la información

VOCABULARIO SUGERIDO

Sustantivos	Adjetivos	Verbos
aptitud	abundante	aportar
auge	emocional	asociar
austeridad	incrédulo	entrañar
bienestar	pubertad	limitar
cirugía	reglado	proliferar
conducta		repercutir
déficit		
entorno		
estirón		
higiene		
longevidad		
mención		
picoteo		
saciedad		
vejez		
virtud		

Oportunidades de evaluación en este capítulo:

Criterio A: Comprensión auditiva

Criterio B: Comprensión de lectura

Criterio C: Expresión oral

Criterio D: Expresión escrita

GRAMÁTICA

En este capítulo se tratan los siguientes aspectos gramaticales:

1. Tiempos verbales:
   - presente de indicativo
   - pretérito indefinido de indicativo
   - pretérito perfecto de indicativo
   - futuro de indicativo
   - condicional de indicativo
   - imperativo
2. Expresiones temporales
3. Otros puntos:
   - dar órdenes y consejos
   - *se* recíproco y *se* impersonal

▼ Nexos: Educación Física y para la Salud

Los atletas y los deportistas analizan sus patrones de movimiento para poder perfeccionar su técnica y maximizar la energía de su ejecución. Considera el rol de la Educación Física y para la Salud.

▼ Nexos: Ciencias

Considera el papel de la ciencia en el campo de la salud y reflexiona sobre las implicaciones éticas, las ventajas y desventajas de la ciencia en este campo.

¿Qué haces para estar en forma?

CÓMO ALIMENTARNOS EN LA ADOLESCENCIA

La adolescencia es una etapa de la vida marcada por importantes cambios emocionales, sociales y fisiológicos (estirón puberal, maduración sexual). Sobre estos últimos, la alimentación cobra una especial importancia debido a que las necesidades nutritivas, para hacer frente a dichos cambios, son muy elevadas y es necesario asegurar un adecuado aporte de energía y nutrientes. Además, es importante evitar posibles déficits nutritivos que puedan ocasionar trastornos de salud.

La adolescencia es una etapa difícil de la vida, por cuanto supone la transición entre dejar de ser niño y empezar a ser adulto. La nutrición adecuada en este periodo entraña también dificultades por la personalidad más independiente del adolescente y por sus patrones de alimentación sociales, prescindiendo en ocasiones de comidas regladas que se sustituyen con frecuencia por "picoteos" y comidas rápidas, consumidas fuera del hogar.

Por otro lado, merece especial mención la preocupación que tienen los adolescentes en cuanto a su imagen corporal y que, en bastantes ocasiones, deriva en dietas restrictivas para acercarse a un patrón ideal de belleza, influido por los modelos sociales del momento y que puede dar lugar a serios trastornos de la conducta alimentaria (anorexia, bulimia y vigorexia).

PIENSA–COMPARA–COMPARTE

Lee las siguientes preguntas con atención y **comparte** tus ideas con tus compañeros:

1 ¿Qué significa para ti estar en forma?
2 ¿Qué haces para estar en forma?
3 ¿Qué es más importante, el ejercicio físico o la alimentación?
4 ¿Llevas una dieta equilibrada?
5 ¿Haces ejercicio a diario?

ACTIVIDAD: Recomendaciones saludables

■ Enfoques del aprendizaje

Habilidades de colaboración: Logran consensos

Realiza con la ayuda de un(a) compañero/a un plan semanal de hábitos saludables, en los que incluyas tanto la dieta como actividades de ejercicio físico.

No olvides utilizar el imperativo y los adverbios de frecuencia.

◆ Oportunidades de evaluación

En esta actividad se han practicado las habilidades que son evaluadas por medio del Criterio D: Expresión escrita.

ACTIVIDAD: Promoviendo hábitos de vida saludable

■ Enfoques del aprendizaje

Habilidades de gestión de la información: Procesan datos y elaboran informes de resultados

Busca en YouTube el vídeo **Promoviendo hábitos de vida saludable** o escribe la siguiente dirección web: **https://www.youtube.com/watch?v=Ggh3biRxraY.**

Después de verlo, contesta las siguientes preguntas y **justifica** tus respuestas:

1 **¿Cuáles son las ideas principales del vídeo?**
2 **¿Cuál es el destinatario?**
3 **¿Para qué sirve una alimentación sana?**
4 **¿Qué trabajo realizan los alimentos en el cuerpo?**
5 **¿Cuál es la principal comida del día?**
6 **¿Qué debe incluir el almuerzo?**
7 **¿En qué consiste la regla 80 / 20?**
8 **¿Para qué es importante el agua?**

◆ Oportunidades de evaluación

En esta actividad se han practicado las habilidades que son evaluadas por medio del Criterio A: Comprensión auditiva.

Lee el siguiente artículo sobre la relación entre la forma física y la inteligencia.

Estar en forma física eleva la inteligencia

Si todavía queda algún incrédulo que piense que los beneficios físicos que aporta el deporte no son para tanto, tal vez se decida a practicarlo sólo para ser "el más listo de la clase". Unos científicos suecos han llevado a cabo un estudio que constata por primera vez que los jóvenes con buena forma física puntúan más alto en los test de inteligencia.

Los datos muestran claramente que aquellos con mejor forma física fueron los que puntuaron más alto en los test de inteligencia, sobre todo en los de pensamiento lógico y comprensión verbal. Estar en forma significa que también tienes bien el corazón y mejor capacidad pulmonar y que el cerebro recibe oxígeno suficiente. Según los expertos, esto puede ser una de las razones por las que puede existir una clara relación entre ejercicio y aptitud, pero una mayor inteligencia no se relaciona con la fuerza muscular.

CÍRCULO DE OPINIONES

Contesta las siguientes preguntas y después **comparte** tus opiniones con el resto de la clase.

1 **¿Qué deportes practicas?**
2 **¿Con qué frecuencia practicas deporte?**
3 **¿Crees que practicar deporte ayuda a tu inteligencia?**
4 **¿Cómo te sientes cuando no practicas deporte?**
5 **¿Cómo afecta el deporte a tu vida social?**
6 **¿Crees que el deporte es importante para tu futuro?**

ACTIVIDAD: Estar en forma física eleva la inteligencia

◼ Enfoques del aprendizaje

Habilidades de comunicación: Leen con actitud crítica y para comprender

Después de haber leído el texto, responde las siguientes preguntas:

1 **¿Cuál es la relación entre inteligencia y ejercicio físico según el texto?**
2 **¿Quiénes puntuaron más alto en los test de inteligencia?**
3 **¿Qué significa estar en forma según el texto?**
4 **¿Tener mayor fuerza muscular implica ser más inteligentes?**
5 **¿De qué país son los científicos que realizaron el estudio?**
6 **¿Cuáles son las ideas principales del texto?**

◆ Oportunidades de evaluación

En esta actividad se han practicado las habilidades que son evaluadas por medio del Criterio B: Comprensión de lectura.

ACTIVIDAD: Más sanos, más fuertes

◼ Enfoques del aprendizaje

Habilidades de pensamiento crítico: Identifican tendencias y prevén posibilidades

Durante diez minutos prepara una presentación oral sobre los beneficios de practicar deporte con regularidad, que **compartirás** con el resto de la clase durante un tiempo aproximado de tres minutos.

¿Cómo presentar nuestras ideas?

Cuando diseñamos una presentación de PowerPoint o Keynote, es necesario prestar atención a detalles tales como el color del fondo de la diapositiva, el tamaño de la fuente que usamos, la posición y la distribución de las imágenes y del texto, etc.

Visita el recurso en este enlace: **https://drive.google.com/file/d/0B4tJ28hwvky_ VDNRRUZMdVNNWTA/view** para aprender más sobre el diseño de presentaciones efectivas.

Asegúrate de que incluyes la siguiente información:

● **los deportes que consideras más saludables y por qué**
● **la frecuencia adecuada para practicar deporte**
● **en qué afecta de forma positiva en tu vida diaria**

◆ Oportunidades de evaluación

En esta actividad se han practicado las habilidades que son evaluadas por medio del Criterio C: Expresión oral.

¿Qué culturas tienen las dietas más sanas?

Lee el siguiente artículo sobre las virtudes de la comida japonesa.

Japón, de moda y con muchas virtudes

Hasta los años ochenta, la japonesa era una gastronomía lejana y desconocida para la mayoría. Ahora está en pleno auge y los restaurantes de cocina japonesa proliferan en todo el mundo. Y lo cierto es que no sólo es una moda. La cocina japonesa, una mezcla perfecta de austeridad y sofisticación, ha acabado seduciendo a Occidente y no sólo por su sabor. Es probable que el interés creciente por alimentarse bien, por tener un buen peso influyan en ello. Japón tiene una longevidad parecida e incluso superior a la de los países europeos con más esperanza de vida.

La comida japonesa tiene un montón de virtudes, como el consumo de pescado y la abundancia de verdura. Las verduras repercuten en la cantidad de vitamina C, en la fibra (y lo que ello implica para el funcionamiento intestinal) y, por lo que respecta a la obesidad, estos alimentos dan sensación de saciedad. Mención aparte merece el consumo de algas, un ingrediente que aporta yodo, mineral de gran importancia para la tiroides. El hecho de que lo dulce tenga un papel secundario también es importante para la salud. El consumo de azúcar en Japón es claramente inferior a la mayoría de países occidentales. Por otra parte, se utilizan pocas grasas, y en las preparaciones predominan los hervidos, la plancha o los alimentos crudos, con lo que esto representa para el colesterol y las enfermedades cardíacas.

Otra de las ventajas es que las raciones son moderadas, más reducidas que las occidentales, con la ventaja que tiene esto tanto para el peso como para la digestión. Un aspecto no menos importante es la buena presentación de las comidas. No hay que olvidar que la vista prepara el estómago, y que el mejor preludio para una buena digestión es estimular antes el estómago por la vía visual. Por último, es posible también que la propia forma de ser japonesa sea menos proclive a los excesos. En una cultura en que la armonía, la serenidad y el equilibrio son parte de sus valores, es menos probable que haya conductas compulsivas y excesivas ante la comida.

ACTIVIDAD: Japón, de moda y con muchas virtudes

■ Enfoques del aprendizaje

Habilidades de pensamiento crítico: Consideran ideas desde múltiples perspectivas

En el texto anterior, hemos visto que la gastronomía japonesa es muy buena para llevar una vida saludable. Contesta las siguientes preguntas siguiendo la información del texto:

1 ¿Cuándo se popularizó la comida japonesa?
2 ¿Cuáles son los beneficios de esta comida?
3 ¿Cuáles son los dos componentes más importantes de la comida japonesa según el texto?
4 ¿Qué nos aportan las algas?
5 ¿Qué importancia tiene lo dulce en la comida japonesa?
6 ¿Tiene mucha importancia la presentación en la comida japonesa? ¿Por qué?

◆ Oportunidades de evaluación

En esta actividad se han practicado las habilidades que son evaluadas por medio del Criterio B: Comprensión de lectura.

ACTIVIDAD: Anuncios de comida rápida

■ Enfoques del aprendizaje

Habilidades de pensamiento crítico: Obtienen y organizan información pertinente para formular un argumento

Busca en YouTube el vídeo **Anuncios de comida rápida dirigidos hacia menores** o escribe la siguiente dirección web: **www.youtube.com/watch?v=YWf17SnHUr0.**

Después de verlo, contesta las siguientes preguntas y **justifica** tus respuestas:

1 **¿Cuánto invirtieron los restaurantes de comida rápida en 2012?**
2 **¿Qué cadenas de comida rápida se mencionan en el vídeo?**
3 **¿Cuántos anuncios de comida rápida ven los niños cada día?**
4 **¿A quién van dirigidos principalmente los anuncios de comida rápida?**
5 **¿Cuánto aumentó la publicidad en español desde 2010?**
6 **¿Qué pueden hacer las empresas para promover la opción saludable?**
7 **¿Cuál es el objetivo del texto?**

◆ Oportunidades de evaluación

En esta actividad se han practicado las habilidades que son evaluadas por medio del Criterio A: Comprensión auditiva.

ACTIVIDAD: Gastronomía y salud

■ Enfoques del aprendizaje

Habilidades de colaboración: Ayudan a los demás a alcanzar sus objetivos

Imagina que viajas a un país nuevo y descubres su cocina. Prepara con un(a) compañero/a una conversación en la que le cuentes las virtudes de esta cocina en general y de algún plato típico en particular:

Contexto: conversación telefónica

Alumno/a 1: el que viaja

Alumno/a 2: el que se interesa por la cocina del otro país

Tema: gastronomía extranjera

Registro: informal

Duración: dos minutos

◆ Oportunidades de evaluación

En esta actividad se han practicado las habilidades que son evaluadas por medio del Criterio C: Expresión oral.

ACTIVIDAD: La comida peruana

■ Enfoques del aprendizaje

Habilidades de comunicación: Escriben con diferentes propósitos

En los últimos tiempos, la comida peruana ha cobrado especial relevancia a nivel internacional. Descubre cuáles son los motivos y en qué consiste ese fenómeno. **Escribe** un artículo de aproximadamente 200 palabras en el que hables sobre esta gastronomía.

No olvides incluir:
- **principales características**
- **desde cuándo y dónde se produce este fenómeno**
- **platos e ingredientes principales**
- **alguna fotografía de platos peruanos**

◆ Oportunidades de evaluación

En esta actividad se han practicado las habilidades que son evaluadas por medio del Criterio D: Expresión escrita.

ACTIVIDAD: Ingredientes saludables

■ Enfoques del aprendizaje

Habilidades de comunicación: Escriben con diferentes propósitos

Todos tenemos un plato favorito, pero en ocasiones no conocemos cómo se hace ni la totalidad de los ingredientes. ¿Sabes cómo se hace y todo lo que lleva ese plato que te gusta tanto? Consigue la receta e **investiga** el valor nutricional de todos sus ingredientes.

No olvides incluir los siguientes datos:
- **cantidades de los ingredientes**
- **modo de preparación**
- **cantidad y frecuencia aconsejada de consumo**

◆ Oportunidades de evaluación

En esta actividad se han practicado las habilidades que son evaluadas por medio del Criterio B: Comprensión de lectura.

¿Cómo han cambiado los modelos de belleza a lo largo del tiempo?

PIENSA–COMPARA–COMPARTE

Lee las siguientes preguntas con atención y **comparte** tus ideas con tus compañeros:

1 ¿Qué entiendes por **cuidado personal?**
2 ¿Cómo te cuidas?
3 ¿Cuidas de otras personas?
4 ¿Son siempre visibles los efectos de los cuidados?
5 ¿Hay peligros en el cuidado excesivo?

ACTIVIDAD: Chavos sanos

■ Enfoques del aprendizaje

Habilidades de gestión de la información: Procesan datos y elaboran informes de resultados

Busca en YouTube el vídeo Chavos sanos o escribe la siguiente dirección web: **www.youtube.com/watch?v=66xtS9x2_dM**.

Después de verlo, contesta las siguientes preguntas y **justifica** tus respuestas:

1 ¿Dónde y cuándo tiene lugar el vídeo?
2 ¿De qué están hablando?
3 ¿Cuántos alumnos hay?
4 ¿Cómo se llama el chico que tiene sobrepeso?
5 ¿Qué es el sobrepeso según el maestro?
6 ¿Cómo puedes lograr un buen estado de salud?
7 ¿Por qué Ñoño no quiso ir al parque?
8 ¿Cuántos niños tenían diabetes?

◆ Oportunidades de evaluación

En esta actividad se han practicado las habilidades que son evaluadas por medio del Criterio A: Comprensión auditiva.

Lee el siguiente artículo sobre los piercings y los tatuajes.

Piercings y tatuajes: una adicción agresiva

Decorar el cuerpo con pendientes a través de perforaciones y tinta, tiene su origen hace varios siglos, y existe en diversas culturas. En los últimos años, estas prácticas han aumentado en la sociedad occidental, especialmente entre los adolescentes. Más de una historia relata que constituía un símbolo de identidad, que daba testimonio del papel que jugaba una persona en la sociedad. Los tatuajes daban información sobre ancestros, lugares de origen, batallas y cualquier actividad relacionada con las costumbres de ciertas razas.

En el contexto actual, además de considerarse una moda, tatuarse y ponerse "piercings" tiene ciertas connotaciones sociales y emocionales. Incluso, para algunos usuarios, esta costumbre puede derivar en una adicción.

Las razones

La necesidad y la decisión de someterse a una intervención corporal de esta índole tienen estrecha relación con la psique individual. Sin embargo, dice Fany Loya Reyes, licenciada en Psicología y Psicoterapeuta Familiar, existen ciertas generalidades que describen las causas: "Especialmente para la población adolescente, es una forma de expresar inconformidad y rebeldía, de dilucidar e ir en contra de lo establecido."

Durante la juventud, el acto de tatuar y perforar la piel, puede tener implicaciones más profundas; por lo regular, se fundamenta en la conmemoración de algún evento, suceso, o experiencia difícil, a través de una marca en el cuerpo.

La motivación hacia la tendencia de este hábito es variable, pero algunos factores como las experiencias durante la infancia, el medio ambiente, la cultura, los estilos de vida actuales, entre otros, pueden ser un factor desencadenante.

Así pues, el ambiente en el que se desenvuelve una persona durante sus primeras etapas de vida, puede suscitar, en el futuro, el interés por esta actividad.

Cualquier persona está predispuesta a adoptar este medio de escape en cualquier momento de su vida.

Aliarse de la tinta y los adornos corporales más intrépidos no hace distinción de género. Podría ser que ellas decidan perforarse el ombligo o tatuarse formas femeninas y ellos optaran por imágenes más agresivas; sin embargo la línea entre las preferencias de ambos sexos no está muy marcada en la actualidad.

El "no poder parar" el deseo de tener cada vez mayores perforaciones o tatuajes, es un asunto delicado, no sólo se trata de "moda", representa una alteración emocional, que requiere un tratamiento psicoterapéutico (terapia psicológica) y en algunos casos tratamiento farmacológico; ya que puede desencadenar problemas de salud graves; quienes realizan esta actividad de forma compulsiva, corren más riesgo de contraer enfermedades como infecciones de diferente índole.

"El momento de buscar ayuda surge cuando te das cuenta de que está afectando a tu vida, ya sea personal, familiar o laboralmente; cuando la persona pierde el control y distorsiona la realidad; cuando se involucra en situaciones que lo ponen en riesgo y esto le crea conflictos con la sociedad."

Desafortunadamente, los cambios sociales, económicos, y la influencia de países más desarrollados que sufre nuestra sociedad, son elementos de la vida moderna que encaminan a esta práctica a muy temprana edad.

Una adicción

El culto a la imagen y a los complementos decorativos que se llevan en la piel puede ser, hasta cierto punto, una actividad controlada, pero es muy probable que en algunas personas derive en una práctica de tipo adictiva.

Según la psicoterapeuta, cuando el acto se convierte en una patología, el problema hace referencia a un conflicto de identidad.

La base de esta recurrencia, se debe básicamente a motivaciones inconscientes patológicas, en donde se observa principalmente trastornos de personalidad, así como problemas de ansiedad, y trastornos psiquiátricos.

"En estas personas, lo que sucede es que están tratando de cubrir un vacío, la soledad, o una depresión, proyectando una imagen agresiva. Incluso, es una necesidad de cambiar su apariencia porque no están conformes con su aspecto, o en la manera de cómo se ven y cómo los demás los ven."

ACTIVIDAD: Piercings y tatuajes: una adicción agresiva

■ Enfoques del aprendizaje

Habilidades de comunicación: Leen una variedad de fuentes para obtener información y por placer

Después de haber leído el texto sobre los "piercings" y los tatuajes, responde las siguientes preguntas y **justifica** tus respuestas:

1 **¿Cuáles son los peligros asociados a los "piercings" y los tatuajes según el texto?**
2 **¿Es esta una costumbre reciente?**
3 **¿Para qué se utilizaban los "piercings" y los tatuajes en la antigüedad?**
4 **Según la terapeuta, ¿por qué se tatúan los adolescentes?**
5 **¿Quién se tatúa más, los chicos o las chicas?**
6 **¿A quién va dirigido este texto? ¿Por qué?**

◆ Oportunidades de evaluación

En esta actividad se han practicado las habilidades que son evaluadas por medio del Criterio B: Comprensión de lectura.

PUNTO DE INDAGACIÓN

Existen culturas que desde la antigüedad han practicado el tatuaje y las perforaciones en el cuerpo. Algunos ejemplos son Borneo, Polinesia, Hawái y Japón.

Con la ayuda de un(a) compañero/a, **investiga** sobre alguna cultura donde se den este tipo de prácticas. No olvides contestar las siguientes preguntas:

1 **¿De qué cultura se trata?**
2 **¿En qué lugar del planeta?**
3 **¿Qué antigüedad tiene esta práctica?**
4 **¿Se sigue practicando actualmente?**
5 **¿Cómo se realiza?**
6 **¿Cuál es su significado en dicha cultura?**

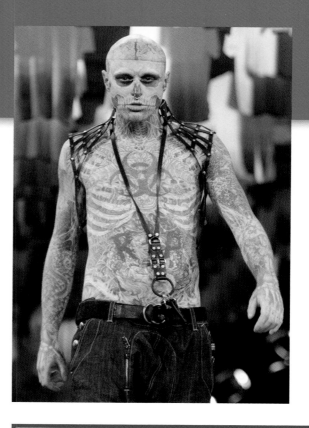

ACTIVIDAD: La belleza de la tinta

■ Enfoques del aprendizaje

Habilidades de comunicación: Utilizan una variedad de medios para comunicarse con una gama de destinatarios

En la fotografía, puedes observar al modelo Rick Genest con el cuerpo enteramente tatuado. **Escribe** un texto de aproximadamente 200 palabras sobre tu opinión en relación a la presencia de tatuajes en el mundo de la moda, del deporte, etc.

- **¿Crees que es positivo?**
- **¿Y peligroso?**
- **¿Debería estar más controlado que actualmente?**
- **¿Qué beneficios produce llevar tatuajes?**

No olvides:
- **Presentar claramente tu opinión.**
- **Hablar de otras opiniones posibles.**
- **Incluir una conclusión.**

◆ Oportunidades de evaluación

En esta actividad se han practicado las habilidades que son evaluadas por medio del Criterio D: Expresión escrita.

ACTIVIDAD: Rick Genest

■ Enfoques del aprendizaje

Habilidades de gestión de la información: Procesan datos y elaboran informes de resultados

En la fotografía, podemos ver al modelo Rick Genest luciendo su cuerpo tatuado. **Investiga** su biografía y la importancia que los tatuajes han tenido en su vida y su carrera profesional, y **escribe** un artículo de 200–250 palabras para una revista.

No olvides incluir los siguientes datos:
- **fecha de nacimiento y lugar de procedencia**
- **su opinión sobre este tema**
- **otras fotografías**
- **otros personajes conocidos que se hayan tatuado o perforado**

◆ Oportunidades de evaluación

En esta actividad se han practicado las habilidades que son evaluadas por medio del Criterio D: Expresión escrita.

CÍRCULO DE OPINIONES

Contesta las siguientes preguntas y después **comparte** tus opiniones con el resto de la clase.

1 **¿Te gustaría hacerte un tatuaje?**
2 **¿Llevarías "piercings"?**
3 **¿Conoces a alguien tatuado?**
4 **¿Consideras que hacerte tatuajes mejoraría tu aspecto?**
5 **¿Consideras que los tatuajes y los "piercings" están aceptados socialmente?**

ACTIVIDAD: Debate sobre los tatuajes y las perforaciones

■ Enfoques del aprendizaje

Habilidades de comunicación: Negocian ideas y conocimientos con compañeros y profesores

En este capítulo se habla sobre los tatuajes y las perforaciones, tanto desde una perspectiva tradicional y étnica, como desde las tendencias de moda. En grupos de cuatro personas, **discutid** este asunto y después **compartid** vuestras opiniones con el resto de la clase.

Registro: formal

Duración: diez minutos

◆ Oportunidades de evaluación

En esta actividad se han practicado las habilidades que son evaluadas por medio del Criterio C: Expresión oral.

CONECTA–EXTIENDE–DESAFÍA

Partiendo de la información que has adquirido en este tema, **investiga** sobre otras formas de decorar el cuerpo. Para ello, puedes servirte de internet o de tu propio entorno familiar.

Sigue estos pasos:

1 **Conecta** la información que abordaste con lo que ya sabías previamente.
2 **Extiende** las ideas agregando información que no se haya mencionado.
3 **Desafía** las ideas mencionadas con preguntas que tengas al respecto.

Prepara una breve presentación audiovisual con al menos diez diapositivas que mostrarás al resto de la clase. En ella deberás **explicar**:
- **en qué consiste esa práctica**
- **quién la practica**
- **si conlleva algún tipo de peligro**

¿Tenemos alguna obligación con las personas mayores?

SOBRELLEVAR EL CUIDADO DE OTRA PERSONA

Muchos de nosotros terminaremos cuidando a otra persona en algún momento de nuestras vidas. Es probable que ayudemos a familiares de más edad que no pueden cuidarse por sí mismos. Esos cuidados pueden incluir tareas cotidianas, como ayudar con las comidas, los horarios, ayudarlos a bañarse y a vestirse. También pueden incluir encargarse de los medicamentos, de las consultas médicas, el seguro de salud y el dinero. Los cuidadores también suelen brindar apoyo emocional.

A las personas que brindan cuidados no remunerados a un familiar o amigo anciano, enfermo o discapacitado en su casa se conocen como "cuidadores informales". La mayoría son de mediana edad. Aproximadamente dos tercios son mujeres. Casi la mitad de los cuidadores ayudan a personas de 75 años o más. A medida que la población anciana del país continúe en aumento, también seguirá aumentando la necesidad de cuidadores informales.

Los estudios han demostrado que algunas personas pueden sentirse realizadas al cuidar a otras. Cuidar a otra persona puede ayudar a estrechar los vínculos con un ser querido. Algunos sienten alegría o plenitud al cuidar a otras personas. Pero para muchos, la carga de estos cuidados puede volverse abrumadora.

PIENSA–COMPARA–COMPARTE

Lee las siguientes preguntas con atención y **comparte** tus ideas con tus compañeros:

1 **¿Conoces algún caso de los que habla el texto?**
2 **¿Estarías dispuesto a ser cuidador informal?**
3 **¿A quién ayudarías?**
4 **¿Cómo crees que cambia la vida del cuidador informal y de la persona cuidada?**
5 **¿Es mejor un cuidador informal que un cuidador profesional?**

ACTIVIDAD: El cuidado de otros

■ Enfoques del aprendizaje

Habilidades de comunicación: Hacen deducciones y extraen conclusiones

Imagina y **describe** de forma breve la situación de la fotografía, sin olvidarte de tratar los siguientes puntos:

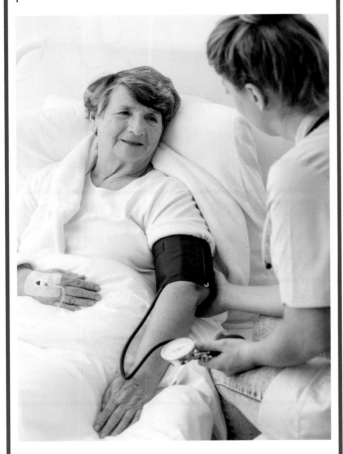

- ¿Quiénes son?
- ¿Qué hacen?
- ¿Cómo imaginas su vida diaria?

◆ Oportunidades de evaluación

En esta actividad se han practicado las habilidades que son evaluadas por medio del Criterio C: Expresión oral.

ACTIVIDAD: Debajo del árbol

■ Enfoques del aprendizaje

Habilidades de gestión de la información: Obtienen, registran y verifican datos

Busca en YouTube el vídeo **Debajo del árbol (cortometraje)** o escribe la siguiente dirección web: **https://www.youtube.com/watch?v=ps5FYUc4Z-w&t=12s**.

Después de verlo, contesta las siguientes preguntas y **justifica** tus respuestas:

1 ¿Dónde está el protagonista?
2 ¿Cómo es el anciano?
3 ¿Por qué dice el anciano que se considera afortunado?
4 ¿Cuánto tiempo hace que murió su hijo?
5 ¿Qué dice el anciano sobre la memoria?
6 ¿Qué le pasa al gato?
7 ¿Recomendarías el vídeo a otra persona?

◆ Oportunidades de evaluación

En esta actividad se han practicado las habilidades que son evaluadas por medio del Criterio A: Comprensión auditiva.

Lee el siguiente artículo sobre cómo valoramos a la gente mayor.

La vejez desde una perspectiva histórica y cultural

La valoración que una sociedad otorga al anciano, variará en función de la disponibilidad de recursos existentes, de la forma en que se transmite el conocimiento, de la capacidad de adaptación al cambio social y de la proporción de individuos que componen el grupo. Siguiendo este esquema la persona anciana ocupará uno u otro rol.

En España ha habido un gran descenso de la natalidad, frenado por el fenómeno de la inmigración. Además, se ha convertido en uno de los países con mayor esperanza de vida y la población está envejeciendo. Eso significa que habrá un gran porcentaje de ancianos a los que habrá que atender. Esto hoy en día, supone una de las mayores preocupaciones para el Estado.

Existen muy pocas referencias al papel de la mujer anciana a lo largo de la historia. La mujer ha sido de gran relevancia en el ámbito familiar y doméstico, como encargada del cuidado de los niños, ancianos y sus cuidados estrechamente ligados a la vida de la mujer a lo largo de la historia. Esta visión ha ido cambiando con la incorporación de la mujer al trabajo y la necesaria intervención del Estado, generando políticas de protección social.

Nuestra sociedad tiende a utilizar expresiones peyorativas para referirse a la persona anciana. En los últimos años, conscientes de ello, se han buscando alternativas políticamente correctas, tales como "3ª edad" y "nuestros mayores" para intentar cambiar todo lo que la palabra "viejo" lleva implícito. La vejez continúa siendo una etapa temida por la sociedad, pero no es la edad sino la salud lo que determina el ritmo y la actividad.

No todas las culturas han tratado de la misma forma a sus ancianos y la visión y percepción de ser viejo están sujetas a los valores de cada sociedad.

Durante la prehistoria la persona de más edad era considerada un líder y si había logrado sobrevivir, era gracias a lo divino, en esta etapa el ser viejo era símbolo de sabiduría. Luego hemos visto cómo el concepto a lo largo de la historia ha ido variando en función de distintos factores, desde los egipcios, pasando por los griegos, hebreos, la antigua Roma, hasta llegar a nuestros días. Los ancianos no han gozado siempre de la misma consideración a lo largo de la historia, y han pasado por momentos en los que fueron admirados y tenidos muy en cuenta, y en cambio ha habido épocas en que han sido temidos, apartados y han quedado relegados a un segundo plano.

Con anterioridad a la era moderna, ha sido la familia y especialmente la mujer, quien a lo largo de la historia ha asegurado la supervivencia de las personas de edad.

CÍRCULO DE OPINIONES

Contesta las siguientes preguntas y después **comparte** tus opiniones con el resto de la clase.

1 ¿Tienes miedo de hacerte viejo?
2 ¿A qué edad crees que es vieja una persona?
3 ¿Qué crees que es lo malo de hacerse viejo? ¿Y lo bueno?
4 ¿Qué aprendemos de las personas mayores?
5 ¿Podríamos aprender lo mismo de gente de nuestra edad? ¿Por qué?

ACTIVIDAD: La vejez desde una perspectiva histórica y cultural

■ Enfoques del aprendizaje

Habilidades de comunicación: Leen con actitud crítica y para comprender

Después de haber leído el texto, di si las siguientes afirmaciones son verdaderas o falsas y **justifica** tus respuestas:

1 En España ha habido un aumento de la natalidad en los últimos años.
2 España es uno de los países con mayor esperanza de vida.
3 Llamar viejo a una persona anciana es peyorativo.
4 La mujer ha sido tradicionalmente la encargada de cuidar a los niños, ancianos y enfermos en la familia.
5 Durante la prehistoria la persona de más edad era excluida del grupo.

◆ Oportunidades de evaluación

En esta actividad se han practicado las habilidades que son evaluadas por medio del Criterio B: Comprensión de lectura.

ACTIVIDAD: La experiencia

■ Enfoques del aprendizaje

Habilidades de colaboración: Toman decisiones justas y equitativas

Prepara con un(a) compañero/a la conversación para la siguiente situación:

Contexto: una discusión en una cafetería

Alumno/a 1: un anciano

Alumno/a 2: un adolescente

Tema: el respeto

Registro: informal

Duración: dos minutos

◆ Oportunidades de evaluación

En esta actividad se han practicado las habilidades que son evaluadas por medio del Criterio C: Expresión oral.

Los aspectos positivos de la vejez

La Organización Mundial de la Salud (OMS) destaca que el envejecimiento de la población es la "historia del éxito de las políticas de salud pública, así como del desarrollo social y económico". Cada vez más personas llegan a la vejez, son longevas y tienen mejor calidad de vida. Pese a que los / las adultos/as mayores de hoy tienen pocas similitudes con un(a) anciano/a de décadas pasadas, en algunos lugares aún se los sigue encasillando en imágenes obsoletas y negativas.

Desde los ámbitos académicos, profesionales y políticos hace tiempo que se trabaja en el rescate y la manifestación de los puntos positivos de esta etapa del ciclo de la vida. Y una tarea fundamental la realizan todos los días los / las propios/as mayores, quienes rompieron los viejos modelos de vejez y moldean modelos nuevos, que los / las muestran activos/as, capaces, portadores/as de experiencia, con ganas de enseñar y aprender, de participar en actividades sociales, de volver a enamorarse.

ACTIVIDAD: Los aspectos positivos de la vejez

Enfoques del aprendizaje

Habilidades de comunicación: Leen con actitud crítica y para comprender

Después de haber leído el texto sobre los aspectos positivos de la vejez, responde las siguientes preguntas:

1 ¿Qué dice la OMS sobre el envejecimiento de la población?
2 ¿Quién trabaja por visualizar de forma positiva la vejez?
3 ¿Cómo mejoran los ancianos la imagen que dan hoy en día?
4 ¿Cuáles son las ideas principales del texto?
5 ¿Cuál es el objetivo del texto?

Oportunidades de evaluación

En esta actividad se han practicado las habilidades que son evaluadas por medio del Criterio B: Comprensión de lectura.

ACTIVIDAD: Prejuicios y estereotipos de la vejez

Habilidades de gestión de la información: Utilizan la capacidad crítica para analizar e interpretar los contenidos de los medios de comunicación

Busca en YouTube el vídeo **Prejuicios y estereotipos de la vejez / tu dia / personas mayores / Lili Vazquez** o escribe la siguiente dirección web: **www.youtube.com/watch?v=WwyBSZGxvOU**.

Después de verlo, contesta las siguientes preguntas y **justifica** tus respuestas:

1 **¿A qué cambios sociales se refiere el vídeo?**

2 **¿Cómo se ha categorizado a los ancianos en las últimas décadas?**
3 **¿Qué frases negativas sobre los ancianos menciona el vídeo?**
4 **¿Cómo podemos combatir los estereotipos y los prejuicios?**
5 **¿Pueden ser positivos los prejuicios?**
6 **¿Qué quiere el autor del vídeo que pensemos?**

◆ Oportunidades de evaluación

En esta actividad se han practicado las habilidades que son evaluadas por medio del Criterio A: Comprensión auditiva.

ACTIVIDAD: Los aspectos positivos y negativos de la vejez

■ Enfoques del aprendizaje

Habilidades de comunicación: Escriben con diferentes propósitos

Prepara una breve presentación oral de aproximadamente dos minutos de duración sobre los aspectos positivos y negativos de la vejez. Para ello, haz un breve esquema en el que no olvides incluir los siguientes aspectos:
- **físicos**
- **psicológicos**
- **emocionales**
- **sociales**
- **familiares**

◆ Oportunidades de evaluación

En esta actividad se han practicado las habilidades que son evaluadas por medio del Criterio C: Expresión oral.

ACTIVIDAD: Ser cuidado por otros

■ Enfoques del aprendizaje

Habilidades de pensamiento crítico: Proponen y evalúan diversas soluciones

Escribe una entrada de diario de 200 palabras sobre cómo te gustaría ser cuidado cuando seas mayor. No olvides incluir la siguiente información:
- **si te gustaría ser cuidado por tu familia o por cuidadores profesionales**
- **si te gustaría estar en tu casa o en un centro para mayores**
- **a qué te gustaría dedicar tu tiempo**

◆ Oportunidades de evaluación

En esta actividad se han practicado las habilidades que son evaluadas por medio del Criterio D: Expresión escrita.

REFLEXIONA

■ Enfoques del aprendizaje

Habilidades de comunicación: Organizan y describen la información de manera lógica

Busca en YouTube el vídeo **Maquíllate - Mecano** o escribe la siguiente dirección web: **https://www.youtube.com/watch?v=ragCF0saWJY**.

Después de verlo, reflexiona y **analiza** con tus compañeros sobre los siguientes puntos:

1 **¿Qué opinas del maquillaje?**
2 **¿Qué relación hay entre maquillaje e higiene?**
3 **¿El maquillaje es solamente cosa de chicas?**
4 **¿El maquillaje es igual en todas las culturas?**
5 **¿El maquillaje es igual en todas las épocas?**

! ACTÚA E INVOLÚCRATE

! Como hemos visto a lo largo de este capítulo, el cuidado de otras personas es algo que nos hace mejores. Por ello debemos concienciar a los demás y a nosotros mismos sobre esto y realizar gestos en este sentido. Para ello vamos a realizar un proyecto en el que visitaremos a personas que necesitan compañía.

! Investigad si en las proximidades del colegio existen residencias de ancianos, hogares infantiles, etc. a los cuales podamos acudir para dedicarles algo de nuestro tiempo y nuestra compañía.

ALGUNAS TAREAS SUMATIVAS PARA EVALUAR ESTE CAPÍTULO

Utiliza las siguientes tareas en la página 130, para aplicar y ampliar tu conocimiento de este capítulo. Estas tareas están diseñadas para poder evaluar tus conocimientos en diferentes niveles de logro según los criterios de adquisición de lenguas.

TAREA 1: Hábitos de vida saludable

Habilidades de gestión de la información: Procesan datos y elaboran informes de resultados

En este capítulo te has informado mejor sobre hábitos de vida saludables.

Has **investigado** sobre diferentes dietas, diferentes modelos de belleza y los beneficios y riesgos del culto al cuerpo.

Has **evaluado** diferentes fuentes de información y has puesto en práctica tu pensamiento crítico.

Con todo lo que has aprendido sobre cómo cuidarnos puedes desarrollar estrategias que te ayuden a mejorar tu rutina diaria sobre salud.

Instrucciones

Evalúa cómo el enunciado de indagación de este capítulo tiene significado para ti y el impacto que tendrá en tus elecciones futuras.

Ten en cuenta la información a la que has accedido a través del capítulo, tus propios puntos de vista sobre el tema y cualquier otra fuente de información que consideres relevante.

Usa estas preguntas como guía:

1 **¿Qué información del capítulo se refiere directamente al enunciado de indagación?**
2 **¿Qué información hace referencia específicamente a las preguntas fácticas, conceptuales y debatibles?**
3 **¿Qué ejemplos del capítulo te parecen más pertinentes o te llaman más la atención?**

Escribe una reflexión de 200–250 palabras sobre el capítulo. No utilices herramientas de traducción ni diccionarios para esta tarea. Tendrás 60 minutos para completarla.

◆ Oportunidades de evaluación

Esta tarea puede usarse para evaluar tus habilidades del Criterio D: Expresión escrita.

TAREA 2: Historia o anécdota personal

■ Enfoques de aprendizaje

Habilidades de comunicación: Organizan y describen la información de manera lógica

En este capítulo te has informado mejor sobre la importancia del cuidado de personas mayores.

Has **investigado** sobre el cuidado de otras personas.

Has **evaluado** diferentes fuentes de información y has puesto en práctica tu pensamiento crítico.

Con todo lo que has aprendido sobre esta cuestión, realiza la siguiente actividad.

Instrucciones

Realiza una narración oral de aproximadamente tres minutos sobre uno de los estímulos que aparecen a continuación y posteriormente conversarás con tu profesor sobre ella.

Esta narración debería incluir una respuesta personal y tu punto de vista sobre el estímulo tratado.

No puedes preparar las respuestas con antelación.

Estímulos:

1 **Habla sobre una persona mayor que conozcas.**
2 **Cuenta una anécdota que hayas vivido con una persona mayor.**
3 **Habla sobre un recuerdo que tengas de tus abuelos.**
4 **Habla sobre una anécdota que te hayan contado sobre alguno de tus antepasados.**

◆ Oportunidades de evaluación

Esta tarea puede usarse para evaluar tus habilidades del Criterio C: Expresión oral.

Reflexión

Preguntas que hicimos	Respuestas que encontramos	Preguntas que podemos generar ahora
Fácticas: ¿Qué culturas tienen las dietas más sanas? ¿Qué haces para estar en forma? ¿Los hábitos de higiene cambian de una cultura a otra? ¿En qué se diferencian los modelos de belleza en diferentes culturas? ¿Qué importancia tienen las personas mayores en las diferentes culturas? ¿Cómo te imaginas de mayor?		
Conceptuales: ¿Qué es una dieta sana? ¿Cuál es la relación entre salud física y salud mental? ¿Hay relación entre belleza y cirugía estética? ¿Cómo han cambiado los modelos de belleza a lo largo del tiempo? ¿Con qué asociamos la vejez? ¿Qué relación hay entre vejez y experiencia?		
Debatibles: ¿Cómo afecta nuestro entorno para llevar una vida saludable? ¿Es más importante practicar deporte o seguir una dieta equilibrada? ¿Nos hace felices la belleza? ¿Cuáles son los límites de la belleza artificial? ¿Contribuyen nuestros mayores a nuestro bienestar? ¿Tenemos alguna obligación con las personas mayores?		

Enfoques de aprendizaje en este capítulo:	Descripción: ¿qué destrezas nuevas adquiriste?	¿Qué tan bien has consolidado estas destrezas?			
		Novato	En proceso de aprendizaje	Practicante	Experto
Habilidades de comunicación					
Habilidades de colaboración					
Habilidades de pensamiento crítico					
Habilidades de gestión de la información					
Atributos de la comunidad de aprendizaje	Reflexiona sobre la importancia de ser un estudiante equilibrado en este capítulo. ¿Cómo demostraste tus habilidades como estudiante equilibrado en este capítulo?				
Equilibrado					

6 ¿Qué hacemos en nuestro tiempo libre?

○ Las **conexiones** entre las **convenciones** sociales y lingüísticas que utilizamos en diferentes **contextos** contribuyen a desarrollar nuestra **identidad** y mejorar nuestras **relaciones**.

CONSIDERAR Y RESPONDER ESTAS PREGUNTAS:

Fácticas: ¿Cuántos deportes conoces? ¿Cuál es el deporte más popular en tu país? ¿Qué hacemos en nuestro tiempo libre? ¿Qué tipos de ocio conoces? ¿Qué es para ti una droga?

Conceptuales: ¿Cómo han cambiado los deportes con los avances tecnológicos? ¿Por qué los deportes favorecen la integración? ¿Por qué el deporte es esencial para la salud? ¿Qué es el ocio? ¿Consideras ir de compras una actividad de ocio? ¿Por qué diferenciamos entre drogas duras y drogas blandas?

Debatibles: ¿Puede ser peligroso el deporte? ¿Practicar deporte nos hace mejores personas? ¿Nos divertimos igual en todas las culturas? ¿Necesitamos gastar dinero para divertirnos? ¿Se debería legalizar las drogas? ¿Por qué hay drogas legales en algunos países?

○ EN ESTE CAPÍTULO VAMOS A:

Descubrir:
■ la situación de las drogas en diferentes países
■ diferentes tipos de ocio.

Explorar:
■ los peligros del consumo de alcohol y tabaco
■ los aspectos negativos de algunos tipos de ocio.

Actuar para:
■ concienciar acerca de los peligros del consumo de drogas
■ reflexionar sobre la importancia del ocio saludable.

■ Las siguientes habilidades de los enfoques del aprendizaje serán útiles:

- Habilidades de comunicación
- Habilidades de colaboración
- Habilidades de organización
- Habilidades de reflexión
- Habilidades de pensamiento crítico
- Habilidades de gestión de la información
- Habilidades de transferencia

● Reflexiona sobre el siguiente atributo de la comunidad de aprendizaje:

- **Equilibrados (espirituales):** Entendemos la importancia del equilibrio físico, mental, (espiritual) y emocional para lograr el bienestar propio y el de los demás. Reconocemos nuestra interdependencia con respecto a otras personas y al mundo en que vivimos.

VOCABULARIO SUGERIDO

Sustantivos	Adjetivos	Verbos
agudeza	abdominal	agradar
ansiedad	adictivo	agudizar
autoestima	computado	apasionar
densidad	culpable	competir
depresión	desmesurado	estimular
dosis	federativo	ingerir
hábito	gradual	invertir
incremento	individualizado	legalizar
integración	locomotor	prevenir
licencia	minoritario	
metabolismo	probable	
ocio	sanitario	
preferencia		
reducción		
resistencia		
sobrecarga		

◆ Oportunidades de evaluación en este capítulo:

Criterio A: Comprensión auditiva

Criterio B: Comprensión de lectura

Criterio C: Expresión oral

Criterio D: Expresión escrita

GRAMÁTICA

En este capítulo se tratan los siguientes aspectos gramaticales:

1 Tiempos verbales:
- presente de indicativo
- pretérito indefinido de indicativo
- pretérito perfecto de indicativo
- futuro de indicativo
- condicional de indicativo
- imperativo
2 Gustar / Parecer / Apetecer
3 Preferir
4 Pronominales
5 Otros puntos:
- quedar (con)
- ir bien / mal

▼ Nexos: Individuos y sociedades

El ocio está presente en diferentes sociedades a lo largo de la historia. Reflexiona sobre la relación entre el ocio y la cultura a lo largo de la historia.

¿Practicar deporte nos hace mejores personas?

EL DEPORTE EN LA ADOLESCENCIA

Todos los niños, niñas y adolescentes deberían practicar un deporte. En algunas escuelas es obligatorio ya que ayuda a prevenir la obesidad. Muchas veces los adolescentes dicen que hacen ejercicio en la hora de Educación Física dentro de la escuela, pero este ejercicio no siempre es suficiente para todo lo que un adolescente ingiere.

El deporte es algo esencial que toda persona debería practicar para llevar una vida mejor. Hay muchas formas de hacer deporte, así que si a alguien no le gusta la natación, se puede ir al fútbol o a otro deporte.

En estos casos no debería existir discriminación de género ya que cualquiera puede hacer el deporte de su preferencia.

Hacer deporte es bueno para la salud y evita que en las tardes o después de la escuela los niños estén sin hacer nada. Si los niños o niñas no tiene nada que hacer por las tardes, buscarán diversión en las calles y lo más probable es que lleguen a meterse en drogas o adicciones. El deporte hace que los adolescentes tengan qué hacer en las tardes y gracias al deporte conocen personas y hacen amistades. Los padres, por lo tanto, también deberían apoyar a su hijo o hija en las actividades.

Los adolescentes pueden llegar a vivir de ese deporte, ya que si realmente les agrada y apasiona, harán todo lo posible por estar en un grupo donde puedan competir. Esto ayuda mucho a estar en forma y estar sano. El deporte ayudará a cualquier adolescente a sentirse incluido si es que el deporte que practica es en grupo. El deporte también ayuda a la formación del carácter y a prevenir hábitos que puedan perjudicar a la persona.

PIENSA–COMPARA–COMPARTE

Lee las siguientes preguntas con atención y **comparte** tus ideas con tus compañeros:

1 ¿Practicas deporte fuera del colegio?
2 ¿Qué deportes practicas dentro y fuera del colegio?
3 ¿Crees que es suficiente con el ejercicio físico que haces?
4 ¿Qué deportes añadirías a la oferta deportiva de tu colegio?
5 ¿Te gustaría practicar algún otro deporte? ¿Cuál y por qué?

ACTIVIDAD: Las ventajas de practicar deporte

■ Enfoques del aprendizaje

Habilidades de comunicación: Utilizan formas de redacción adecuadas para distintos destinatarios y propósitos

Escribe un texto de 200–250 palabras en el que hables de las ventajas que supone practicar deporte. No olvides mencionar los beneficios que aporta tanto desde un nivel físico y psicológico como desde una perspectiva social.

◆ Oportunidades de evaluación

En esta actividad se han practicado las habilidades que son evaluadas por medio del Criterio D: Expresión escrita.

ACTIVIDAD: La la la

■ Enfoques del aprendizaje

Habilidades de gestión de la información: Acceden a la información para estar informados e informar a otros

Busca en YouTube el vídeo **Shakira - La La La (Brazil 2014) (Video Oficial) ft. Carlinhos Brown** o escribe la siguiente dirección web: **www.youtube.com/watch?v=-befR4wHsjQ**.

Después de verlo, contesta las siguientes preguntas y **justifica** tus respuestas:

1 **¿Qué lenguas aparecen en el vídeo?**
2 **¿Cuántas banderas identificas?**
3 **¿Qué nacionalidades se mencionan?**
4 **¿Qué deportistas reconoces en el vídeo?**
5 **¿Recomendarías el vídeo a otra persona?**

◆ Oportunidades de evaluación

En esta actividad se han practicado las habilidades que son evaluadas por medio del Criterio A: Comprensión auditiva.

LOS DEPORTES RAROS

Los deportes "raros" están de moda. Son una salida
para la gente que no le gusta el fútbol. En España,
el número de practicantes de los denominados
deportes raros ha ido en aumento en estos últimos
años, según un estudio de la Fundación Marcet. El
aumento en el último año computado (2012–13)
del número de licencias federativas en los deportes
minoritarios es también significativo. Si a una persona,
incluso deportista, le preguntan por disciplinas como
el freestyle, el lacrosse, el korfball, el softbol, el
curling, el gateball o el kitesurf, los más probable es
que no puedan definirlas con la misma exactitud que
podría hacerlo del fútbol, el tenis o el baloncesto. Son
deportes raros que poco a poco se están haciendo un
hueco en el mercado deportivo español. El consumo
de estas prácticas deportivas, muchas de ellas
relativamente nuevas, crece con fuerza en nuestro país.

CÍRCULO DE OPINIONES

Contesta las siguientes preguntas y después
comparte tus opiniones con el resto de la clase.

1 **¿Crees que algunos deportes son más
populares en una época que en otra?**
2 **¿Qué deportes están de moda en estos
momentos?**
3 **¿Por qué crees que un deporte se pone de
moda?**
4 **¿Por qué crees que algunos deportes son más
populares en un país que en otro?**
5 **¿Crees que la celebración de los Juegos
Olímpicos ayuda a la difusión de deportes más
desconocidos?**

ACTIVIDAD: Los deportes raros

Después de haber leído el texto, responde las siguientes preguntas:

1 **¿Por qué están de moda los deportes raros?**
2 **¿Cuándo fue la última vez que se computó el número de licencias federativas?**
3 **¿Cuántos deportes raros se mencionan en el texto?**
4 **¿Qué dice el estudio de la Fundación Marset?**
5 **¿Cuál es la idea principal del texto?**

ACTIVIDAD: Mi deporte favorito

Durante diez minutos prepara una presentación oral sobre tu deporte favorito, que **compartirás** con el resto de la clase durante un tiempo aproximado de 3 minutos.

Asegúrate de que incluyes la siguiente información:

- **¿Por qué es tu deporte favorito?**
- **¿Desde cuándo lo practicas?**
- **¿Influye o no que le guste a mucha más gente?**

¿Por qué el deporte es esencial para la salud?

EL DEPORTE: VACUNA CONTRA EL SEDENTARISMO, EL SOBREPESO Y LA OBESIDAD INFANTIL

La actividad física, el ejercicio físico y el deporte resultan esenciales para la salud, ya que mejoran el estado físico, mental y social, creando unos hábitos de vida que generan beneficios estables.

La reducción de la actividad física es probablemente el principal factor en relación con el incremento de los niveles de obesidad infantil, hecho que incide especialmente en las niñas. Por eso, la práctica deportiva resulta esencial para cambiar esta tendencia, además de suponer un ahorro significativo en el gasto sanitario, que actualmente invierte en la lucha contra estos males 2.500 millones de euros.

La dosis de actividad física dependerá de la frecuencia, intensidad, duración y tipo; cuatro características que deben ser prescritas individualmente. Para la mejora de la condición física (estado fisiológico de bienestar) se debe aplicar una sobrecarga gradual de la cantidad de actividad física. Existe una relación lineal entre cantidad de actividad física y estado de salud, de modo que las personas que realizan más actividad física presentan un riesgo menor de padecer enfermedades crónicas.

Las actuales recomendaciones para infantes y adolescentes indican que hay que realizar un mínimo de 60 minutos al día de actividad física moderada que incluya ejercicios de fuerza y flexibilidad al menos dos veces por semana.

1 Tipos de ejercicios:
   - De resistencia aeróbica: para mejorar el sistema cardio-respiratorio (pasear, caminar, correr, bicicleta en llano).
   - De flexibilidad: para mantener la movilidad articular (estiramientos y flexiones).
   - De fuerza contra resistencia: para fortalecer músculos, huesos y mejorar la postura.
2 Beneficios para la salud durante la infancia:
   - Efectos sobre el peso:
     - reducción y mantenimiento del peso, especialmente si está asociado a una dieta adecuada
     - disminución del depósito de grasa abdominal
   - Efectos sobre el aparato locomotor:
     - aumento de la densidad ósea
     - aumento de la masa muscular
   - Efectos sobre el sistema cardiovascular:
     - Prevención de enfermedades cardiovasculares
     - Prevención y control de la hipertensión arterial
   - Efectos sobre el metabolismo:
     - descenso de los niveles de triglicéridos y LDL-Colesterol ("malo") e incremento del HDL-Colesterol ("bueno")
     - mejora de la sensibilidad a la insulina, el metabolismo de la glucosa y el control metabólico de la diabetes
   - Efectos sobre la psicología:
     - aumento de la autoestima
     - disminución de la ansiedad y depresión
   - Otros efectos:
     - mejora de la función respiratoria
     - reducción del riesgo de determinados tipos de cáncer

ACTIVIDAD: El deporte: vacuna contra el sedentarismo, el sobrepeso y la obesidad infantil

■ Enfoques del aprendizaje

Habilidades de gestión de la información: Obtienen, registran y verifican datos

Contesta las siguientes preguntas siguiendo la información del texto:

1 ¿Por qué el deporte es esencial para la salud?
2 ¿Cuál es el principal factor en relación con la obesidad infantil?
3 ¿A cuánto asciende el gasto sanitario relacionado con la obesidad infantil?
4 ¿Qué beneficios para la salud obtienen las personas que practican deporte?
5 ¿Cuánto tiempo al día como mínimo debemos practicar una actividad física?
6 ¿Cuál es el objetivo del texto?

◆ Oportunidades de evaluación

En esta actividad se han practicado las habilidades que son evaluadas por medio del Criterio B: Comprensión de lectura.

ACTIVIDAD: ¿Quedamos?

■ Enfoques del aprendizaje

Habilidades de colaboración: Escuchan con atención otras perspectivas e ideas

Prepara con un(a) compañero/a una conversación para la siguiente situación:

Contexto: invitas a un(a) compañero/a a jugar un partido de fútbol, baloncesto, etc. con tus amigos después de clase

Alumno/a 1: alumno/a del colegio

Alumno/a 2: compañero/a de clase

Tema: beneficios del deporte en grupo

Registro: informal

Duración: 3 minutos

◆ Oportunidades de evaluación

En esta actividad se han practicado las habilidades que son evaluadas por medio del Criterio C: Expresión oral.

ACTIVIDAD: Tradición familiar

■ Enfoques del aprendizaje

Habilidades de gestión de la información: Obtienen y analizan datos para identificar soluciones y tomar decisiones fundadas

Busca en YouTube el vídeo **Anuncio Coca Cola Tradición Familiar - Coca Cola 2014 - Spot Publicitario (Retirado)** o escribe la siguiente dirección web: **www.youtube.com/watch?v=HcjCzRCfnUs**.

Después de verlo, contesta las siguientes preguntas y **justifica** tus respuestas:

1 **¿Dónde están el padre y el hijo?**
2 **¿Qué es una charla de hijo a padre?**
3 **¿Qué cosas ya sabe hacer el chico?**
4 **¿Qué no podrá hacer el chico a partir de ahora?**
5 **¿Cómo va vestido el padre?**
6 **¿Cuál es el motivo para cambiar de equipo?**

◆ Oportunidades de evaluación

En esta actividad se han practicado las habilidades que son evaluadas por medio del Criterio A: Comprensión auditiva.

ACTIVIDAD: Mi equipo

■ Enfoques del aprendizaje

Habilidades de pensamiento crítico: Elaboran argumentos en contra u opuestos

Escribe un pequeño texto de 200–250 palabras en el que hables sobre qué personas de la clase escogerías para hacer un equipo de fútbol, baloncesto, waterpolo, etc.

No olvides decir por qué razones y qué cualidades destacarías de cada persona que contribuirían a mejorar tu equipo.

◆ Oportunidades de evaluación

En esta actividad se han practicado las habilidades que son evaluadas por medio del Criterio D: Expresión escrita.

ACTIVIDAD: El nacimiento de un deporte

■ Enfoques del aprendizaje

Habilidades de transferencia: Indagan en diferentes contextos para obtener una perspectiva distinta

Elige un deporte e **investiga** sobre su historia. **Escribe** un esquema de aproximadamente 100 palabras con los datos principales que obtengas. No olvides incluir:
- **cuándo y dónde nació**
- **qué sentido tenía en la comunidad en la época de su nacimiento**
- **unas fotografías**

◆ Oportunidades de evaluación

En esta actividad se han practicado las habilidades que son evaluadas por medio del Criterio D: Expresión escrita.

¿Qué es el ocio?

ACTIVIDAD: El regalo

■ Enfoques del aprendizaje

Habilidades de gestión de la información: Establecen conexiones entre diversas fuentes de información

Busca en YouTube el vídeo **The Present (El regalo) Cortometraje Animado en español** o escribe la siguiente dirección web: **https://www.youtube.com/watch?v=_RP1GsCyoAE&t=12s**.

Después de verlo, contesta las siguientes preguntas y **justifica** tus respuestas:

1 ¿Qué está haciendo el chico al principio del vídeo?
2 ¿Por qué crees que está a oscuras?
3 ¿Qué hay dentro de la caja?
4 ¿Con qué juega el perro?
5 ¿Qué decide el chico al final?
6 Nombra cuatro cosas que hay en el salón.
7 ¿Qué quiere el autor que sintamos al ver el vídeo?

◆ Oportunidades de evaluación

En esta actividad se han practicado las habilidades que son evaluadas por medio del Criterio A: Comprensión auditiva.

PIENSA–COMPARA–COMPARTE

Lee las siguientes preguntas con atención y **comparte** tus ideas con tus compañeros:

1 ¿Qué es el tiempo libre?
2 ¿A qué dedicas tu tiempo libre?
3 ¿Cuánto tiempo libre compartes con tus amigos? ¿Y con tu familia?
4 ¿A qué juegas en tu tiempo libre?
5 ¿Pasas más tiempo dentro o fuera de casa?

PUNTO DE INDAGACIÓN

Lee las siguientes preguntas y **comparte** tu experiencia y tus opiniones con tus compañeros:

1 **¿A quiénes les gustan los videojuegos?**
2 **¿Cuántas horas dedican a jugar a los videojuegos?**
3 **¿Cómo se sienten cuando no juegan?**
4 **¿Qué dejan de hacer para jugar a los videojuegos?**
5 **¿Juegan solos o en grupo?**

ACTIVIDAD: Los videojuegos

■ Enfoques del aprendizaje

Habilidades de comunicación: Leen con actitud crítica y para comprender

Después de haber leído el texto en las páginas 144 y 145 sobre los videojuegos, responde las siguientes preguntas:

1 **¿Quién tiene mayor facilidad para manejar las nuevas tecnologías?**
2 **¿Cuál es la consecuencia de crear algo que contenga un elemento adictivo?**
3 **¿Cuáles son las ventajas de los videojuegos?**
4 **¿Además de trabajar mejor en equipo, ¿de qué podría ser capaz un niño que usa videojuegos?**
5 **¿Cuáles son los mayores problemas de los niños adictos a los videojuegos?**
6 **¿Por qué se asocia comida rápida y videojuegos?**

◆ Oportunidades de evaluación

En esta actividad se han practicado las habilidades que son evaluadas por medio del Criterio B: Comprensión de lectura.

ACTIVIDAD: Casos extremos

■ Enfoques del aprendizaje

Habilidades de comunicación: Usan una variedad de organizadores para realizar las tareas de redacción académica

En los últimos tiempos ha habido casos extremos en relación al uso de los videojuegos por parte de adolescentes. **Investiga** en internet y habla durante 3 minutos sobre alguno de ellos.

No olvides incluir los siguientes datos:
● **dónde y cuándo ha sucedido**
● **por qué crees que ha sucedido**
● **tu opinión sobre este tema**

◆ Oportunidades de evaluación

En esta actividad se han practicado las habilidades que son evaluadas por medio del Criterio C: Expresión oral.

Lee el siguiente artículo sobre los beneficios y los riesgos de los videojuegos.

Adicción a los videojuegos, un exceso peligroso para la salud

El chip electrónico viene ya perfectamente instalado en las nuevas generaciones y eso hace que los niños tengan mayor capacidad que los adultos para manejar las nuevas tecnologías. La televisión, internet y, sobre todo, los videojuegos, son los culpables de que, cada vez más, haya una enorme pasión por las pequeñas pantallas y de que a los más pequeños les pase factura.

"Es cierto que las consolas pueden convertirse en una forma de entrenamiento para la mente, pero su uso excesivo puede conducir a graves problemas de salud que son fáciles de prevenir," afirma la doctora Ruipérez.

Las compañías diseñadoras de videojuegos son conscientes de que, al crear algo que contenga un elemento adictivo, sus ventas aumentan considerablemente. Los niños se dedican a intentar pasar de nivel y esto les hace interactuar de manera desmesurada con estos dispositivos.

Los beneficios

Todos sabemos que este tipo de entretenimiento genera grandes problemas en la salud infantil, pero, si se utiliza con precaución, podemos obtener también beneficios.

"Las ventajas no son lo que más destaca en los videojuegos, pero es verdad que los niños pueden llegar a agudizar la actividad deductiva. Se estimula la lógica, la agudeza visual y se desarrolla también una mayor rapidez en los actos reflejos", señala la especialista en pediatría.

Hay que decir que las facultades que se consiguen gracias a un uso controlado de los aparatos electrónicos son, sobre todo, de coordinación ojo mano, de razonamiento lógico y de capacidad de decisión. Además, el niño podría también ser capaz de trabajar mejor en equipo y de enfrentarse a los retos.

Los riesgos

A pesar de estas posibles ventajas, lo que da más que hablar son los riesgos que pueden provocar los videojuegos.

Según Concepción Ruipérez: "La adicción a los juegos virtuales hace que los niños desechen otro tipo de actividades, como es la actividad física, lo que más escasea entre la población infantil de la sociedad actual. Hay poca actividad física en los colegios, y menos aún en las casas. Ahora los niños no juegan en los parques y ya no hacen más de dos o tres horas semanales de ejercicio."

La tendencia al sedentarismo y a la obesidad en la infancia es uno de los mayores problemas a los que se enfrentan los niños adictos a los videojuegos. Ellos evitan al máximo cualquier tipo de actividad al aire libre por su permanente interés en el juego.

Pueden estar constantemente frente a la pantalla y encontrar en la comida rápida una solución para no dejar de jugar. El riesgo de sufrir enfermedades de corazón como los altos niveles de colesterol o la hipertensión es latente en aquellos niños que tienen mayor afición por los videojuegos.

CÍRCULO DE OPINIONES

Contesta las siguientes preguntas y después **comparte** tus opiniones con el resto de la clase.

1 **¿Podrías vivir sin videojuegos?**
2 **¿Cómo crees que viven aquellos niños que no pueden tener videojuegos?**
3 **¿En qué emplearías tu tiempo si no pudieses jugar a videojuegos?**
4 **¿Crees que debería haber un tiempo máximo diario para esto? ¿Por qué?**
5 **¿Crees que debería haber una edad mínima permitida para jugar a los videojuegos?**

ACTIVIDAD: Ir de compras, ¿una buena alternativa de ocio?

■ Enfoques del aprendizaje

Habilidades de organización: Emplean estrategias adecuadas para organizar información compleja

Escribe un texto de 200–250 palabras sobre el hecho de ir de compras como una buena / mala alternativa para tu tiempo de ocio. No olvides hablar de tu propia experiencia y de las personas que conoces, de las razones por las que consideras que ir de compras es una buena / mala alternativa de ocio, en qué mejora o empeora nuestras vidas, etc.

◆ Oportunidades de evaluación

En esta actividad se han practicado las habilidades que son evaluadas por medio del Criterio D: Expresión escrita.

CONECTA–EXTIENDE–DESAFÍA

Partiendo de la información que has adquirido en este tema, **investiga** sobre la distribución por género del uso de los videojuegos. Para ello, puedes servirte de internet o de tu propio entorno familiar.

Sigue estos pasos:

1 **Conecta** la información que abordasteis con lo que ya sabíais previamente.
2 **Extiende** las ideas agregando información que no se haya mencionado.
3 **Desafía** las ideas mencionadas con preguntas que tengáis al respecto.

Prepara una breve presentación audiovisual que mostrarás al resto de la clase durante un tiempo aproximado de cuatro minutos.

En ella debes **explicar** qué porcentaje de chicos y chicas de tu edad usan los videojuegos, qué tipo de videojuegos, etc.

¿Se debería legalizar las drogas?

Lee el siguiente artículo sobre las drogas.

¿Qué son las drogas?

Droga, según el diccionario de la Real Academia Española, es cualquier "sustancia mineral, vegetal o animal, que se emplea en la medicina, en la industria o en las bellas artes". En su segunda acepción, droga es cualquier "sustancia o preparado medicamentoso de efecto estimulante, deprimente, narcótico o alucinógeno".

Según la Organización Mundial de la Salud (OMS), droga es toda sustancia que introducida en el organismo por cualquier vía de administración, produce de algún modo una alteración del natural funcionamiento del sistema nervioso central del individuo y además es susceptible de crear dependencia, ya sea psicológica, física o ambas.

También, según la OMS, las sustancias psicoactivas, conocidas más comúnmente como drogas, son sustancias que al ser tomadas pueden modificar la conciencia, el estado de ánimo o los procesos de pensamiento de un individuo. Los avances en la neurociencia nos han permitido conocer mucho mejor los procesos físicos mediante los que actúan estas sustancias.

Dentro de estas definiciones se encuentran todas las sustancias psicoactivas, sean legales (alcohol, tabaco, fármacos hipno-sedantes…) o estén consideradas ilegales por las convenciones y tratados sobre sustancias psicotrópicas, que incluyen en sus listas, entre otras muchas, al cannabis, la cocaína, las anfetaminas y la heroína.

En los últimos años se asiste a la emergencia de nuevas sustancias (NPS en sus siglas en inglés y NSP en español) que, teniendo efectos psicoactivos, no están incluidas en la Convención de 1961 ni en la de 1971, por lo que su producción y consumo, pese a sus posibles y muchas veces graves efectos adversos, no son ilegales. Son sustancias, podría decirse, a-legales.

Por otra parte, las principales drogas legales – el tabaco y el alcohol – son causa importante de mortalidad y discapacidad en los países desarrollados; por todo ello, podemos decir que la legalidad o ilegalidad de las drogas no se corresponde con su posible peligrosidad.

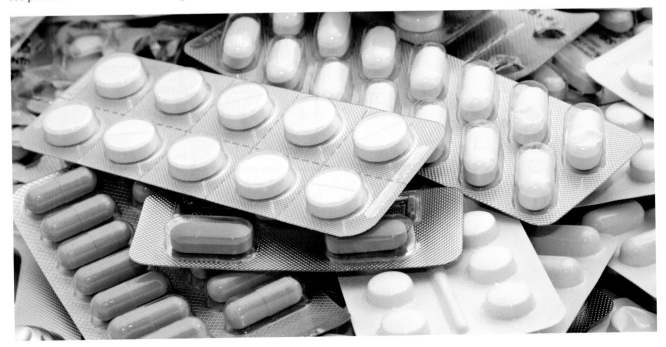

PIENSA–COMPARA–COMPARTE

Lee las siguientes preguntas con atención y **comparte** tus ideas con tus compañeros:

1 ¿Qué drogas conoces?
2 ¿Qué sabes de ellas?
3 ¿Crees que pueden tener características positivas?
4 ¿Conoces lo que dice la ley sobre el uso de drogas en tu país?
5 ¿Por qué crees que las leyes no son las mismas en todos los países?

ACTIVIDAD: Campaña de prevención de drogas

■ Enfoques del aprendizaje

Habilidades de colaboración: Ejercen liderazgo y asumen diversos roles dentro de los grupos

Diseña individualmente una campaña de prevención contra las drogas para realizar en tu colegio. Puedes escoger el formato pero debe tratarse de un texto MULTIMODAL (infografía, presentación audiovisual, etc.) de al menos 200 palabras en total.

No olvides:
- **incluir información sobre las drogas**
- **los riesgos y peligros**
- **las posibles consecuencias**
- **la legislación de tu país**

◆ Oportunidades de evaluación

En esta actividad se han practicado las habilidades que son evaluadas por medio del Criterio D: Expresión escrita.

ACTIVIDAD: El tabaquismo y sus consecuencias

Busca en YouTube el vídeo **El tabaquismo y sus consecuencias** o escribe la siguiente dirección web: **www.youtube.com/watch?v=zeCav9g2KsU.**

Después de verlo, contesta las siguientes preguntas y **justifica** tus respuestas:

1 **¿Cuál es la idea principal del vídeo?**
2 **¿En qué consiste el síndrome de abstinencia?**
3 **¿Cuáles son las principales sustancias que contiene el tabaco?**
4 **¿Cuántas personas mueren en México por causas asociadas al tabaquismo?**
5 **¿Cuáles son las ventajas de dejar de fumar?**
6 **¿A quién va dirigido el vídeo?**

◆ Oportunidades de evaluación

En esta actividad se han practicado las habilidades que son evaluadas por medio del Criterio A: Comprensión auditiva.

¿Por qué hay drogas legales en algunos países?

Lee el artículo sobre la legalización de algunas drogas.

Uruguay se abre a la marihuana

Uruguay es un país de apenas 3,2 millones de habitantes y 13 millones de vacas. La vida depara aquí pocos sobresaltos. Solo dos policías al final de un camino de tierra custodian la casita y el pequeño huerto donde vive el presidente, de 77 años, y su esposa, de 68. Una mampara separa a los taxistas de sus clientes en Montevideo. Pero aunque no hubiese cristales de protección, en la capital de Uruguay el cuello de los conductores estaría más a salvo de las navajas que en la de cualquier país vecino. Uruguay es la nación más pacífica de América Latina y donde más confianza inspira la policía, según un estudio difundido en mayo por la ONG Latino barómetro. Es cierto que la pasta base, la terrible droga conocida como paco, causa estragos entre los jóvenes más pobres, igual que sucede en los países vecinos. Pero a diferencia de Argentina, en Uruguay no suelen perpetrarse atracos en las casas en presencia de sus propietarios; la población tampoco padece los llamados secuestros exprés, como en México o Venezuela. Sin embargo, una vez que el desempleo ha descendido hasta un insignificante 5,5%, la inseguridad se ha convertido en la primera preocupación de la gente. Por eso, el pasado junio el ministro de Defensa, Eleuterio Fernández Huidobro, presentó un plan de 16 puntos contra la inseguridad. Incluida entre otras 15 propuestas, el ministro anunció su intención de abrir un debate para promover el "control estricto" de la producción, distribución y venta de la marihuana por parte del Estado. El objetivo es quitar una porción de sus ganancias a los traficantes de droga. El Gobierno formado por el izquierdista Frente Amplio parte de la convicción de que los beneficios de la venta de pasta base y marihuana van a los mismos bolsillos.

CÍRCULO DE OPINIONES

Contesta las siguientes preguntas y después **comparte** tus opiniones con el resto de la clase.

1 **¿Por qué crees que la inseguridad se ha convertido en la primera preocupación para la gente en Uruguay?**
2 **¿Cómo crees que se puede beneficiar Uruguay de la legalización de algunas drogas?**
3 **¿Conoces algún otro país donde haya drogas legales?**
4 **¿Quién crees que se beneficia de la venta de las drogas?**
5 **¿Crees que debería haber las mismas normas en todos los países en un tema como este?**

ACTIVIDAD: Uruguay se abre a la marihuana

■ Enfoques del aprendizaje

Habilidades de reflexión: Consideran las implicaciones éticas, culturales y ambientales

Después de haber leído el texto, contesta las siguientes preguntas:

1 **¿Cuáles son las ideas principales del texto?**
2 **¿Cuántos habitantes tiene Uruguay?**
3 **¿Por qué es Uruguay el país más pacífico de América Latina?**
4 **¿Cómo se llama coloquialmente a la droga más utilizada en Uruguay?**
5 **¿Cuál es el índice de desempleo en Uruguay?**
6 **¿Cuál es el primer apellido del ministro de defensa de Uruguay?**

◆ Oportunidades de evaluación

En esta actividad se han practicado las habilidades que son evaluadas por medio del Criterio B: Comprensión de lectura.

ACTIVIDAD: Las drogas más consumidas por países

■ Enfoques del aprendizaje

Habilidades de comunicación: Organizan y describen la información de manera lógica

Investiga y prepara una breve presentación oral de aproximadamente 3 minutos de duración sobre las drogas más consumidas por países. Para ello, haz un breve esquema en el que no debes olvidar incluir la siguiente información:

- **cuáles son**
- **en qué países**
- **quién las consume**

◆ Oportunidades de evaluación

En esta actividad se han practicado las habilidades que son evaluadas por medio del Criterio C: Expresión oral.

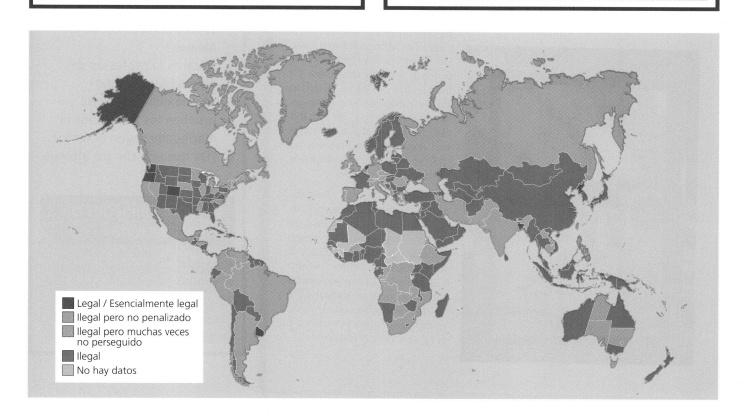

- Legal / Esencialmente legal
- Ilegal pero no penalizado
- Ilegal pero muchas veces no perseguido
- Ilegal
- No hay datos

Lee el siguiente artículo sobre el debate de la legalización en México.

El debate de la legalización en México

La propuesta de Arturo Zaldívar, ministro de la Suprema Corte de Justicia de México, para legalizar la marihuana con fines terapéuticos ha dado nueva vida al debate sobre la legalización del país. La deliberación que los jueces llevarían a cabo este miércoles y que ha sido aplazada para la próxima semana para poder tratar a fondo el tema, ha obligado a los partidos políticos a asumir posiciones sobre un tema que ha rondado la opinión pública desde que el gobierno de Felipe Calderón inició la guerra contra el narcotráfico en 2006, un conflicto que dejó más de 80.000 muertos y 20.000 desaparecidos.

El comisionado contra las adicciones del gobierno federal, Manuel Mondragón, un médico que tiene experiencia en el combate contra los delincuentes, ha rechazado respaldar el proceso. "No quiero una sociedad adicta a la marihuana," dijo en un evento en la Universidad Nacional. Asegura que el uso de la droga ha crecido en los últimos años y que los mexicanos son cada vez más jóvenes cuando la prueban por primera vez (a los 12 años). "Casi la mitad de los consumidores son menores de edad," agregó. Su oficina elaborará para el próximo año una encuesta de adicciones en todo el país para actualizar los últimos datos, de 2011.

La justificación de Zaldívar afirma que el consumo de la marihuana en personas adultas "no supone un riesgo importante para la salud" si no se utiliza de forma "crónica y excesiva". Las consecuencias son "menores o similares" a las que producen sustancias no prohibidas como el alcohol o el tabaco, dice el ministro.

ACTIVIDAD: El debate de la legalización en México

■ Enfoques del aprendizaje

Habilidades de comunicación: Leen con actitud crítica y para comprender

Después de haber leído el texto, responde las siguientes preguntas:

1 ¿Qué cargo tiene Arturo Zaldívar?
2 ¿Por qué se ha aplazado la deliberación?
3 ¿Cuándo se inició la guerra contra el narcotráfico en México?
4 ¿Cuál es la profesión de Manuel Mondragón?
5 ¿A qué edad de media prueban los mexicanos la marihuana según el texto?
6 ¿De qué año son los últimos datos?

◆ Oportunidades de evaluación

En esta actividad se han practicado las habilidades que son evaluadas por medio del Criterio B: Comprensión de lectura.

ACTIVIDAD: El alcohol y los jóvenes

■ Enfoques del aprendizaje

Habilidades de pensamiento crítico: Analizan conceptos y proyectos complejos desglosando las partes que los conforman y las sintetizan para dar lugar a una nueva comprensión

Busca en YouTube el vídeo **El alcohol y los jóvenes** o escribe la siguiente dirección web: **www.youtube.com/watch?v=2Eomvszymmk**.

Después de verlo, contesta las siguientes preguntas y **justifica** tus respuestas:

1 **¿Qué escritores se mencionan al principio del vídeo?**
2 **¿En qué dos categorías se dividen las sustancias adictivas?**
3 **¿A qué edad empiezan a beber los jóvenes?**
4 **¿Qué significa "negro sobre blanco"?**
5 **¿Por qué crees que beben tanto los jóvenes?**
6 **¿Hasta qué edad está el cerebro en desarrollo?**
7 **¿Qué frutas utiliza Elsa para representar el cerebro?**
8 **¿Cuál es el objetivo del vídeo?**

◆ Oportunidades de evaluación

En esta actividad se han practicado las habilidades que son evaluadas por medio del Criterio A: Comprensión auditiva.

ACTIVIDAD: Debate sobre la legalización de las drogas

■ Enfoques del aprendizaje

Habilidades de transferencia: Indagan en diferentes contextos para obtener una perspectiva distinta

Debatid en clase sobre la legalización de las drogas. Para ello, preparad un breve esquema en el que no olvidéis incluir las siguientes informaciones:
- **los motivos**
- **los límites**
- **quién debería decidirlo**

◆ Oportunidades de evaluación

En esta actividad se han practicado las habilidades que son evaluadas por medio del Criterio C: Expresión oral.

¿Por qué diferenciamos entre drogas duras y drogas blandas?

ACTIVIDAD: Legislaciones sobre drogas

■ Enfoques del aprendizaje

Habilidades de gestión de la información: Presentan la información en diversos formatos y plataformas

Investiga y prepara un artículo de 200–250 palabras en el que hables sobre las distintas legislaciones en varios países en relación al consumo, transporte y venta de sustancias ilegales. Para ello, haz un breve esquema en el que no olvides incluir la siguiente información:
- **cuáles son las leyes más severas**
- **multas económicas o penas de cárcel**
- **edades mínimas permitidas**

◆ Oportunidades de evaluación

En esta actividad se han practicado las habilidades qué son evaluadas por medio del Criterio D: Expresión escrita.

ACTIVIDAD: Drogas duras, drogas blandas

■ Enfoques del aprendizaje

Habilidades de reflexión: Consideran las implicaciones éticas, culturales y ambientales

Investiga y realiza una tabla con la clasificación de las drogas. No olvides incluir las fuentes de las que sacas la información y las fechas de los datos que obtengas.

Aquí tienes un posible ejemplo, pero puedes incluir otros datos que consideres importantes.

Tipo	Efecto	Legal	Ilegal

◆ Oportunidades de evaluación

En esta actividad se han practicado las habilidades que son evaluadas por medio del Criterio D: Expresión escrita.

REFLEXIONA

◼ Enfoques del aprendizaje

Habilidades de comunicación: Colaboran con los compañeros y con expertos utilizando diversos medios y entornos digitales

Busca en YouTube el vídeo ¿Pondrías veneno al alcance de los niños? o escribe la siguiente dirección web: www.youtube.com/watch?v=6p9HSEZCXZU.

Después de verlo, reflexiona y **analiza** con tus compañeros sobre los siguientes puntos:

1 ¿Pondrías veneno al alcance de los niños?
2 ¿Por qué en algunos países los niños están más expuestos al tabaco?
3 ¿Qué harías si vieses a un niño fumando?
4 ¿Harías lo mismo con un adulto?
5 ¿Crees que sirven para algo este tipo de campañas?

! ACTÚA E INVOLÚCRATE

! Como hemos visto a lo largo de este capítulo, el uso de las drogas es altamente perjudicial para nuestra salud y la de las personas que nos rodean. En relación al tabaco, en los últimos años, muchos países han restringido los espacios reservados para los fumadores con objeto de mejorar la salud pública. Para contribuir en este sentido, vamos a realizar una campaña contra el tabaco en los lugares públicos en los que aún está permitido fumar.

! Preparad una campaña (folletos, posters, etc.) para realizar en vuestro colegio informando sobre los efectos nocivos del tabaco para la propia salud y para los fumadores pasivos.

! No olvidéis incluir información sobre las consecuencias del tabaco en la salud de los fumadores y de las personas que están a su alrededor.

! La campaña debe incluir un texto o varios de no menos de 100 palabras en total y la traducción a la lengua de instrucción de vuestro colegio.

TAREA 1: Una historia

■ Enfoques de aprendizaje

Habilidades de comunicación: Interpretan y utilizan eficazmente distintas modalidades de comunicación verbal

Instrucciones

Vas a hacer una narración oral de entre 3 y 4 minutos sobre uno de los estímulos que aparecen a continuación y posteriormente conversarás con tu profesor sobre esta.

Esta narración debería incluir una respuesta personal y tu punto de vista sobre el estímulo tratado.

No puedes preparar las respuestas con antelación.

Estímulos:
- **tus últimas vacaciones**
- **un viaje inolvidable**
- **un día perfecto**
- **una celebración que recuerdes**

◆ Oportunidades de evaluación

Esta tarea puede usarse para evaluar tus habilidades del Criterio C: Expresión oral.

ALGUNAS TAREAS SUMATIVAS PARA EVALUAR ESTE CAPÍTULO

Utiliza estas tareas para aplicar y ampliar tu conocimiento de este capítulo. Estas tareas están diseñadas para poder evaluar tus conocimientos en diferentes niveles de logro según los criterios de adquisición de lenguas.

TAREA 2: Mi opinión

■ Enfoques de aprendizaje

Habilidades de organización: Emplean estrategias adecuadas para organizar información compleja

Instrucciones

Vas a hacer una narración oral de aproximadamente tres minutos sobre uno de los estímulos que aparecen a continuación y posteriormente conversarás con tu profesor sobre esta.

Esta narración debería incluir una respuesta personal y tu punto de vista sobre el estímulo tratado.

No puedes preparar las respuestas con antelación.

Estímulos:
- **¿Te gusta practicar deporte?**
- **¿Prefieres practicar deporte o jugar a videojuegos?**
- **¿Crees que practicar deporte debería ser obligatorio?**
- **¿Crees que los videojuegos hacen que practiquemos menos deporte?**

◆ Oportunidades de evaluación

Esta tarea puede usarse para evaluar tus habilidades del Criterio D: Expresión escrita.

Reflexión

Preguntas que hicimos	Respuestas que encontramos	Preguntas que podemos generar ahora			
Fácticas: ¿Cuántos deportes conoces? ¿Cuál es el deporte más popular en tu país? ¿Qué hacemos en nuestro tiempo libre? ¿Qué tipos de ocio conoces? ¿Qué es para ti una droga?					
Conceptuales: ¿Cómo han cambiado los deportes con los avances tecnológicos? ¿Por qué los deportes favorecen la integración? ¿Por qué el deporte es esencial para la salud? ¿Qué es el ocio? ¿Consideras ir de compras una actividad de ocio? ¿Por qué diferenciamos entre drogas duras y drogas blandas?					
Debatibles: ¿Puede ser peligroso el deporte? ¿Practicar deporte nos hace mejores personas? ¿Nos divertimos igual en todas las culturas? ¿Necesitamos gastar dinero para divertirnos? ¿Se debería legalizar las drogas? ¿Por qué hay drogas legales en algunos países?					
Enfoques de aprendizaje en este capítulo:	Descripción: ¿qué destrezas nuevas adquiriste?	¿Qué tan bien has consolidado estas destrezas?			
		Novato	En proceso de aprendizaje	Practicante	Experto
Habilidades de comunicación					
Habilidades de colaboración					
Habilidades de organización					
Habilidades de reflexión					
Habilidades de pensamiento crítico					
Habilidades de gestión de la información					
Habilidades de transferencia					
Atributos de la comunidad de aprendizaje	Reflexiona sobre la importancia de ser un estudiante equilibrado en este capítulo. ¿Cómo demostraste tus habilidades como estudiante equilibrado en este capítulo?				
Equilibrado					

7 ¿Somos turistas responsables?

○ El conocimiento de nuevas lenguas tiene la **función** de permitirnos **conectar** con otras culturas y conocer nuevos lugares en los que **desarrollar** un turismo **sostenible**.

CONSIDERAR Y RESPONDER ESTAS PREGUNTAS:

Fácticas: ¿Cuántos días de vacaciones tienen las personas de otros países? ¿Qué te gusta hacer durante las vacaciones? ¿Cuáles son los destinos de vacaciones favoritos por países? ¿Qué es el turismo sostenible? ¿Qué lugares se ven amenazados por el turismo?

Conceptuales: ¿Podríamos vivir sin vacaciones? ¿Cómo es la vida de las personas que no tienen vacaciones? ¿Cuál es la relación entre turismo y economía? ¿Son iguales todos los turistas? ¿Cómo puede ser el turismo una amenaza?

Debatibles: ¿Renunciarías a tus vacaciones a cambio de dinero? ¿Debería ser obligatorio viajar a otros países? ¿Nos hace mejores conocer otras culturas? ¿Debe limitarse el número de visitantes de un espacio protegido? ¿Crees que se puede priorizar la economía sobre la ecología?

○ EN ESTE CAPÍTULO VAMOS A:

Descubrir:
■ diferentes tipos de vacaciones
■ qué es un turista responsable.

Explorar:
■ destinos turísticos del mundo hispano
■ la idea de sostenibilidad con respecto al turismo.

Actuar para:
■ concienciar sobre la importancia del turismo responsable
■ ayudar a mejorar el turismo en el lugar donde vivimos.

■ **Las siguientes habilidades de los enfoques del aprendizaje serán útiles:**

- Habilidades de comunicación
- Habilidades de colaboración
- Habilidades de pensamiento crítico
- Habilidades de alfabetización mediática
- Habilidades de gestión de la información
- Habilidades de transferencia

● **Reflexiona sobre el siguiente atributo de la comunidad de aprendizaje:**

- **Solidarios:** Mostramos empatía, sensibilidad y respeto. Nos comprometemos a ayudar a los demás y actuamos con el propósito de influir positivamente en la vida de las personas y el mundo que nos rodea.

◆ **Oportunidades de evaluación en este capítulo:**

Criterio A: Comprensión auditiva

Criterio B: Comprensión de lectura

Criterio C: Expresión oral

Criterio D: Expresión escrita

VOCABULARIO SUGERIDO

Sustantivos	Adjetivos	Verbos
amenaza	amenazado	acusar
baraja	anclada	alojarse
capricho	cotidiano	arreglar
cartelón	desconchado	descender
cemento	desgastado	impedir
descanso	esculpido	limitar
empedrado	estival	priorizar
intromisión	imprescindible	toparse
meollo	inmediato	
reclamación	pintoresco	
remolque	presunto	
respeto	prodigioso	
sello	protegido	
socavón	salpicado	
urbe	sostenible	
	ubicado	
	válido	

GRAMÁTICA

En este capítulo se tratan los siguientes aspectos gramaticales:

1. Tiempos verbales:
   - presente de indicativo
   - pretérito indefinido de indicativo
   - pretérito perfecto de indicativo
   - futuro de indicativo
   - condicional de indicativo
   - imperativo
2. *Se* impersonal
3. Otros puntos:
   - órdenes y consejos

▼ **Nexos: Geografía**

Investiga sobre las repercusiones en la economía de los distintos tipos de turismo en países en vías de desarrollo y cómo les afecta la tendencia hacia el turismo responsable.

¿Podríamos vivir sin vacaciones?

Lee el siguiente artículo sobre los hoteles.

Había una vez un hotel...

"Había una vez un hotel al que le molestaban las críticas…". Podríamos empezar así este post. O podríamos decir que algunas empresas no comprenden las nuevas reglas del mercado, de la publicidad, del contacto con sus clientes.

Resulta que un hotel de la bellísima ciudad de Cadaqués, pretende prohibir que los clientes que tengan una crítica la publiquen en internet.

Se quejan de que "presuntos clientes" han publicado opiniones en contra de su hotel en la red y no dudan en acusar a agencias de viaje con malas artes de estar detrás de esta conspiración.

En la página de este hotel lo dejan muy claro con un "aviso a navegantes". Nunca mejor dicho, porque cualquier navegante de la red que llegue a su página, se topará antes que nada con este cartelón:

Si tienes intención de alojarte en este pintoresco hotel, debes saber de antemano que tendrás que guardarte tus malas opiniones.

Seguramente no esperarán que te guardes las buenas opiniones. ¿Qué opinas? ¿Es una forma correcta de tratar a los clientes? ¿Cómo pueden negarse a escuchar la voz de sus huéspedes, lleguen por el camino que lleguen?

Se pierden la oportunidad de mejorar su servicio ignorando las reclamaciones que se harán sin que ellos se enteren. Porque claro, para este hotel las únicas quejas válidas son las que están en el librito, con firma, fecha y sello.

No se dan cuenta de que siempre ha existido el boca a boca. "En aquel restaurante se come bárbaro (o mal)", "El hotel donde estuve está bien ubicado y tiene buenos precios". Dicho en el bar, en la sala de espera del dentista, en reunión de amigos, en el descanso del café en el trabajo o en reunión de la administración del edificio.

PIENSA–COMPARA–COMPARTE

Lee las siguientes preguntas con atención y **compara** tus ideas con las de tus compañeros:

1 **¿Cuál es el tema principal del texto?**
2 **¿Tus padres o tú habéis escrito críticas de hoteles?**
3 **¿Crees que es justo que se puedan escribir críticas sin haber estado en el hotel?**
4 **¿Crees que un hotel puede prohibir que sus huéspedes publiquen críticas sobre este?**
5 **¿Haces más caso a las críticas de internet o a las que te dan tus propios amigos? ¿Por qué?**

ACTIVIDAD: Yo critico

Escribe una pequeña crítica de 200 palabras en la que **critiques** el lugar en el que hayas celebrado el cumpleaños con tus amigos. No olvides mencionar el trato del personal, la calidad de los productos y la relación entre calidad y precio.

ACTIVIDAD: De vacaciones

Busca en YouTube el vídeo **De vacaciones canciones infantiles** o escribe la siguiente dirección web: **https://www.youtube.com/watch?v=MC9j7rl_zls.**

Después de verlo, contesta las siguientes preguntas y **justifica** tus respuestas:

1 **Nombra cinco cosas que salen en la imagen.**
2 **¿En qué mes se van de vacaciones?**
3 **¿Sabrías identificar de dónde es el acento del niño que canta?**
4 **¿Qué se lleva Totó de vacaciones?**
5 **¿Cuántos años crees que tiene el protagonista? ¿Por qué?**
6 **¿Qué te transmite la canción?**

¿Cuántos días de vacaciones tienen las personas de otros países?

Lee el siguiente blog sobre las vacaciones.

Los países con más vacaciones

No se ha preguntado nunca qué ciudadanos tienen más vacaciones, o qué país concede a sus trabajadores más días estivales. Aunque pueda sorprender son los alemanes, daneses, franceses y españoles los que más días de vacaciones disfrutan. Y no sólo eso, sino que además éstos aseguran disfrutar de todos y cada uno de los días que les corresponden.

Pero si alemanes, españoles, franceses y daneses son los que más vacaciones tienen, los británicos tampoco se quedan lejos y aunque sólo disponen de 26 días de vacaciones, logran disfrutar hasta 25 de ellos. Los italianos 21 de los 28, mientras que austríacos, noruegos y suecos cogen sus 25 días completos sin renunciar a ninguno. Los alemanes renuncian a uno y se quedan con 24 y los irlandeses gastan 21 de 22.

Ahora bien, los días, en muchos casos, no tienen nada que ver con viajar, descansar o darse un capricho. Por ejemplo, un 15% de los austríacos reconoce que suelen pasar sus días de fiesta o vacaciones ocupándose de recados y de proyectos de arreglos en el hogar. Al igual que los indios que aseguran destinar su tiempo vacacional a viajes vinculados a bodas o a obligaciones familiares.

CÍRCULO DE OPINIONES

Contesta las siguientes preguntas y después **comparte** tus opiniones con las del resto de la clase.

1 ¿Qué opinas de lo que se dice en el texto?
2 ¿Cuántos días de vacaciones tienes tú?
3 ¿Te parecen muchos o pocos?
4 ¿Imaginas tu vida en el futuro teniendo la mitad de las vacaciones que tienes ahora?
5 ¿Por qué son necesarias las vacaciones?

ACTIVIDAD: Los países con más vacaciones

■ Enfoques del aprendizaje

Habilidades de gestión de la información: Utilizan la capacidad crítica para analizar e interpretar los contenidos de los medios de comunicación

Después de haber leído el texto, responde las siguientes preguntas y **justifica** tus respuestas:

1 ¿Qué países tienen más vacaciones según el texto?
2 ¿Cuántos días de vacaciones tienen los británicos al año?
3 ¿A cuántos días de vacaciones renuncian los alemanes?
4 ¿Quiénes dedican sus vacaciones a atender obligaciones familiares?
5 ¿De qué tipo de texto se trata? Justifica tu respuesta con ejemplos del texto.

◆ Oportunidades de evaluación

En esta actividad se han practicado las habilidades que son evaluadas por medio del Criterio B: Comprensión de lectura.

ACTIVIDAD: Mis últimas vacaciones

■ Enfoques del aprendizaje

Habilidades de comunicación: Hacen deducciones y extraen conclusiones

Durante diez minutos **elabora** una presentación oral sobre tus últimas vacaciones, que **presentarás** al resto de la clase durante un tiempo aproximado de dos minutos.

Asegúrate de que incluyes la siguiente información:
● **dónde y cuánto tiempo has estado**
● **con quién has estado**
● **cuáles eran las actividades a las que les dedicabas más tiempo**

◆ Oportunidades de evaluación

En esta actividad se han practicado las habilidades que son evaluadas por medio del Criterio C: Expresión oral.

¿Cuáles son los destinos de vacaciones favoritos por países?

Lee el siguiente artículo sobre La Habana.

La Habana, la ciudad bajo la cúpula

A La Habana Vieja hay que ir porque allí comenzó todo: la vida, la ciudad, el movimiento, la revolución... Lo lógico es descender por la calle Obispo, una suerte de Quinta Avenida, pero en clave cubana y un primer contacto con esa ciudad que veremos una y otra vez: una urbe desgastada, maltratada, anclada en el pasado en la que fue, sin duda, la reina de la baraja caribeña, salpicada por charcos que impiden ver los socavones... La Obispo, como sus paralelas o su hermana Obrapía, es lo más parecido a ese túnel del tiempo que es la capital, un viaje a nuestro pasado más inmediato, a la era de las reparaciones y la de los talleres de objetos cotidianos, a una ciudad en la que todo se arregla una y otra vez, hasta el infinito: los relojes de pulsera, las gafas (los espejuelos, dicen ellos), las radios, los teléfonos móviles, las cámaras de las bicicletas.

No debería ser ningún secreto que La Habana Vieja se estructura en torno a sus plazas, cada una con su abanico de atractivos: la de San Francisco presume de convento construido según la moda mudéjar; mientras que la Catedral es, obviamente, el principal meollo turístico, gobernado por el templo barroco que parece haber sido esculpido en piedra ahí mismo. Puede que, algún día, también le laven la cara al bautizado como "centro" de La Habana. De momento,

aquí tiene lugar ese espectáculo que es la vida cotidiana cubana, el ritual de acceder a los autobuses reciclados de todas partes del mundo (en el Parque Central) o el de subir a los "camellos" (esos prodigiosos camiones con un remolque para pasajeros) que paran junto al Capitolio.

ACTIVIDAD: La Habana, la ciudad bajo la cúpula

■ Enfoques del aprendizaje

Habilidades de gestión de la información: Obtienen, registran y verifican datos

Contesta las siguientes preguntas y **justifica** tus respuestas siguiendo la información del texto:

1 **¿Qué comenzó en La Habana Vieja según el texto?**
2 **¿Cómo se llama la calle que se parece a la Quinta Avenida?**
3 **¿En torno a qué espacios se estructura La Habana Vieja?**
4 **¿De qué estilo es el convento de San Francisco?**
5 **¿Dónde se accede a los autobuses en La Habana?**
6 **¿Qué son "camellos" en La Habana?**
7 **¿Cuál es el propósito del texto?**

◆ Oportunidades de evaluación

En esta actividad se han practicado las habilidades que son evaluadas por medio del Criterio B: Comprensión de lectura.

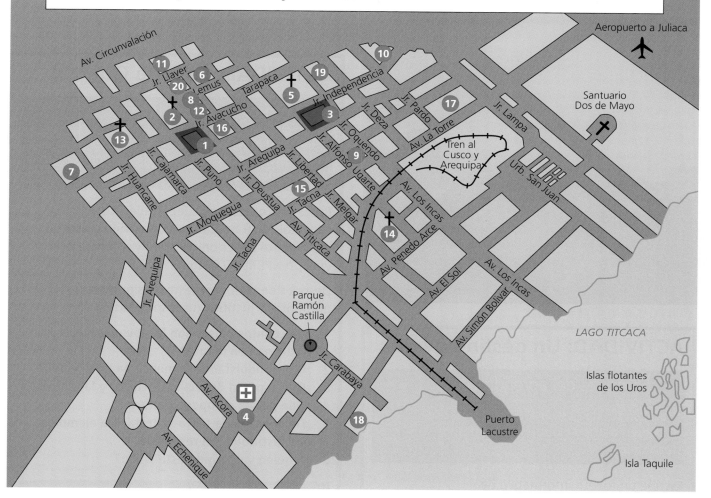

ATRACTIVOS:

1 Plaza de Armas
2 La Catedral
3 Parque Pino
4 Hospital Regional
5 Iglesia de San Juan
6 Museo Municipal Dreyer
7 Dirección de Industria y Turismo

8 Museo Biblioteca Pinacoteca
9 Mercado Central (artesanal)
10 Arco Deustua
11 Cerro Huajsapata
12 Casa del Corregidor
13 Iglesia San Antonio
14 Iglesia La Merced

15 Oficina de Correo
16 Banco de la Nación
17 Instituto Nacional de Cultura
18 Terminal Terrestre
19 Museo de Arte Popular
20 Balcón del Conde de Lemos

ACTIVIDAD: Un guía turístico

■ **Enfoques del aprendizaje**

Habilidades de comunicación: Utilizan una variedad de técnicas de expresión oral para comunicarse con diversos destinatarios

En la imagen puedes observar el mapa de Puno en Perú con sus puntos turísticos más importantes. Imagina que eres el guía turístico y tienes que explicar los monumentos más importantes.

Para ello **elabora** un breve esquema y **preséntalo** al resto de la clase de forma oral durante un tiempo aproximado de dos minutos.

◆ **Oportunidades de evaluación**

En esta actividad se han practicado las habilidades que son evaluadas por medio del Criterio D: Expresión escrita y del Criterio C: Expresión oral.

¿Qué lugares se ven amenazados por el turismo?

ACTIVIDAD: Un destino genial

■ Enfoques del aprendizaje

Habilidades de gestión de la información: Procesan datos y elaboran informes de resultados

Escribe un folleto informativo de aproximadamente 200 palabras sobre un país hispanohablante como un buen destino turístico.

No olvides incluir los datos básicos sobre el país, cómo llegar, dónde alojarse y otros consejos para poder viajar cómodamente a este país.

◆ Oportunidades de evaluación

En esta actividad se han practicado las habilidades que son evaluadas por medio del Criterio D: Expresión escrita.

ACTIVIDAD: La Ruta Quetzal

■ Enfoques del aprendizaje

Habilidades de transferencia: Indagan en diferentes contextos para obtener una perspectiva distinta

Busca en YouTube el vídeo **Tráiler Ruta Quetzal 2010 by Canal 13 de Chile** o escribe la siguiente dirección web: **www.youtube.com/watch?v=PBRb6FLSS4g**.

Después de verlo, contesta las siguientes preguntas y **justifica** tus respuestas:

1. **¿De cuántos países son los jóvenes que participan en la ruta?**
2. **¿Qué conquistador se menciona en el vídeo?**
3. **¿Qué esperan del viaje los chicos y las chicas?**
4. **¿Qué países europeos visitarán?**
5. **¿De qué tipo de texto se trata? Da ejemplos que justifiquen tu respuesta.**
6. **¿A quién va dirigido este vídeo?**

◆ Oportunidades de evaluación

En esta actividad se han practicado las habilidades que son evaluadas por medio del Criterio A: Comprensión auditiva.

¿Debería ser obligatorio viajar a otros países?

PIENSA–COMPARA–COMPARTE

Lee las siguientes preguntas con atención y **compara** tus ideas con las de tus compañeros:

1 **¿A qué país te gustaría viajar?**
2 **¿Sabes cuánto cuesta un vuelo a ese país?**
3 **¿Por qué te gustaría ir a ese sitio?**
4 **¿Qué tipo de turismo harías?**
5 **¿Qué lugares visitarías?**

ACTIVIDAD: Guatemala

■ Enfoques del aprendizaje

Habilidades de alfabetización mediática: Toman decisiones fundadas respecto a las experiencias visuales personales

Busca en YouTube el vídeo **Video promocional Guatemala** o escribe la siguiente dirección web: **www.youtube.com/watch?v=Z4oVNb6EKzE**.

Después de verlo, contesta las siguientes preguntas y **justifica** tus respuestas:

1 **¿Cuál es la capital de Guatemala?**
2 **¿Cómo se llama el lago que está en el volcán?**
3 **¿Cuántos volcanes hay en Guatemala?**
4 **¿Qué patrimonio de la humanidad se menciona?**
5 **¿Qué son los huipiles?**
6 **¿Cómo se llama la danza local de Livingston?**
7 **¿Cuál es el propósito del vídeo?**

◆ Oportunidades de evaluación

En esta actividad se han practicado las habilidades que son evaluadas por medio del Criterio A: Comprensión auditiva.

Lee el siguiente artículo sobre Machu Picchu.

Machu Picchu, de Cusco a la ciudad perdida de los incas

El camino entre Cusco y Machu Picchu es uno de los más transitados de América del Sur. Las rutas entre un punto y otro, sin embargo, son varias y ofrecen más de lo que muchos esperan: un valle sagrado, pueblos coloniales, mercados indígenas, ruinas incas y montañas imponentes.

Cusco, el punto de partida, es una ciudad que sorprende. Ubicada en medio de los Andes peruanos, en un valle a 3.400 metros de altitud, la antigua capital del imperio inca ofrece una colorida amalgama de mercados callejeros, iglesias barrocas y edificios coloniales. Se trata del lugar ideal para empezar a aclimatarse a la altitud antes de emprender la ruta a la ciudadela de Machu Picchu, a 112 kilómetros de distancia. Ya sea en tren, en autocar o a pie, el recorrido se disfruta yendo sin apuro, contemplando el paisaje a ritmo lento.

En la actualidad Cusco es la puerta de entrada al Valle Sagrado, centro del universo inca gracias a sus fértiles tierras y su espectacular paisaje de ríos, cerros y quebradas que se extiende entre las poblaciones de Písac y Ollantaytambo. Accesibles en trayectos cortos en autobús, hay poblados con mercados y ruinas fascinantes. Una de las paradas más coloridas es el pueblo de Chinchero, a 28 kilómetros de Cusco. Todos los domingos, sus habitantes montan un mercado en la plaza y ofrecen flores, frutas, verduras, artesanías y telas con motivos tradicionales.

Chinchero es también el punto de acceso a uno de los rincones más peculiares del viaje: las terrazas de cultivo de Moray. A primera vista parece un anfiteatro gigante en el que los incas tallaron círculos concéntricos hasta formar bancales hundidos en la tierra. Las diferencias de humedad y temperatura entre los bancales superiores e inferiores y su grado de exposición al sol crean una veintena de microclimas. Los incas utilizaban Moray como centro de investigación agrícola y para calcular el volumen de la cosecha en las distintas zonas del imperio. Las vecinas salineras de Maras producen otro impacto visual, con su aspecto de cajones abiertos en la ladera

de la montaña. Son más de 3.000 estanques de 5 metros cuadrados y poca profundidad que se usan desde tiempos preincaicos para obtener sal por evaporación del agua.

Los incas trazaron una red de caminos de 30.000 kilómetros que atravesaba los seis países del Tawantinsuyu. Se llamaba Capac Ñan, que en quechua significa "Camino Real" o "Camino del Inca", y fue la red vial más larga y avanzada de la Sudamérica precolombina. Su tramo más famoso son los 43 kilómetros que van del poblado de Chillca a Machu Picchu y que recibe el nombre de Camino Inca. La caminata de 4 días empieza en el kilómetro 82 de la vía férrea que va de Cusco a Aguas Calientes; a partir de ahí se siguen senderos de tierra y puentes colgantes que cruzan valles, montañas, selvas, bosques, ríos y ruinas incas. El recorrido termina en la Puerta del Sol, la entrada principal a Machu Picchu. Allí, muchos caminantes, desbordados de emoción,

lloran mientras ven por primera vez la ciudad oculta entre las montañas.

Desde la cima del Huayna Picchu aparece la vista panorámica de la mayor obra arquitectónica y de ingeniería que legaron los incas.

Pero no todos van en tren o a pie a Aguas Calientes, la población desde donde se hace el ascenso final a Machu Picchu. Hay quienes eligen llegar por vías alternativas y más económicas, pero no menos impresionantes. Una de las carreteras secundarias parte de Cusco en autobús local o combi hacia las localidades de Santa María y Santa Teresa – casi siete horas en total – y después sigue a pie junto a la vía del tren hasta Aguas Calientes, a 15 kilómetros desde la Hidroeléctrica. Sea cual sea la ruta escogida, el premio es magnífico: la visita a uno de los sitios arqueológicos más enigmáticos del planeta.

Una vez ahí, lo importante es apreciar el valor y el estilo de vida de aquella civilización y disfrutar del paisaje. Para esto último vale la pena subir el Huayna Picchu, la montaña que se ve de fondo en todas las postales de Machu Picchu. El ascenso es empinado y lleva una hora, pero lo que se contempla desde arriba es el cierre magistral del viaje. Cuando la niebla se despeja, desde la cima del Huayna Picchu aparece la vista panorámica de la mayor obra arquitectónica y de ingeniería que legaron los incas. Después de contemplar esa maqueta silenciosa, con los pies colgando del borde de la montaña, será muy difícil convencerse de que debemos bajar y regresar a nuestra civilización.

ACTIVIDAD: Machu Picchu, de Cusco a la ciudad perdida de los incas

Después de haber leído el texto sobre el Machu Picchu, contesta las siguientes preguntas y **justifica** tus respuestas:

1 ¿Dónde está Cusco?
2 ¿Cuántos kilómetros hay de Cusco a Machu Picchu?
3 ¿De qué tres formas se puede hacer ese camino?
4 ¿Para qué usaban Moray los incas?
5 ¿Qué significa Capac Ñan en quechua?
6 ¿Cómo se llama la entrada principal a Machu Picchu?
7 ¿A quién va dirigido este texto?

PUNTO DE INDAGACIÓN

Lee las siguientes preguntas y **compara** tu experiencia y tus opiniones con las de tus compañeros:

1 ¿Por qué viajamos?
2 ¿Qué esperamos encontrar cuando viajamos?
3 ¿Viajamos solo por diversión?
4 ¿Qué cosas conservamos de un viaje?
5 ¿Cómo influye en nuestra vida?

¿Nos hace mejores conocer otras culturas?

ACTIVIDAD: ¿Museos en vacaciones?

■ Enfoques del aprendizaje

Habilidades de comunicación: Escriben con diferentes propósitos

Escribe un artículo de 200–250 palabras en el que expreses tu opinión sobre las visitas a los museos del lugar que visitamos cuando estamos de vacaciones.

- **¿Es importante la cultura en nuestras vacaciones?**
- **¿Qué tipos de museos te gustan?**
- **¿Deberíamos visitar todos los que podamos?**

◆ Oportunidades de evaluación

En esta actividad se han practicado las habilidades que son evaluadas por medio del Criterio D: Expresión escrita.

ACTIVIDAD: Viajar en el pasado

■ Enfoques del aprendizaje

Habilidades de comunicación: Interpretan y utilizan eficazmente distintas modalidades de comunicación verbal

Investiga y **elabora** una presentación oral de aproximadamente tres minutos sobre cómo era viajar en el pasado. No olvides decir de qué época estás hablando, cuánto duraban los viajes, en qué medio de transporte se hacían y con qué objetivos.

◆ Oportunidades de evaluación

En esta actividad se han practicado las habilidades que son evaluadas por medio del Criterio C: Expresión oral.

CÍRCULO DE OPINIONES

Contesta las siguientes preguntas y después **compara** tus opiniones con el resto de la clase.

1 ¿Cuál es tu manera de viajar favorita? ¿Y la que menos? ¿Por qué?
2 ¿Cómo han mejorado las formas de viajar en los últimos tiempos?
3 ¿Crees que internet ha cambiado el concepto de viaje?
4 ¿Cómo crees que va a mejorar la forma de viajar?
5 ¿Crees que podremos viajar a otros planetas en un futuro próximo?

ACTIVIDAD: Viaje escolar

■ Enfoques del aprendizaje

Habilidades de colaboración: Logran consensos

Organiza con un(a) compañero/a un viaje para aprender español con toda la clase. No olvides decir a dónde, cuándo, durante cuánto tiempo y qué actividades haríais además de las clases de español.

Presentad vuestro proyecto de viaje al resto de la clase durante 2 o 3 minutos.

◆ Oportunidades de evaluación

En esta actividad se han practicado las habilidades que son evaluadas por medio del Criterio C: Expresión oral.

CONECTA–EXTIENDE–DESAFÍA

Partiendo de la información que has adquirido en este tema, **investiga** sobre el turismo en los países hispanohablantes. Para ello, puedes servirte de internet o de tu propio entorno familiar.

Sigue estos pasos:

1 **Conecta** la información que abordaste con lo que ya sabías previamente.
2 **Extiende** las ideas agregando información que no se haya mencionado.
3 **Desafía** las ideas mencionadas con preguntas que tengas al respecto.

Prepara una breve presentación audiovisual que mostraras al resto de la clase durante un tiempo aproximado de tres minutos.

En ella deberas **explicar** qué países y ciudades son las más visitadas, qué monumentos existen en esas ciudades y qué atractivos turísticos ofrece ese país.

¿Qué es el turismo sostenible?

El turismo depende de la existencia y permanencia de ciertos atractivos socioculturales y políticos, naturales y artificiales. Su desempeño económico, social y ambiental demanda una amplia comprensión, con el propósito de establecer los límites dentro de los cuales es posible una adecuada gestión de su relación con el ambiente (entendido éste como un conjunto, natural o artificial, de factores externos capaces de influir en un organismo). En general, los diversos impactos negativos de distinta índole que se le atribuyen al turismo son resultado de un sobredimensionamiento de esta actividad respecto de la capacidad de carga que pueden soportar esos atractivos turísticos. El desarrollo del turismo trasciende los límites en los que ya no es posible evitar impactos negativos, incluso algunos de carácter irreversible, paradójicamente dañando los atractivos, razón de ser de dicha actividad.

En este contexto, explorar y documentar los alcances de la relación entre turismo y ambiente tiene un doble propósito: reconocer la necesidad y conveniencia de imponer límites y someter a planes de manejo el desarrollo de la industria turística (en la medida en que sea una prioridad reducir efectivamente sus impactos negativos), y demostrar en la práctica que la sostenibilidad y la competitividad de la industria turística son objetivos convergentes, lo cual depende tanto de una clara comprensión como de una adecuada gestión de la relación turismo-ambiente. Recrear esa relación en sus formas convergentes ofrece al sector la oportunidad de innovar y contribuir en la construcción de un concepto más preciso y operativo de desarrollo sostenible.

PIENSA–COMPARA–COMPARTE

Lee las siguientes preguntas con atención y **compara** tus ideas con las de tus compañeros:

1 ¿Qué es el turismo sostenible?
2 ¿Por qué es beneficioso el turismo sostenible?
3 ¿Cuáles son las desventajas del turismo sostenible?
4 ¿Por qué no todo el turismo es sostenible?
5 ¿Crees que todo el turismo será sostenible en un futuro próximo?

ACTIVIDAD: Decálogo del turista responsable

■ Enfoques del aprendizaje

Habilidades de colaboración: Animan a otros a contribuir

Con la ayuda de un(a) compañero/a, reflexiona y **elabora** una lista de puntos que todo turista debería tener en mente a la hora de viajar con el objetivo de ser respetuoso con el entorno y las personas del lugar que se visita.

Después **compartidlo** con toda la clase y **elaborad** un nuevo decálogo escogiendo los diez mejores puntos de toda la clase.

◆ Oportunidades de evaluación

En esta actividad se han practicado las habilidades que son evaluadas por medio del Criterio D: Expresión escrita y del Criterio C: Expresión oral.

ACTIVIDAD: Turismo sostenible

■ Enfoques del aprendizaje

Habilidades de pensamiento crítico: Consideran ideas desde múltiples perspectivas

Busca en YouTube el vídeo **Turismo Sostenible. La Inversión en el Entorno Natural** o escribe la siguiente dirección web: **www.youtube.com/watch?v=1EgYZoERyX8**.

Después de verlo, contesta las siguientes preguntas y **justifica** tus respuestas:

1 **¿De qué tipo de texto se trata?**
2 **¿Por qué es necesaria una regulación?**
3 **¿A qué contribuyen las empresas?**
4 **¿Cuántas visitas reciben los parques naturales en España?**
5 **¿Qué medidas son necesarias para el turismo sostenible?**
6 **¿A quién va dirigido este vídeo?**
7 **¿Qué es la carta europea de turismo sostenible?**

◆ Oportunidades de evaluación

En esta actividad se han practicado las habilidades que son evaluadas por medio del Criterio A: Comprensión auditiva.

¿Debe limitarse el número de visitantes de un espacio protegido?

Lee el siguiente folleto sobre la reglamentación en Machu Picchu.

Reglamentación Machu Picchu

Machu Picchu es considerada una obra maestra de la arquitectura y la ingeniería inca. Sus peculiares características arquitectónicas, así como paisajísticas, lo han convertido en uno de los destinos turísticos más populares del mundo, por ende, uno de los más visitados; motivo por el cual se ha establecido normas y restricciones para los visitantes, las mismas que hay que cumplir a la hora de la visita, porque un lugar sagrado como este merece respeto.

El horario de visita a Machu Picchu es de 06:00 a 16:00 horas, si usted desea obtener una vista panorámica de la ciudad sagrada de los incas es recomendable ir temprano en la mañana de tal manera que podrá observar la salida del sol, tomar fotos y visitar los lugares que rodean Machu Picchu, tales como el Puente Inca o la Puerta del Sol. A las 8 de la mañana aproximadamente los grupos de turistas hacen su ingreso con sus respectivos guías, provocando congestión de personas. A las 16:30 los guarda-parques hacen sonar los silbatos para que la gente proceda a abandonar este magnífico lugar.

El principal requisito para visitar la ciudad inca es llevar el documento de identidad con el que se registró al momento de comprar sus boletos, siendo estos: DNI, pasaporte, cédula de identidad, registro de identificación, etc.; carnet ISIC (estudiante extranjero) o el carnet universitario (estudiante peruano); ya que serán solicitados junto con su boleto de entrada en la garita de control de la ciudad inca.

De cometerse las conductas prohibidas, el personal del Parque Arqueológico Nacional de Machu Picchu procederá al retiro inmediato del infractor, sea visitante, guía oficial de turismo o cualquier otra persona, de ser el caso, con el apoyo de la Policía de Turismo, procediendo a eliminar las filmaciones o registros fotográficos, dejando constancia del hecho para los efectos correspondientes o cursando la notificación de infracción al patrimonio cultural para dar inicio al procedimiento administrativo sancionador o proceder a la denuncia policial o judicial de ser necesario, sin derecho alguno de reingreso para el infractor.

CÍRCULO DE OPINIONES

Contesta las siguientes preguntas y después **comparte** tus opiniones con el resto de la clase.

1 **¿Vives en un lugar turístico?**
2 **¿Qué cosas afectan a las personas que viven en lugares turísticos?**
3 **¿Cómo crees que se deben comportar los turistas con los habitantes del lugar al que viajan?**
4 **¿Debería limitarse el número de visitantes a ciudades turísticas?**
5 **¿Conoces algún lugar donde el turismo afecte negativamente? ¿Cómo lo mejorarías?**

ACTIVIDAD: Reglamentación Machu Picchu

■ Enfoques del aprendizaje

Habilidades de pensamiento crítico: Analizan conceptos y proyectos complejos desglosando las partes que los conforman y las sintetizan para dar lugar a una nueva comprensión

Después de haber leído el texto, contesta las siguientes preguntas y **justifica** tus respuestas:

1 ¿Cuál es el horario para visitar Machu Picchu?
2 ¿Por qué es necesaria una reglamentación para visitar Machu Picchu?
3 ¿Qué sucede a las cuatro y media en Machu Picchu?
4 ¿Qué requisito hay que cumplir para visitar Machu Picchu?
5 ¿Cuáles son las consecuencias si no se cumplen estas normas?
6 ¿De qué tipo de texto se trata?

◆ Oportunidades de evaluación

En esta actividad se han practicado las habilidades que son evaluadas por medio del Criterio A: Comprensión auditiva.

ACTIVIDAD: Información antes de viajar

■ Enfoques del aprendizaje

Habilidades de colaboración: Se responsabilizan de sus propias acciones

Elabora con un(a) compañero/a la conversación para la siguiente situación:

Contexto: vas a viajar a un lugar ambientalmente sensible y con ciertas restricciones; llamas para preguntar

Alumno/a 1: un(a) alumno/a del colegio

Alumno/a 2: persona de la oficina de turismo de este lugar

Tema: consejos y restricciones antes de viajar

Registro: formal

Duración: 3 minutos

◆ Oportunidades de evaluación

En esta actividad se han practicado las habilidades que son evaluadas por medio del Criterio C: Expresión escrita.

Lee el siguiente artículo sobre turistas responsables.

La oleada de turistas que impidió anidar a las tortugas

Los excursionistas se aglomeraban en la playa para contemplar uno de los espectáculos más extraordinarios de la naturaleza: cientos de miles de tortugas oliváceas que salen lentamente del océano para poner sus huevos en la arena.

Pero las tortugas no deseaban compañía. Espantadas por los miles de turistas que se concentraban a lo largo de la playa de Ostional, en la costa pacífica de Costa Rica, haciéndose selfis y sentando a los niños sobre los caparazones de las tortugas, los antiguos reptiles se dieron media vuelta sin más y regresaron al mar.

"Fue un desastre," relata Yamileth Baltodano, una guía turística que estaba allí cuando ahuyentaron a las tortugas hace dos semanas.

Lo que ha pasado durante el primer fin de semana de septiembre ha sido un hecho aislado, ya que la confluencia de distintos factores ha permitido que sucediese algo absolutamente inesperado. Pero ha sido una advertencia para los conservacionistas encargados de proteger a las tortugas, catalogadas como especie vulnerable, por no mencionar la enorme repercusión en las redes sociales. Ahora, los funcionarios costarricenses se esfuerzan por asegurarse de que algo así no vuelva a ocurrir.

ACTIVIDAD: La oleada de turistas que impidió anidar a las tortugas

■ Enfoques del aprejndizaje

Habilidades de gestión de la información: Obtienen, registran y verifican datos

Después de haber leído el texto, responde las siguientes preguntas y **justifica** tus respuestas:

1 ¿Dónde tuvo lugar esta noticia?
2 ¿Cuándo sucedió según el texto?
3 ¿Qué hicieron los turistas incorrectamente?
4 ¿Ha sucedido esto en más ocasiones?
5 ¿Para qué salen las tortugas del océano?
6 ¿Qué hicieron las tortugas al final?
7 ¿Cuál es el trabajo de los conservacionistas?

◆ Oportunidades de evaluación

En esta actividad se han practicado las habilidades que son evaluadas por medio del Criterio B: Comprensión de lectura.

ACTIVIDAD: Costa Rica, turismo de aventura

■ Enfoques del aprendizaje

Habilidades de pensamiento crítico: Evalúan las pruebas y los argumentos

Busca en YouTube el vídeo Costa Rica, Turismo de Aventura o escribe la siguiente dirección web: **www.youtube.com/watch?v=cldl6YeIH4g**.

Después de verlo, contesta las siguientes preguntas y **justifica** tus respuestas:

1 ¿A qué se dedicaba la gente de San Carlos antes de la erupción del volcán?
2 ¿Cuánta gente murió a causa de la erupción?
3 ¿En qué año tuvo lugar la erupción?
4 ¿Qué consecuencias positivas tuvo el volcán?
5 ¿Qué actividades de aventura aparecen en el vídeo?
6 ¿Qué animales aparecen en el vídeo?
7 ¿A quién va dirigido el vídeo?

◆ Oportunidades de evaluación

En esta actividad se han practicado las habilidades que son evaluadas por medio del Criterio A: Comprensión auditiva.

ACTIVIDAD: Publicitamos un lugar

Enfoques del aprendizaje

Habilidades de pensamiento crítico: Extraen conclusiones y realizan generalizaciones razonables

Elabora una breve presentación oral de aproximadamente 3 minutos de duración sobre algún lugar, monumento, paraje natural, etc. que consideres que debería ser más visitado por turistas. Para ello, **elabora** un breve esquema en el que no olvides incluir la siguiente información:

● **¿Qué interés especial tiene este lugar?**
● **¿Cómo lo publicitarías?**
● **¿Pondrías alguna norma para los visitantes?**

◆ Oportunidades de evaluación

En esta actividad se han practicado las habilidades que son evaluadas por medio del Criterio C: Expresión oral.

REFLEXIONA

Enfoques del aprendizaje

Habilidades de comunicación: Colaboran con los compañeros y con expertos utilizando diversos medios y entornos digitales

Busca en YouTube el vídeo **Turismo responsable** o escribe la siguiente dirección web: **www.youtube.com/watch?v=1hNlVR8uETc.**

Después de verlo, reflexiona y **analiza** con tus compañeros sobre los siguientes puntos:

1 **¿Cuáles son nuestros hábitos relacionados con el turismo?**
2 **¿Debemos cambiar algunos de nuestros hábitos de turismo por respeto a los habitantes y a los lugares que visitamos?**
3 **¿Qué hábitos estarías dispuesto a cambiar? ¿Cuáles no?**
4 **¿Es más difícil ser responsable en vacaciones?**
5 **¿Cómo concienciarías a los demás para ser turistas responsables?**

! ACTÚA E INVOLÚCRATE

! Como hemos visto a lo largo de este capítulo, viajar y conocer diferentes lugares y culturas nos enriquece y nos hace mejores personas. Sin embargo, muchas veces no tenemos en cuenta el medio ambiente y las demás personas de estos lugares.

! Preparad una campaña (folletos, posters, etc.) para llevar a la oficina de turismo más cercana con el objeto de concienciar a los turistas hablantes de español sobre el turismo responsable.

! No olvidéis incluir información sobre vuestra ciudad y cómo puede verse afectada negativamente por el turismo.

! La campaña debe incluir un texto o varios de no menos de 200 palabras en total.

ALGUNAS TAREAS SUMATIVAS PARA EVALUAR ESTE CAPÍTULO

Utiliza estas tareas para aplicar y ampliar tu conocimiento de este capítulo. Estas tareas están diseñadas para poder evaluar tus conocimientos en diferentes niveles de logro según los criterios de adquisición de lenguas.

TAREA 1: Turismo responsable

■ Enfoques de aprendizaje

Habilidades de gestión de la información: Establecen conexiones entre diversas fuentes de información

Instrucciones

Observa cómo son tratados los elefantes en las fotografías y después contesta las preguntas.

Contesta en español y utiliza tus propias palabras todo lo que puedas, **justificando** tus respuestas con ejemplos.

No utilices herramientas de traducción ni diccionarios para esta tarea.

Tendrás 60 minutos para completar esta tarea.

Preguntas

1 En dos frases explica la sensación que te han provocado estas fotografías.
2 ¿Crees que las personas están sensibilizadas con el trato dado a los animales durante sus vacaciones?
3 Identifica las razones de por qué se hace bailar a los elefantes.
4 ¿Has estado ante una situación semejante? ¿Cómo has reaccionado?
5 ¿Cómo reaccionarías si presenciases un espectáculo de este tipo?

◆ Oportunidades de evaluación

Esta tarea puede usarse para evaluar tus habilidades del Criterio D: Expresión escrita.

TAREA 2: Reglas para un turismo responsable

■ Enfoques de aprendizaje

Habilidades de pensamiento crítico: Extraen conclusiones y realizan generalizaciones razonables

Instrucciones

Escribe la siguiente dirección web, goo.gl/Y8E6Wa y estudia el cuadro sobre turismo responsable con atención antes de responder a las siguientes preguntas.

Contesta en español y utiliza tus propias palabras todo lo que puedas, **justificando** tus respuestas con ejemplos.

No uses traductores ni diccionarios.

Tendrás 60 minutos para completar la tarea.

Preguntas

1 ¿Qué punto te ha llamado más la atención? ¿Por qué?
2 ¿Crees que hay algún punto que sea llevado a cabo por la mayoría de turistas?
3 ¿Qué punto te resulta más difícil de practicar?
4 ¿Cuál(es) de los puntos se debería(n) asumir de forma urgente?
5 Escribe un pequeño texto de 100 palabras en el que resumas tus propósitos para el futuro en relación al turismo responsable.

◆ Oportunidades de evaluación

Esta tarea puede usarse para evaluar tus habilidades del Criterio D: Expresión escrita.

Reflexión

Preguntas que hicimos	Respuestas que encontramos	Preguntas que podemos generar ahora
Fácticas: ¿Cuántos días de vacaciones tienen las personas de otros países? ¿Qué te gusta hacer durante tus vacaciones? ¿Cuáles son los destinos de vacaciones favoritos por países? ¿Qué es el turismo sostenible? ¿Qué lugares se ven amenazados por el turismo?		
Conceptuales: ¿Podríamos vivir sin vacaciones? ¿Cómo es la vida de las personas que no tienen vacaciones? ¿Cuál es la relación entre turismo y economía? ¿Son iguales todos los turistas? ¿Cómo puede ser el turismo una amenaza?		
Debatibles: ¿Renunciarías a tus vacaciones a cambio de dinero? ¿Debería ser obligatorio viajar a otros países? ¿Nos hace mejores conocer otras culturas? ¿Debe limitarse el número de visitantes de un espacio protegido? ¿Crees que se puede priorizar la economía sobre la ecología?		

Enfoques de aprendizaje en este capítulo:	Descripción: ¿qué destrezas nuevas adquiriste?	¿Qué tan bien has consolidado estas destrezas?			
		Novato	En proceso de aprendizaje	Practicante	Experto
Habilidades de comunicación					
Habilidades de colaboración					
Habilidades de pensamiento crítico					
Habilidades de alfabetización mediática					
Habilidades de gestión de la información					
Habilidades de transferencia					
Atributos de la comunidad de aprendizaje	Reflexiona sobre la importancia de ser un estudiante solidario en este capítulo. ¿Cómo demostraste tus habilidades como estudiante solidario en este capítulo?				
Solidario					

8 ¿Cuánto durará el planeta al paso que vamos?

Las **conexiones** lingüísticas fruto de la **globalización** pueden ayudar a fomentar la **empatía** y el **propósito** ético en el contexto de la **sustentabilidad**.

CONSIDERAR Y RESPONDER ESTAS PREGUNTAS:

Fácticas: ¿Hay equilibrio entre la población rural y la población urbana? ¿Cuáles son las ciudades más pobladas y más contaminadas del planeta? ¿Qué es un desastre natural? ¿Qué organizaciones ecologistas conoces? ¿Cuáles son los mayores desafíos para una mejor conservación ambiental?

Conceptuales: ¿Es más ecológica la vida en el campo? ¿Son naturales todos los desastres naturales? ¿Qué relación hay entre progreso tecnológico y respeto al medio ambiente? ¿Somos responsables directos del calentamiento global? ¿Qué es para ti el consumo responsable?

Debatibles: ¿Contribuye nuestro estilo de vida al deterioro del planeta? ¿Estarías dispuesto a cambiar tus hábitos para frenar el deterioro del planeta? ¿Reaccionamos igual ante un desastre cercano y otro lejano? ¿Crees que ya es tarde para salvar el planeta? ¿Cuál es la responsabilidad de los países desarrollados en el cambio climático?

EN ESTE CAPÍTULO VAMOS A:

Descubrir:
- las diferencias entre el campo y la ciudad
- los motivos de los "desastres naturales".

Explorar:
- el medio rural desde distintos puntos de vista
- la importancia de la ecología.

Actuar para:
- informar sobre protocolos en caso de desastres naturales
- concienciar sobre la necesidad de reciclar.

Las siguientes habilidades de los enfoques del aprendizaje serán útiles:

- Habilidades de comunicación
- Habilidades de colaboración
- Habilidades de organización
- Habilidades de gestión de la información
- Habilidades de transferencia

Reflexiona sobre el siguiente atributo de la comunidad de aprendizaje:

- **Solidarios:** Mostramos empatía, sensibilidad y respeto. Nos comprometemos a ayudar a los demás y actuamos con el propósito de influir positivamente en la vida de las personas y el mundo que nos rodea.

VOCABULARIO SUGERIDO

Sustantivos	Adjetivos	Verbos
abono	contaminado	absorber
aumento	dañado	advertir
azotea	drástico	albergar
calentamiento	escaso	aprovechar
conservación	imparable	circular
consumo	indispensable	desprenderse
desafío	involucrado	disponer
desigualdad	poblado	fomentar
deterioro	tectónico	frenar
equivocación		incrementar
escombro		mudarse
iniciativa		obtener
maceta		originar
magma		ostentar
precedentes		
progreso		
riego		
sismo / seísmo		
sustrato		
terremoto		
transición		

Oportunidades de evaluación en este capítulo:

Criterio A: Comprensión auditiva

Criterio B: Comprensión de lectura

Criterio C: Expresión oral

Criterio D: Expresión escrita

GRAMÁTICA

En este capítulo se tratan los siguientes aspectos gramaticales:

1 Tiempos verbales:
   - presente de indicativo
   - pretérito indefinido de indicativo
   - pretérito perfecto de indicativo
   - futuro de indicativo
   - condicional de indicativo
   - imperativo
2 Conectores temporales
3 Conectores textuales

▼ Nexos: Ciencias

Reflexiona sobre lo que has aprendido en las clases de ciencias. ¿Cómo explica la ciencia el cambio climático?

¿Hay equilibrio entre la población rural y la población urbana?

Lee el siguiente artículo sobre el incremento de la población urbana.

El 60% de la población mundial vivirá en ciudades en 2030

El último informe de ONU-HABITAT apunta a que los movimientos de población del campo a la ciudad parecen imparables. De hecho, se cree que este mismo año el número de personas que vive en áreas urbanas superará por vez primera al de personas que viven en el campo.

"En los próximos 40 años los niveles de urbanización se habrán incrementado dramáticamente, con un 70% de la población del planeta viviendo en áreas urbanas en 2050," publica la ONU. La urbanización más drástica la sufrirá China, donde muchos millones de personas se mudarán a las ciudades en los próximos años.

De hecho, según el informe, tan sólo en los últimos 18 años, han aparecido 49 nuevas ciudades en este país. La rápida transición a una sociedad urbana ha originado una gran riqueza en China, pero también ha dado lugar a múltiples efectos negativos, como el aumento de las desigualdades sociales.

Las mayores tasas de crecimiento urbano las ostentan en general los países en vías de desarrollo, que absorben una media de tres millones de nuevos residentes urbanos a la semana, advierte el estudio.

En este sentido, las ciudades asiáticas serán las que más crezcan en los próximos 40 años, llegando a albergar al 63% de la población mundial en 2050. Se espera que Tokio sea la mega-ciudad más grande del mundo en 2025, y que ciudades como Mumbai, Delhi o Dhaka acaben superando a Ciudad de México, São Paulo o Nueva York en cantidad de población.

PIENSA–COMPARA–COMPARTE

Lee las siguientes preguntas con atención y **compara** tus ideas con las de tus compañeros:

1 **¿Prefieres vivir en la ciudad o en el campo?**
2 **¿Conoces alguna de las ciudades que se mencionan en el texto?**
3 **¿Prefieres ciudades grandes o pequeñas? ¿Por qué?**
4 **¿Por qué crees que tanta gente se muda del campo a la ciudad?**
5 **¿Por qué crees que esto sucede más en Asia que en el resto de continentes?**

ACTIVIDAD: Vivir en el campo

■ Enfoques del aprendizaje

Habilidades de colaboración: Se responsabilizan de sus propias acciones

Con ayuda de un(a) compañero/a, **escribe** una lista de razones a favor y en contra de vivir en el campo.

No olvides decir:

- en qué aspectos podría mejorar tu vida y la de tu familia
- qué cosas echarías de menos de la ciudad
- la conclusión de tu razonamiento

◆ Oportunidades de evaluación

En esta actividad se han practicado las habilidades que son evaluadas por medio del Criterio D: Expresión escrita.

ACTIVIDAD: Del campo a la ciudad

■ Enfoques del aprendizaje

Habilidades de comunicación: Comparten ideas con múltiples destinatarios empleando una variedad de medios y entornos digitales

Busca en YouTube el vídeo **Del campo a la ciudad Grupo Exterminador** o escribe la siguiente dirección web: **www.youtube.com/watch?v=d2AXHPQLMps.**

Después de verlo, contesta las siguientes preguntas y **justifica** tus respuestas:

1 ¿Qué animales se mencionan en la canción?
2 ¿Cómo es vivir en la ciudad según la canción?
3 ¿Qué calientan en la lumbre?
4 ¿Qué impide pensar en la ciudad?
5 ¿Conoces este estilo de música? ¿De qué país crees que procede?

◆ Oportunidades de evaluación

En esta actividad se han practicado las habilidades que son evaluadas por medio del Criterio A: Comprensión auditiva.

¿Estarías dispuesto a cambiar tus hábitos para frenar el deterioro del planeta?

Lee el siguiente artículo sobre el origen de los alimentos.

El origen de los alimentos

Una investigación realizada por la Fundación Británica de Nutrición determina que actualmente los niños saben poco del origen de los alimentos, aunque es un estudio desarrollado en el Reino Unido, posiblemente es lo que ocurre en mayor o menor medida en cualquier país industrializado del mundo.

De los resultados del estudio se desprende que además del escaso conocimiento del origen de los alimentos, existen malas interpretaciones sobre nutrición. Por ejemplo, una parte de los niños encuestados cree que las patatas, el pan y la pasta proceden de los animales y que los hidratos de carbono son más calóricos que las grasas. Algunos ejemplos son bastante evidentes, un grupo de niños llega a creer que los palitos de pescado están elaborados con carne de pollo.

Los niños no tienen claro el origen de los alimentos que consumen habitualmente. Este es un problema que se podría solucionar con una asignatura de nutrición y con una mayor implicación de los padres, para despejar todas las dudas que pudieran tener los pequeños acerca de los alimentos.

Casi una quinta parte de los niños de educación primaria cree que la pasta (macarrones, tallarines, etc.) procede de los animales, algo que también cree un 13% de niños con edades comprendidas entre los 8 y 11 años. Uno de cada 10 niños encuestados cree que el tocino se obtiene de las ovejas, así podríamos seguir hasta configurar una larga lista de equivocaciones que ponen al descubierto que el problema es bastante grave.

CÍRCULO DE OPINIONES

Contesta las siguientes preguntas y después **comparte** tus opiniones con el resto de la clase.

1 ¿Sabes de dónde proceden los alimentos que consumes?
2 ¿Es importante saber de dónde proceden?
3 ¿Existe alguna asignatura en la que estudies la procedencia de los alimentos?
4 ¿Conocer más sobre la procedencia y el tratamiento de los alimentos te ayudaría a decidir sobre su consumo?
5 ¿Es fácil saber la procedencia y tratamiento de todos los alimentos por igual?

ACTIVIDAD: El origen de los alimentos

◼ Enfoques del aprendizaje

Habilidades de comunicación: Leen una variedad de fuentes para obtener información y por placer

Después de haber leído el texto sobre el origen de los alimentos, responde las siguientes preguntas y **justifica** tus respuestas:

1 ¿De dónde creen los niños encuestados que salen las patatas, el pan y la pasta?
2 ¿Con qué animal relacionan los niños los palitos de pescado?
3 ¿Qué solución propone el texto para este problema?
4 ¿Qué porcentaje de niños de entre 8 y 11 años cree que la pasta procede de los animales?
5 ¿Qué cree sobre el tocino uno de cada diez niños encuestados?
6 ¿Cuál es el propósito del texto?

◆ Oportunidades de evaluación

En esta actividad se han practicado las habilidades que son evaluadas por medio del Criterio B: Comprensión de lectura.

ACTIVIDAD: Los alimentos de mi nevera

◼ Enfoques del aprendizaje

Habilidades de comunicación: Organizan y describen la información de manera lógica

Con la ayuda de internet, **elabora** una presentación oral sobre cinco alimentos que se encuentran en tu nevera. Después la **presentarás** al resto de la clase durante un tiempo aproximado de dos minutos.

Asegúrate de que incluyes la siguiente información:
● **de dónde vienen estos alimentos**
● **cómo han sido tratados hasta llegar a tu nevera**
● **se producen estos alimentos más cerca de tu casa**
● **con qué frecuencia los consumes**

◆ Oportunidades de evaluación

En esta actividad se han practicado las habilidades que son evaluadas por medio del Criterio C: Expresión oral.

El origen de los huertos urbanos

Durante la Segunda Guerra Mundial en Estados Unidos comienza a usarse esta forma de cultivo en las ciudades, y se llega a consumir hasta un 40% de alimentos procedentes de los huertos urbanos. Pasan a denominarse "Victory gardens" o "War gardens". Se habían convertido en indispensables ya que durante las dos grandes guerras muchos países europeos no se podían permitir depender de las importaciones y había que asegurarse el alimento.

Estados Unidos, Alemania y Reino Unido usaban gran variedad de terrenos para este tipo de cultivo urbano, como campos de fútbol o parques y jardines, acompañándolo de propaganda para fomentar su uso. A partir de los años 60 vuelven a resurgir, pero ya de la mano de movimientos ecologistas y de rechazo al sistema. En muchos otros países en la actualidad se produce de esta manera debido a la necesidad, como en Cuba por ejemplo, pero en los más desarrollados se está implantando como eficaz alternativa a la cesta de la compra en los supermercados.

Huertos urbanos: ¿Qué necesito para tener uno?

Además de un espacio con toda la luz directa posible, dependiendo del terreno del que dispongas podrás cultivar mayor cantidad y variedad de alimentos. Lo ideal es poder aprovechar una terraza o una azotea. Si no es posible, puedes organizarte para montar tu huerto urbano en un balcón o frente a una ventana con bastante luz gracias a los huertos verticales.

Actualmente muchos son los modelos de recipientes que puedes encontrar para llevar a cabo tu cultivo en casa, como los huertos en altura de diferentes tamaños, pero si cuentas con menos espacio puedes utilizar fácilmente diferentes macetas o un huerto vertical. Y para plantar las semillas cualquier recipiente pequeño puede servir (los de los yogures son ideales para esto).

En cuanto a la tierra, lo ideal es comenzar con un buen sustrato vegetal y abonos orgánicos, para fomentar el reciclaje y porque así la calidad de la verdura u hortaliza es mejor.

Para el riego, se puede hacer de manera manual o más adelante poner un sistema de riego automático, sobre todo para cubrir también las épocas en las que no estemos en casa o nos vayamos de vacaciones.

ACTIVIDAD: Los huertos urbanos

■ Enfoques del aprendizaje

Habilidades de gestión de la información: Obtienen, registran y verifican datos

En el texto anterior, hemos visto la importancia de los huertos en las ciudades. Contesta las siguientes preguntas y **justifica** tus respuestas siguiendo la información del texto:

1 ¿Dónde y cuándo empezaron a usarse los huertos urbanos?

2 ¿Por qué fueron tan importantes en las dos guerras mundiales?

3 ¿Qué ejemplos de terrenos aparecen en el texto para este tipo de cultivo?

4 ¿Cuándo volvieron a resurgir los huertos urbanos después de las guerras mundiales?

5 ¿Cuál es el lugar ideal para tener un huerto urbano según el segundo texto?

6 ¿Qué opciones de recipientes da el segundo texto en caso de tener poco espacio?

7 ¿Qué dos tipos de riego se mencionan en el texto?

◆ Oportunidades de evaluación

En esta actividad se han practicado las habilidades que son evaluadas por medio del Criterio B: Comprensión de lectura.

ACTIVIDAD: El origen de los alimentos

■ **Enfoques del aprendizaje**

Habilidades de gestión de la información: Utilizan la capacidad crítica para analizar e interpretar los contenidos de los medios de comunicación

Busca en YouTube el vídeo **El origen de los alimentos** o escribe la siguiente dirección web: **www.youtube.com/watch?v=XzQ8QcW1nrw.**

Después de verlo, contesta las siguientes preguntas y **justifica** tus respuestas:

1 **¿Dónde encontramos las papas fritas según el vídeo?**
2 **¿Dónde se empezó a cultivar la papa?**
3 **¿Qué buscaban los españoles en América?**
4 **¿Cuál es la prioridad del comercio de papas?**
5 **¿Qué características tiene un buen alimento?**
6 **¿Cuál es la mejor garantía de que un alimento es bueno?**
7 **¿A quién va dirigido el vídeo?**

◆ **Oportunidades de evaluación**

En esta actividad se han practicado las habilidades que son evaluadas por medio del Criterio A: Comprensión auditiva.

ACTIVIDAD: Un vegano en una hamburguesería

■ **Enfoques del aprendizaje**

Habilidades de colaboración: Toman decisiones justas y equitativas

Elabora con un(a) compañero/a una conversación para la siguiente situación:

Contexto: un vegano en una hamburguesería

Alumno/a 1: vegano

Alumno/a 2: camarero

Tema: posibilidades para comer

Registro: informal

Duración: dos minutos

◆ **Oportunidades de evaluación**

En esta actividad se han practicado las habilidades que son evaluadas por medio del Criterio C: Expresión oral.

ACTIVIDAD: Buena alimentación, buen aspecto

◼ Enfoques del aprendizaje

Habilidades de comunicación: Hacen deducciones y extraen conclusiones

Nuestra alimentación incide directamente en nuestro aspecto físico. **Escribe** un post para un blog de nutrición de aproximadamente 200–250 palabras hablando sobre este tema y relaciónalo con lo que te sugiere la imagen.

◆ Oportunidades de evaluación

En esta actividad se han practicado las habilidades que son evaluadas por medio del Criterio D: Expresión escrita.

ACTIVIDAD: Cultivar en mi ciudad

◼ Enfoques del aprendizaje

Habilidades de comunicación: Utilizan formas de redacción adecuadas para distintos destinatarios y propósitos

Investiga y **elabora** una breve presentación oral de aproximadamente 3 minutos de duración sobre las formas de cultivo que existen en tu ciudad: huertos urbanos, granjas, etc. Para ello, elabora un breve esquema en el que no olvides incluir la siguiente información:
- **quién tiene acceso a ellos**
- **dónde están**
- **cuántos hay**

◆ Oportunidades de evaluación

En esta actividad se han practicado las habilidades que son evaluadas por medio del Criterio C: Expresión oral.

¿Qué es un desastre natural?

PIENSA–COMPARA–COMPARTE

Lee las siguientes preguntas con atención y **compara** tus ideas con las de tus compañeros:

1 ¿Qué es un desastre natural?
2 ¿Cómo se pueden prevenir los desastres naturales?
3 ¿Qué desastres naturales conoces que hayan tenido lugar en los últimos tiempos?
4 ¿Qué efecto tiene el calentamiento global en relación a los desastres naturales?
5 ¿Qué movimientos sociales conoces que conciencien sobre la prevención de los desastres naturales?

ACTIVIDAD: Ay Haití

■ Enfoques del aprendizaje

Habilidades de comunicación: Hacen deducciones y extraen conclusiones

Busca en YouTube el vídeo **Videoclip Ay Haití** o escribe la siguiente dirección web: **https://www.youtube.com/watch?v=6C5mQMu8I_E**.

Después de verlo, contesta las siguientes preguntas y **justifica** tus respuestas:

1 ¿Sabes por qué ha sido grabada esta canción?
2 ¿Para qué es la tierra según el vídeo?

3 ¿Qué no tienen algunas tierras?
4 ¿Qué despierta el corazón según la letra de la canción?
5 ¿Cómo es la mirada del niño que se menciona?
6 ¿Conoces a algunas personas de las que participan en el vídeo?
7 ¿Qué hay en mi voz según el vídeo?

◆ Oportunidades de evaluación

En esta actividad se han practicado las habilidades que son evaluadas por medio del Criterio A: Comprensión auditiva.

Lee el siguiente artículo sobre desastres naturales.

Terremoto en Haití

Por más de 250 años, Haití ha estado libre de terremotos. Pero lamentablemente, el 12 de enero de 2010, Haití sufrió un terremoto de 7.3 grados en la escala de Richter, que causó un daño sin precedentes, muerte y destrucción. Según las estimaciones, más de 200.000 personas murieron y 1,5 millones de personas viven bajo carpas, en tiendas de campaña, y en refugios temporales. El sismo inicial fue seguido más tarde por doce réplicas de magnitud superior a 5.0. Estructuras de todo tipo fueron dañadas o destruidas, entre ellas barriadas de viviendas de edificios de valor patrimonial.

El temblor comenzó el martes, 12 de enero, a las 4:53 en la región de Haití, a 10 kilómetros al suroeste de Puerto Príncipe. Fue el terremoto más fuerte de los últimos 200 años que sacudió Haití, destruyó la totalidad de un hospital donde la gente gritaba desesperada pidiendo ayuda y dañó seriamente la sede del Palacio Nacional, la sede para el mantenimiento de la paz, de las Naciones Unidas y otros edificios. La fuerza del movimiento telúrico fue tal que la ciudad de millón y medio de habitantes quedó envuelta en una nube de polvo tras la caída de edificaciones. Con la ciudad sumida en las sombras de la noche era imposible evaluar la magnitud real del desastre. Los funcionarios de EE.UU. informaron de la gran cantidad de cuerpos muertos en las calles y otro funcionario de ayuda describió la situación como "desastre total y caos."

Las comunicaciones se interrumpieron prácticamente en todo el país, no así la electricidad, que solo se cortó en algunos lugares. Haití y su vecina República Dominicana se encuentran en la unión entre dos placas tectónicas enormes, la Placa del Caribe y la Placa de Norteamérica. A medida que el magma circula bajo la superficie de la tierra, las corrientes tratan de mover las masas enormes de roca que forman las placas haciendo que se rocen entre sí.

Estos movimientos laterales suelen ser relativamente pequeños y en este caso parece haber sido sólo en torno a 2 metros, pero el movimiento es a lo largo de una línea de falla y hay enormes presiones involucradas. En el caso de Haití, el movimiento a lo largo de la falla se produjo en un tramo de más de 60km. Eso es más que suficiente para destruir edificios, romper carreteras y reducir todo a escombros.

La profundidad también es importante, ya que la fuente del terremoto de Haití fue a 6,2 millas por debajo de la superficie de la tierra. La profundidad de este sismo en Haití fue muy superficial, lo que significa que la energía que se libera está muy cerca de la superficie.

Todos estos efectos se magnifican cuando la infraestructura es de mala calidad y no construida para resistir temblores. Desafortunadamente, Haití tiene una economía bastante pobre y gran parte de sus construcciones no tiene resistencia a los terremotos, produciendo daños materiales aún mayores, y consecuentemente más mortandad o heridos.

El problema con la predicción de terremotos es que una vez que se ha acumulado tensión suficiente, se libera instantáneamente y los acontecimientos suceden muy rápidamente como para dar señales de advertencia, pues sólo hay minutos para responder. Sin embargo, cinco geofísicos presentaron un documento a la Conferencia Geológica del Caribe destacando el riesgo de terremotos en una falla de la vecina República Dominicana. Toda la zona es bien conocida por estar en una línea de falla sísmica por lo que fue siempre una candidata para terremotos. Pero por más de 250 años, la línea de falla se ha mantenido estable.

Cuando dos placas rozan entre sí en lugar de moverse una sobre la otra, se acumulan fuertes tensiones internas, pero la zona afectada parece dormida. Así que aunque la vigilancia sísmica podría haber proporcionado más información en Haití, tampoco habría permitido a los científicos predecir el terremoto.

Hay signos tangibles de que la recuperación está comenzando a emerger. Con el apoyo de organismos como la Sociedad de la Cruz Roja de Haití, muchas comunidades tienen ahora acceso a agua potable, saneamiento básico, salud y vivienda. Sin embargo, las necesidades son inmensas y lo seguirán siendo durante muchos meses más. La recuperación de esta crisis va a durar entre 7 y 10 años. La Federación Internacional, en apoyo de la Cruz Roja de Haití, estará en Haití a largo plazo.

ACTIVIDAD: Terremoto en Haití

Después de haber leído el texto, responde las siguientes preguntas y **justifica** tus respuestas:

1 ¿Cuándo sucedió el terremoto de Haití?
2 ¿Qué intensidad tuvo el terremoto?
3 ¿Cuántas réplicas sucedieron al primer terremoto?
4 ¿Dónde comenzó el temblor?
5 ¿De qué informaron los funcionarios de Estados Unidos?
6 ¿Qué sucedió con el suministro eléctrico?
7 ¿Qué longitud tiene la falla tectónica que produjo el terremoto?
8 ¿Cuál es la situación económica de Haití?
9 ¿Qué sucede cuando dos placas se rozan entre sí?
10 ¿Cuántos años va a durar la recuperación de esta crisis?

PUNTO DE INDAGACIÓN

Lee las siguientes preguntas y **compara** tu experiencia y tus opiniones con las de tus compañeros:

1 ¿Qué es un terremoto?
2 ¿Qué es un maremoto y un tsunami?
3 ¿Qué es una erupción volcánica?
4 ¿Qué es una inundación?
5 ¿Cuál de estos desastres es más frecuente?
6 ¿Y cuál de estos desastres es más difícil de prevenir?

ACTIVIDAD: Desastres naturales más frecuentes

Investiga sobre los desastres naturales más frecuentes en el mundo. **Escribe** un artículo de 200–250 palabras en el que hables sobre los desastres naturales distribuidos por países. No olvides mencionar las prevenciones que toman estos países para hacer frente a un eventual desastre natural.

ACTIVIDAD: Como reaccionar a un desastre natural

En pequeños grupos y partiendo de la información que habéis adquirido en este tema, **investigad** sobre cómo reaccionar a un desastre natural concreto.

Elaborad una breve presentación audiovisual que mostraréis al resto de la clase.

En ella deberéis **explicar** de qué desastre natural se trata, si en vuestro país hay medios y prevenciones concretas para hacerle frente y qué medidas se deben adoptar.

CÍRCULO DE OPINIONES

Contesta las siguientes preguntas y después **comparte** tus opiniones con el resto de la clase.

1 **¿Qué desastres naturales son responsabilidad del ser humano?**
2 **¿Cuáles se pueden evitar?**
3 **¿Cómo se pueden evitar los desastres naturales?**
4 **Si no se pueden evitar, ¿crees que se puede estar preparado para enfrentarlos?**
5 **¿Qué relación hay entre la economía y algunos desastres naturales?**

ACTIVIDAD: ¿Duele más si es cerca?

■ Enfoques del aprendizaje

Habilidades de gestión de la información: Presentan la información en diversos formatos y plataformas

Elabora un discurso oral de entre 3 y 4 minutos en el que reflexiones sobre la diferencia en la repercusión de un desastre natural cercano y otro que pueda ocurrir lejos. No olvides hacer mención a la respuesta en forma de campañas, ayudas, etc. para desastres que han ocurrido cerca de nosotros frente a otros que han ocurrido lejos.

◆ Oportunidades de evaluación

En esta actividad se han practicado las habilidades que son evaluadas por medio del Criterio C: Expresión oral.

CONECTA–EXTIENDE–DESAFÍA

Partiendo de la información que has adquirido en este tema, **investiga** sobre la incidencia de los huracanes y tornados en el continente americano. Para ello, puedes servirte de internet o de tu propio entorno familiar.

Sigue estos pasos:

1 **Conecta la información que abordaste con lo que ya sabías previamente.**
2 **Extiende las ideas agregando información que no se haya mencionado.**
3 **Desafía las ideas mencionadas con preguntas que tengas al respecto.**

Elabora una presentación audiovisual de aproximadamente tres minutos que mostrarás al resto de la clase.

En ella debes **explicar** cómo afectan los huracanes a los diferentes países, en cuáles se nota más su paso, en qué países produce más muertes, qué países están más preparados para hacerles frente, etc.

Lee el siguiente artículo sobre ecología.

Greenpeace
De Juan López de Uralde

En un mundo azotado por una crisis ecológica que puede poner en riesgo incluso la supervivencia de la especie humana, y en el que la conciencia ciudadana sobre la gravedad de la misma, avanza a un ritmo menor del necesario para frenarla, me preocupa mucho que 109 premios Nobel dirijan su atención a condenar sin paliativos a Greenpeace, la mayor organización ecologista del mundo.

El hambre en el mundo es un problema real. Todas las organizaciones involucradas en la solución de esta lacra coinciden en que el problema no está tanto en la producción de alimentos, como en la injusta distribución de los mismos y de la riqueza. Se producen alimentos suficientes para alimentar a la humanidad, pero el hambre sigue siendo una realidad palpable. Muchas ONG que luchan contra la pobreza también rechazan los transgénicos como alternativa.

Coincidía la publicación con otra noticia: la recuperación de la capa de ozono. Recuerdo muy bien cómo en los años noventa trabajamos intensamente desde Greenpeace para conseguir la prohibición de las sustancias que la destruyen. Aquella campaña culminó con éxito finalmente con la firma en el marco de Naciones Unidas del Protocolo de Montreal.

No hubiera sido posible sin la acción global y coordinada de Greenpeace. Solo por aquella campaña, y por sus efectos positivos para el planeta que empiezan a ser visibles, ya es mucho lo que le debemos. Pero hay muchos más logros, desde la protección de las ballenas a la eliminación de las pruebas con bombas atómicas, la lista es interminable. Aún así sigue quedando mucho por hacer. Y seguimos necesitando a Greenpeace.

PIENSA–COMPARA–COMPARTE

Lee las siguientes preguntas con atención y **compara** tus ideas con las de tus compañeros:

1 ¿Qué significa "sostenible"?
2 ¿Te preocupa la situación ecológica del planeta?
3 ¿Qué aspectos de la situación ecológica del planeta te preocupan más?
4 ¿Qué estarías dispuesto a cambiar para mejorar esta situación?
5 ¿Crees que las asociaciones ecologistas son útiles?
6 ¿Te gustaría formar parte de alguna? ¿De cuál?

ACTIVIDAD: Una asociación ecologista

■ Enfoques del aprendizaje

Habilidades de gestión de la información: Evalúan y seleccionan fuentes de información y herramientas digitales basándose en su idoneidad para tareas específicas

Con la ayuda de un(a) compañero/a, **investiga** sobre varias asociaciones ecologistas y elegid la que os parezca más interesante. Después **presentadla** a vuestros compañeros mediante un póster, sin olvidaros de tratar los siguientes puntos:
- **qué aspectos os parecen los más interesantes**
- **por qué la habéis escogido**
- **intentad convencer a vuestros compañeros para que la escuela apoye esta causa**

◆ Oportunidades de evaluación

En esta actividad se han practicado las habilidades que son evaluadas por medio del Criterio D: Expresión escrita.

ACTIVIDAD: Quiero vivir mejor

■ Enfoques del aprendizaje

Habilidades de gestión de la información: Utilizan la capacidad crítica para analizar e interpretar los contenidos de los medios de comunicación

Busca en YouTube el vídeo Quiero vivir mejor o escribe la siguiente dirección web: www.youtube.com/watch?v=mY--D25Lmb8.

Después de verlo, contesta las siguientes preguntas y **justifica** tus respuestas:

1 **¿En qué parte de la casa empiezan las imágenes?**
2 **¿Por qué cambian una bombilla en el vídeo?**
3 **¿Qué le pasa al mundo según la canción?**
4 **¿Para qué se usan el pelícano y el canguro en el vídeo?**
5 **¿Para qué pide ayuda la canción?**
6 **¿Qué te sugiere la canción?**

◆ Oportunidades de evaluación

En esta actividad se han practicado las habilidades que son evaluadas por medio del Criterio A: Comprensión auditiva.

Lee el siguiente artículo sobre el desastre del *Prestige*.

El desastre del *Prestige*

El 13 de noviembre del año 2002, a las 15 horas 15 minutos (hora peninsular), un petrolero monocasco cargado con 77.000 toneladas de fueloil residual pesado lanzaba un "Mayday" debido a la rotura de su estructura. En ese momento, se encontraba a 28 millas de la costa de Fisterra (A Coruña) y el nombre del buque *Prestige* no significaba nada para la inmensa mayoría de los españoles. Tres días después, el 16 de noviembre, casi 200 kilómetros de la Costa da Morte amanecieron cubiertos por el primer baño de chapapote. Poco después, el *Prestige* ya pertenecía al imaginario popular de todo el país.

Ya han pasado muchos años desde lo que se convirtió en una de las mayores catástrofes ambientales ocurridas en España. Afectó a 2.600 kilómetros de costa y tuvo un coste económico que rondó los 4.000 millones de euros. En las costas de Galicia las heridas parecen cerradas. El mar todo lo limpia, o al menos, lo oculta a la vista. Sin embargo, aquella marea negra tiñó para siempre el recuerdo de miles de habitantes de una de las costas más salvajes y mejor conservadas de Europa.

"Llegaban los pescadores con chapapote hasta en la boca," recuerda un pescador de la ría de Vigo. Nadie olvida la desesperación que sufrían al ver cómo el petróleo manchaba de nuevo las playas y costas que habían sido limpiadas el día anterior. Tampoco salen del recuerdo los miles de voluntarios que acudieron desde todas partes para ayudar en lugares que ni siquiera conocían antes del desastre ecológico. El sentimiento de gratitud y las lágrimas de emoción incontrolable salen enseguida en las conversaciones de bar o en cuanto se pregunta a alguien que pasea junto a una playa cualquiera.

Los daños provocados sobre los organismos marinos fueron enormes. Cualquier animal al que alcanzaba el chapapote moría, pero también afectó a la reproducción de muchas especies.

Pero las consecuencias de la exposición al chapapote sobre la salud humana apenas han sido estudiadas. Ni la administración ni el sistema de salud pública se han ocupado nunca de hacer un seguimiento a los habitantes de las poblaciones locales que sufrieron el vertido. Ni uno solo de las decenas de miles de voluntarios que limpiaron con sus propias manos el chapapote, y cuyo olor nunca podrán olvidar, ha recibido jamás la oferta de un chequeo en su centro de salud para comprobar que su salud no se vio comprometida.

CÍRCULO DE OPINIONES

Contesta las siguientes preguntas y después **comparte** tus opiniones con el resto de la clase.

1 **¿Qué significa ecología?**
2 **¿Recuerdas algún desastre natural reciente?**
3 **¿Qué harías en el caso de vivir un desastre natural?**
4 **¿Qué importancia tiene la solidaridad ante un desastre natural?**
5 **¿Todos los países tienen los mismos recursos para enfrentarse a un desastre natural?**

ACTIVIDAD: El desastre del *Prestige*

■ Enfoques del aprendizaje

Habilidades de comunicación: Leen con actitud crítica y para comprender

Después de haber leído el texto sobre el desastre del *Prestige*, contesta las siguientes preguntas y **justifica** tus respuestas:

1 ¿Dónde tuvo lugar el desastre del *Prestige*?
2 ¿Cuándo llegó el fuel a la costa?
3 ¿En qué año fue escrito este artículo?
4 ¿Qué coste económico supuso el desastre del *Prestige*?
5 ¿Sabemos cuáles son las consecuencias de la exposición al chapapote para la salud humana?
6 ¿Cuántos voluntarios acudieron a limpiar la costa tras el desastre del *Prestige*?

◆ Oportunidades de evaluación

En esta actividad se han practicado las habilidades que son evaluadas por medio del Criterio B: Comprensión de lectura.

ACTIVIDAD: La riqueza ecológica

■ Enfoques del aprendizaje

Habilidades de comunicación: Interpretan y utilizan eficazmente distintas modalidades de comunicación verbal

Elabora con un(a) compañero/a una presentación oral de aproximadamente cuatro minutos sobre algún lugar que conozcáis que tenga un alto valor ecológico y que se debería cuidar. No olvidéis incluir los siguientes puntos:

- dónde se localiza
- por qué es importante
- qué se hace para cuidarlo

◆ Oportunidades de evaluación

En esta actividad se han practicado las habilidades que son evaluadas por medio del Criterio C: Expresión oral.

¿Somos responsables directos del calentamiento global?

Lee el siguiente artículo sobre el glaciar Perito Moreno.

El glaciar Perito Moreno

Empezó el proceso de ruptura en el glaciar argentino Perito Moreno que desembocará en la caída final del puente de hielo en los próximos días. Así fue confirmado hoy por el intendente del Parque Nacional Los Glaciares, Carlos Corvalán que en estos momentos organiza el operativo para recibir a los turistas que lleguen a presenciar uno de los espectáculos naturales más impresionantes del mundo.

"Todos los días apostábamos a que quizás la pared aguantaba un poco más ya que se había superado la marca de 2004, pero los guardaparques nos avisaron de que ya había empezado la filtración", confirmó hace minutos Corvalán en la radio local FM Dimensión.

Según explicó Corvalán, quien fue hasta hace pocos días presidente del directorio de Parques Nacionales, en este momento de la temporada visitan el glaciar a diario entre 1400 y 1500 personas, a lo que hay que sumar los visitantes locales y de la región que lleguen en las próximas horas.

ACTIVIDAD: El glaciar Perito Moreno

■ Enfoques del aprendizaje

Habilidades de comunicación: Hacen deducciones y extraen conclusiones

Después de haber leído el texto sobre el Perito Moreno, responde las siguientes preguntas y **justifica** tus respuestas:

1   ¿En qué país está el glaciar?
2   ¿Cuántas personas visitan el glaciar al día en esta temporada?

3   ¿Qué trabajo desempeña Carlos Corvalán?
4   ¿En qué año tardó más en romperse el glaciar?
5   ¿En qué medio es entrevistado Carlos Corvalán?

◆ Oportunidades de evaluación

En esta actividad se han practicado las habilidades que son evaluadas por medio del Criterio B: Comprensión de lectura.

ACTIVIDAD: Campaña de reciclaje

■ Enfoques del aprendizaje

Habilidades de transferencia: Indagan en diferentes contextos para obtener una perspectiva distinta

Busca en YouTube el vídeo **Reciclaje Perú: Campaña de reciclaje "Los ecologistas Ambulantes"** o escribe la siguiente dirección web: **www.youtube.com/watch?v=BAeW4hweCBg**.

Después de verlo, contesta las siguientes preguntas y **justifica** tus respuestas:

1 ¿A quién va dirigida la campaña?
2 ¿Cómo se llama la campaña?
3 ¿Qué pretende la campaña?
4 ¿Qué tienen que hacer los voluntarios?
5 ¿Qué actividades diarias generan basura?
6 ¿En qué ciudad tiene lugar esta campaña?
7 ¿Cuál es nuestra labor como ecologistas?

◆ Oportunidades de evaluación

En esta actividad se han practicado las habilidades que son evaluadas por medio del Criterio A: Comprensión auditiva.

ACTIVIDAD: La noticia del mes

■ Enfoques del aprendizaje

Habilidades de transferencia: Establecen conexiones entre distintas disciplinas y grupos de asignaturas

Elabora una breve noticia de aproximadamente 3 minutos de duración sobre un acontecimiento o fenómeno de la naturaleza. Para ello, deberás **elaborar** un breve esquema y después grabarte. No olvides incluir la siguiente información:
* dónde tiene lugar el fenómeno
* por qué se da ese fenómeno
* con qué frecuencia tiene lugar este tipo de acontecimiento

◆ Oportunidades de evaluación

En esta actividad se han practicado las habilidades que son evaluadas por medio del Criterio C: Expresión oral.

REFLEXIONA

■ Enfoques del aprendizaje

Habilidades de comunicación: Colaboran con los compañeros y con expertos utilizando diversos medios y entornos digitales

Busca en YouTube el vídeo Educación para la prevención de las catástrofes o escribe la siguiente dirección web: www.youtube.com/watch?v=66BjtV-KIiw.

Después de verlo, reflexiona y **analiza** con tus compañeros sobre los siguientes puntos:

1 **¿Crees que la tierra existirá siempre?**
2 **¿Qué responsabilidad tiene el ser humano sobre la vida de la tierra?**
3 **¿Si pudiésemos habitar otros planetas, haríamos lo mismo otra vez?**
4 **¿Cómo podemos mejorar la vida de nuestro planeta?**
5 **¿Qué pequeños gestos de tu vida diaria cambiarás para mejorar el planeta después de haber estudiado este capítulo?**

! ACTÚA E INVOLÚCRATE

! Como hemos podido ver, estar preparados para cualquier catástrofe que pueda ocurrir en el lugar donde vivimos es algo necesario.

! Entre toda la clase, identificaremos y compararemos las indicaciones que existen en nuestro país sobre las posibles emergencias que puedan surgir en el futuro.

! Para realizar esta investigación, deberemos seguir los siguientes pasos:

1 Buscar en páginas web oficiales de países como México o Chile y anotar las fuentes.

2 Hablar de los distintos tipos de desastres o emergencias.

3 Compartir las distintas recomendaciones.

ALGUNAS TAREAS SUMATIVAS PARA EVALUAR ESTE CAPÍTULO

Utiliza estas tareas para aplicar y ampliar tu conocimiento de este capítulo. Estas tareas están diseñadas para poder evaluar tus conocimientos en diferentes niveles de logro según los criterios de adquisición de lenguas.

TAREA 1: La isla de la basura

■ Enfoques de aprendizaje

Habilidades de gestión de la información: Utilizan la capacidad crítica para analizar e interpretar los contenidos de los medios de comunicación

Instrucciones

Para hacer esta actividad ve el siguiente vídeo sobre **Video Isla de Basura: www.youtube.com/watch?v=uSeqX31fqMg** y contesta en español de forma detallada las siguientes preguntas utilizando tus propias palabras todo lo que puedas. No utilices herramientas de traducción ni diccionarios para esta tarea. Tendrás 60 minutos para completar esta tarea.

Preguntas

1 **¿Dónde está la isla de la basura?**
2 **¿Cómo se descubrió la existencia de esta isla?**
3 **¿De dónde proviene la basura que forma la isla?**
4 **¿Qué extensión tiene la isla?**
5 **¿A qué animales afecta especialmente y cómo?**
6 **¿Cómo se puede evitar que la isla siga creciendo?**

◆ Oportunidades de evaluación

Esta tarea puede usarse para evaluar tus habilidades del Criterio A: Comprensión auditiva.

TAREA 2: El ecosistema del Amazonas

■ Enfoques de aprendizaje

Habilidades de gestión de la información: Obtienen, registran y verifican datos

Instrucciones

Para hacer esta actividad ve el siguiente vídeo sobre **El ecosistema del Amazonas: www.youtube.com/watch?v=fyHK0dv2rCY** y contesta en español de forma detallada las siguientes preguntas utilizando tus propias palabras todo lo que puedas.

No utilices herramientas de traducción ni diccionarios para esta tarea.

Tendrás 60 minutos para completar esta tarea.

Preguntas

1 **¿Dónde está la Amazonia y qué extensión tiene?**
2 **¿Cuántas especies de mamíferos hay en el Amazonas?**
3 **¿Qué río es más largo que el Amazonas?**
4 **¿Qué altura pueden llegar a alcanzar los árboles del Amazonas?**
5 **¿Cuál es la principal característica del mesobosque?**
6 **¿Por qué se llama al Amazonas el mayor pulmón verde de la tierra?**

◆ Oportunidades de evaluación

Esta tarea puede usarse para evaluar tus habilidades del Criterio A: Comprensión auditiva.

Reflexión

Reflexionemos sobre nuestro aprendizaje… Usa esta tabla para reflexionar sobre tu aprendizaje personal en este capítulo.				
Preguntas que hicimos	**Respuestas que encontramos**	**Preguntas que podemos generar ahora**		
Fácticas: ¿Hay equilibrio entre la población rural y la población urbana? ¿Cuáles son las ciudades más pobladas y más contaminadas del planeta? ¿Qué es un desastre natural? ¿Qué organizaciones ecologistas conoces? ¿Cuáles son los mayores desafíos para una mejor conservación ambiental?				
Conceptuales: ¿Es más ecológica la vida en el campo? ¿Son naturales todos los desastres naturales? ¿Qué relación hay entre progreso tecnológico y respeto al medio ambiente? ¿Somos responsables directos del calentamiento global? ¿Qué es para ti el consumo responsable?				
Debatibles: ¿Contribuye nuestro estilo de vida al deterioro del planeta? ¿Estarías dispuesto a cambiar tus hábitos para frenar el deterioro del planeta? ¿Reaccionamos igual ante un desastre cercano y otro lejano? ¿Crees que ya es tarde para salvar el planeta? ¿Cuál es la responsabilidad de los países desarrollados en el cambio climático?				

Enfoques de aprendizaje en este capítulo:	Descripción: ¿qué destrezas nuevas adquiriste?	¿Qué tan bien has consolidado estas destrezas?			
		Novato	En proceso de aprendizaje	Practicante	Experto
Habilidades de comunicación					
Habilidades de colaboración					
Habilidades de organización					
Habilidades de gestión de la información					
Habilidades de transferencia					
Atributos de la comunidad de aprendizaje	Reflexiona sobre la importancia de ser un estudiante solidario en este capítulo. ¿Cómo demostraste tus habilidades como estudiante solidario en este capítulo?				
Solidario					

9 ¿Sería posible una cultura global única?

La reflexión sobre las **convenciones** de nuestra lengua y **cultura** es el mejor **punto de vista** para **relacionarnos** con el contexto de otras **identidades**.

CONSIDERAR Y RESPONDER ESTAS PREGUNTAS:

Fácticas: ¿Qué lenguas asocias con la cultura global? ¿Qué formas de expresión artística conoces? ¿Es arte la moda? ¿Qué es el arte urbano? ¿Nos vestimos todos igual?

Conceptuales: ¿Qué es cultura global y cultura local? ¿Es fácil identificarse con la cultura global? ¿Qué favorece la cultura global? ¿Qué importancia tiene nuestra apariencia?

Debatibles: ¿Hay límites para el arte? ¿Existen límites en la defensa de nuestra cultura? ¿Defenderías una cultura global única? ¿Podemos vivir sin arte? ¿Debería estar el arte solamente en los museos? ¿Qué o quién decide lo que es arte?

EN ESTE CAPÍTULO VAMOS A:

Descubrir:
■ los efectos de la globalización
■ los diferentes conceptos de cultura.

Explorar:
■ la relación entre moda y tribus urbanas
■ la importancia del arte urbano y sus características.

Actuar para:
■ concienciar sobre la desigualdad del acceso a internet
■ dar visibilidad a las culturas locales del mundo hispano.

- Habilidades de comunicación
- Habilidades de colaboración
- Habilidades de organización
- Habilidades de reflexión
- Habilidades de pensamiento crítico
- Habilidades de gestión de la información

● Reflexiona sobre el siguiente atributo de la comunidad de aprendizaje:

- **Pensadores:** Utilizamos habilidades de pensamiento crítico y creativo para analizar y proceder de manera responsable ante problemas complejos. Actuamos por propia iniciativa al tomar decisiones razonadas y éticas.

◆ Oportunidades de evaluación en este capítulo:

Criterio A: Comprensión auditiva

Criterio B: Comprensión de lectura

Criterio C: Expresión oral

Criterio D: Expresión escrita

VOCABULARIO SUGERIDO

Sustantivos	Adjetivos	Verbos
aldea	agotado	aclamar
carisma	canchero	agregar
catarsis	colateral	asociar
consolidación	consecuente	contribuir
contundencia	decepcionante	distorsionar
defensa	emergente	interactuar
deficiencia	enriquecedor	provocar
disminución	estelar	repercutir
énfasis	genuino	tipificar
enfoque	interconectado	tomarse
esfuerzo	mediático	
fundador	necio	
garabato	palpable	
impulso	pícaro	
inflación	prolijo	
innovación		
irreverencia		
proliferación		
redes		
rinoplastia		
vertiente		
vocablo		
vulnerabilidad		
vulneración		

GRAMÁTICA

En este capítulo se tratan los siguientes aspectos gramaticales:

1. Tiempos verbales:
   - presente de indicativo
   - pretérito indefinido de indicativo
   - pretérito perfecto de indicativo
   - futuro de indicativo
   - condicional de indicativo
   - imperativo
   - presente de subjuntivo
2. Conectores temporales
3. Conectores textuales

▼ Nexos: Individuos y sociedades

Propón un foro e invita a personas que puedan hablar en español sobre la cultura global única. Para ello puedes pedir ayuda a tus profesores de Individuos y sociedades.

▼ Nexos: Historia

Piensa en los casos de estudio en los que has trabajado en la clase de historia o pide ayuda a tu profesor si lo necesitas. ¿Qué relación hay entre conflictos e identidad?

¿Qué es cultura global y cultura local?

Lee el siguiente artículo sobre el acceso a internet.

Aún hay 4 mil millones de personas sin internet

El fundador de Facebook, Mark Zuckerberg, ha vuelto este lunes al Mobile World Congress (MWC) como el profeta del acceso universal a internet y ha criticado que la industria se centre en dar redes más rápidas a los ricos mientras olvida a los 4.000 millones de personas que viven sin red.

El consejero delegado de la red social considera "decepcionante" que los esfuerzos por la creación de redes más rápidas (4G y 5G) se orienten exclusivamente a dar mejores conexiones a los ricos, cuando piensa que toda la industria debería centrarse en que todo el planeta pueda conectarse.

Zuckerberg ha repetido, por tercer año consecutivo, el mismo mensaje en el MWC: "Creemos que todo el mundo debería tener acceso a internet. Es una locura que en 2016 estemos aquí sentados y aún haya 4.000 millones de personas que no puedan acceder a la red, algo que ninguna empresa ni gobierno pueden solucionar por sí solos."

■ Mark Zuckerberg

PIENSA–COMPARA–COMPARTE

Lee las siguientes preguntas con atención y **compara** tus ideas con las de tus compañeros:

1 **¿Qué importancia tiene internet en nuestras vidas?**
2 **¿Cuánto tiempo al día te conectas a internet?**
3 **¿Para qué lo utilizas?**
4 **¿Crees que internet es un derecho universal?**
5 **¿Cómo mejora el acceso a internet la vida de una persona?**

ACTIVIDAD: La vida antes de internet

■ Enfoques del aprendizaje

Habilidades de comunicación: Escriben con diferentes propósitos

Con la ayuda de las personas mayores de tu familia, **escribe** un pequeño informe de 200–250 palabras en el que **comentes** como era la vida antes de la llegada de internet.

No olvides preguntar cómo era el acceso a la información, cómo se comunicaban por escrito, cómo era el uso del teléfono, etc.

◆ Oportunidades de evaluación

En esta actividad se han practicado las habilidades que son evaluadas por medio del Criterio D: Expresión escrita.

ACTIVIDAD: ¿Qué es la globalización?

■ Enfoques del aprendizaje

Habilidades de gestión de la información: Utilizan la capacidad crítica para analizar e interpretar los contenidos de los medios de comunicación

Busca en YouTube el vídeo **¿QUE ES LA GLOBALIZACIÓN? En 5 minutos** o escribe la siguiente dirección web: **https://www.youtube.com/watch?v=H74wetVX2Bs&t=12s**.

Después de verlo, contesta las siguientes preguntas y **justifica** tus respuestas:

1 **¿Qué es la globalización?**
2 **¿Cómo se entiende el tiempo y el espacio desde la globalización?**
3 **¿Cuáles son las principales causas de la globalización?**
4 **¿Qué es la aldea global?**
5 **¿Qué desventajas se mencionan en el vídeo?**
6 **¿A quién va dirigido el vídeo?**

◆ Oportunidades de evaluación

En esta actividad se han practicado las habilidades que son evaluadas por medio del Criterio A: Comprensión auditiva.

LOS SELFIS

Los diccionarios Oxford, referencia del idioma inglés, escogieron en 2013 la palabra "selfie" como vocablo del año. Era un momento en el que el término había evolucionado tras su primera aparición en un foro australiano en 2002, gracias al impulso de las redes sociales. Ese año la moda selfi tuvo varios momentos mediáticos estelares, con políticos de primera línea, personas famosas o el propio Papa Francisco haciendo uso del autorretrato. Sólo ha pasado un año y, según un estudio que ha dado a conocer el Grupo Monsan tras analizar datos de la mensajería instantánea Line, el 59% de los españoles se declara adicto a los selfis, mientras que el palo extensible que sirve para hacer este tipo de autofoto ha sido el regalo estrella de estas Navidades. El aumento de autorretratos y la expansión de esta moda ha tenido otro efecto social colateral: las operaciones de rinoplastia han aumentado en un 15%, dato que, según el doctor Jorge Planas, director médico de la Clínica Planas, tiene mucho que ver con la propagación de los selfis. "Este tipo de fotografía refleja mucho más las dimensiones de nuestro cuerpo, también de la nariz, por lo que ha existido mucha más demanda," confirma Planas. El cirujano plástico deja claro que es importante "saber que las fotografías distorsionan muchas veces la realidad".

En opinión del experto en comunicación personal e interpersonal y director del Instituto 5 Fars, Ferrán-Ramón Cortés, "para algunas personas los selfis están siendo el espejo de la bruja de Blancanieves, que les revela que ya no son la más guapa del reino", algo que, según él, "revela lo poco que la gente se acepta tal y como es".

CÍRCULO DE OPINIONES

Contesta las siguientes preguntas y después **comparte** tus opiniones con el resto de la clase.

1 **¿Qué es la identidad?**
2 **¿Qué características te definen?**
3 **¿Cuál es tu cultura?**
4 **¿Podrías cambiar de cultura si quisieras?**
5 **¿Por qué perteneces a esa cultura?**
6 **¿Qué aspectos de tu cultura no podrías cambiar de ti mismo?**

ACTIVIDAD: Los selfis

■ Enfoques del aprendizaje

Habilidades de pensamiento crítico: Consideran ideas desde múltiples perspectivas

Después de haber leído sobre los selfis, responde las siguientes preguntas y **justifica** tus respuestas:

1 **¿Cómo se dice "selfi" en español?**
2 **¿Dónde y cómo apareció la palabra "selfi"?**
3 **¿Qué porcentaje de españoles se declara adicto a los selfis?**
4 **¿Cuál es la relación entre los selfis y la cirugía plástica?**
5 **¿Por qué dice el señor Cortés "para algunas personas están siendo el espejo de la bruja de Blancanieves"?**
6 **¿Cuál es tu opinión sobre los selfis?**

◆ Oportunidades de evaluación

En esta actividad se han practicado las habilidades que son evaluadas por medio del Criterio B: Comprensión de lectura.

ACTIVIDAD: Selfis peligrosos

■ Enfoques del aprendizaje

Habilidades de gestión de la información: Utilizan la capacidad crítica para analizar e interpretar los contenidos de los medios de comunicación

En muchas ocasiones, algunas personas buscan hacerse un selfi especial que acaba en accidente debido al riesgo que se corre por el lugar en donde se realiza. **Investiga** en internet sobre estas prácticas y **elabora** una presentación oral sobre los peligros que conlleva la realización de selfis que **presentarás** al resto de la clase durante un tiempo aproximado de dos minutos.

Asegúrate de que incluyes la siguiente información:
- **dónde y cuándo se realizaron estos selfis**
- **por qué era importante este lugar**
- **qué recomendaciones harías a estas personas**

◆ Oportunidades de evaluación

En esta actividad se han practicado las habilidades que son evaluadas por medio del Criterio C: Expresión oral.

¿Qué favorece la cultura global?

Lee el siguiente artículo sobre la globalización.

La globalización

La globalización es un proceso histórico de integración mundial en los ámbitos político, económico, social, cultural y tecnológico, que ha convertido al mundo en un lugar cada vez más interconectado, en una aldea global.

Como tal, la globalización fue el resultado de la consolidación del capitalismo, de los principales avances tecnológicos (revolución tecnológica) y de la expansión del comercio mundial. En este sentido, las innovaciones en las áreas de las telecomunicaciones y de la informática, especialmente con internet, jugaron un papel decisivo en la construcción de un mundo globalizado.

La ruptura de las fronteras generó una expansión capitalista en la que fue posible llevar a cabo transacciones financieras y expandir los negocios, hasta entonces limitados por el mercado interno, hacia otros mercados, distantes y emergentes. De este modo, podemos observar cómo el proceso de la globalización ha modificado la forma en que los mercados de los diferentes países interactúan.

No obstante, el impacto ejercido por la globalización en aspectos de la economía (mercado laboral, comercio internacional), la política (instauración de sistemas democráticos, respeto de las libertades y los derechos humanos), así como en otras facetas de la vida de los países, como el acceso a la educación o a la tecnología, varía en función del nivel de desarrollo de cada estado.

Como tal, la globalización es un fenómeno palpable, sobre todo, a partir del finales del siglo XX y comienzos del XXI, aunque se suele señalar su inicio mucho antes, en la era de los descubrimientos, con la llegada de Colón a América en el siglo XV y el consecuente proceso de colonización del mundo por parte de las potencias europeas, y se acentuó a partir de la revolución industrial en el siglo XIX.

Ventajas y desventajas de la globalización

Ventajas

Entre las ventajas de la globalización podemos mencionar:

- la circulación de bienes y productos importados
- contribuye a la disminución de la inflación

- aumento de inversiones extranjeras, implica potencia en el área de comercio internacional y propicia mejores relaciones con otros países, así como enriquecedores procesos de intercambio cultural
- desarrollo tecnológico

Desventajas

Se han dirigido muchas críticas al fenómeno de la globalización, señalando algunas de sus deficiencias, como, por ejemplo, el hecho de que la riqueza se concentra en la mayoría de los países desarrollados y apenas el 25% de las inversiones internacionales van a las naciones en desarrollo, lo cual repercute en un aumento del número de personas que viven en la pobreza extrema. En este sentido, algunos economistas sostienen que, en las últimas décadas, la globalización y la revolución científica y tecnológica (responsables por la automatización de la producción) son las principales causas del aumento del desempleo.

Por otro lado, los autores críticos de la globalización también sostienen que esta puede traer como consecuencia la pérdida de las identidades culturales tradicionales en favor de una idea de cultura global, impuesta por el influjo de las grandes potencias sobre el resto del mundo.

ACTIVIDAD: La globalización

En el texto anterior, hemos visto la importancia de la globalización en la consolidación del mundo tal y como hoy lo conocemos. Contesta las siguientes preguntas y **justifica** tus respuestas siguiendo la información del texto:

1 ¿Qué es la aldea global?
2 ¿A qué afectó la ruptura de las fronteras según el texto?
3 ¿Cuándo comenzó a ser palpable la globalización?
4 ¿Qué porcentaje de las inversiones internacionales van a las naciones en desarrollo?
5 Según el texto, ¿cuáles son las principales causas del aumento del desempleo?
6 ¿De qué tipo de texto se trata?

ACTIVIDAD: ¿Qué es la globalización?

Busca en YouTube el vídeo **Antropológicas - Lengua, cultura e identidad de los pueblos indígenas (Cápsula Prog. 25)** o escribe la siguiente dirección web: **www.youtube.com/watch?v=Mq1FbLmmY6Y**.

Después de verlo, contesta las siguientes preguntas y **justifica** tus respuestas:

1 **¿Cuándo se celebró por primera vez el Día Internacional de la Lengua Materna?**
2 **¿Qué significa "Inali"?**
3 **¿Qué se pierde con la desaparición de una lengua?**
4 **¿De qué país proceden las imágenes del vídeo?**
5 **¿Cuál es el propósito del vídeo?**
6 **¿Por qué incluye el creador una imagen de algunas fiestas indígenas?**

ACTIVIDAD: Debate sobre la globalización

■ Enfoques del aprendizaje

Habilidades de colaboración: Toman decisiones justas y equitativas

En el texto anterior se habla sobre las ventajas y desventajas de la globalización. ¿Qué opinas al respecto? En grupos de cuatro personas, **discutid** este asunto y después **comparad** vuestras opiniones con las del resto de la clase.

Registro: formal

Duración: diez minutos

◆ Oportunidades de evaluación

En esta actividad se han practicado las habilidades que son evaluadas por medio del Criterio C: Expresión oral.

ACTIVIDAD: Hiperconectados

■ Enfoques del aprendizaje

Habilidades de organización: Establecen metas que representan un desafío y son realistas

En la fotografía, puedes observar como Paula habla a través de su móvil con sus amigos que están lejos poniéndose al día. **Escribe** tú también una posible conversación escrita con tus amigos en la que os contéis lo que os ha pasado hoy mismo.

No olvides:
- **Saludar y despedirte.**
- **Preguntar por las novedades.**
- **Contar las cosas que te han ocurrido.**

◆ Oportunidades de evaluación

En esta actividad se han practicado las habilidades que son evaluada por medio del Criterio D: Expresión escrita.

ACTIVIDAD: Los primeros ordenadores

■ Enfoques del aprendizaje

Habilidades de organización: Emplean estrategias adecuadas para organizar información compleja

El nacimiento de la informática es relativamente reciente y con su llegada nuestra vida diaria ha sufrido un profundo cambio. Investiga y explica de forma oral cómo y por qué han surgido los primeros ordenadores durante un tiempo aproximado de dos minutos.

Asegúrate de que incluyes la siguiente información:
- **cómo eran los primeros ordenadores**
- **cómo y por qué se creó el primer ordenador**
- **cómo llegó a popularizarse**

◆ Oportunidades de evaluación

En esta actividad se han practicado las habilidades que son evaluadas por medio del Criterio C: Expresión oral.

¿Defenderías una cultura global única?

ACTIVIDAD: La gozadera

■ Enfoques del aprendizaje

Habilidades de pensamiento crítico: Obtienen y organizan información pertinente para formular un argumento

Busca en YouTube el vídeo **Gente de Zona - La Gozadera (Official Video) ft. Marc Anthony** o escribe la siguiente dirección web: **https://www.youtube.com/watch?v=VMp55KH_3wo**.

Después de verlo, contesta las siguientes preguntas y **justifica** tus respuestas:

1 ¿Qué países se mencionan en la canción?
2 ¿Qué banderas aparecen en el vídeo?
3 ¿A qué se está sumando el mundo?
4 ¿De dónde somos tú y yo según la letra?
5 ¿Dónde están los protagonistas?
6 ¿Qué comida se menciona en la canción?
7 ¿Por qué está parado el tráfico al principio?
8 ¿Qué es lo que más te gusta del vídeo?

◆ Oportunidades de evaluación

En esta actividad se han practicado las habilidades que son evaluadas por medio del Criterio A: Comprensión auditiva.

PIENSA–COMPARA–COMPARTE

Lee las siguientes preguntas con atención y **compara** tus ideas con las de tus compañeros:

1 ¿Qué es un icono?
2 ¿Qué iconos conoces?
3 ¿Cómo se llega a ser un icono artístico?
4 ¿Un icono es para siempre?
5 ¿Cómo un icono deja de serlo?

Lee el siguiente artículo sobre Ricky Martin.

Entrevista a Ricky Martin

Su figura perfecta parece dibujarse en el glaciar cuando posa para las fotos. Como artista es completo: bello, cantante, compositor y baila muy bien. El sábado 20, Ricky Martin (44) hizo delirar a 25.000 personas con su música en el teatro del bosque, en El Calafate. Fue en el marco de "One World Tour 2016" y el domingo visitó los glaciares en el crucero Santa Cruz y se fascinó con la contundencia del paisaje: "Qué imponente. Una vez en la vida aunque sea hay que venir a presenciar semejante obra de arte que nos regala la naturaleza. Tenemos que cuidar el medio ambiente y donde quiera que esté, hablaré del Perito Moreno."

Sin duda, está en su mejor momento. En lo profesional, acaba de ganar un Grammy al Mejor Álbum Pop Latino por su último trabajo *A quien quiera escuchar*, las entradas para los shows en donde se presentará próximamente (Neuquén, Mendoza, San Juan, Córdoba, Rosario, Junín, Chaco, Tucumán, Mar del Plata, Montevideo y Asunción) están agotadas. En Buenos Aires se agregó un show a los dos que ya estaban previstos y se presentará en Vélez el 11 y 12 de marzo y el 24 en el Estadio Direct TV Arena. Hombres y mujeres de distintas edades "mueren" por él y lo eligen día a día. Sin embargo, su humildad y el estilo genuino que eligió para su vida se mantienen intactos.

En medio de ese paisaje soñado, el cantante dialogó con CARAS en exclusiva y la armonía parecía incorporada a su imagen como algo natural. Tiene una voz dulce y pausada. De repente estalla de alegría con algún recuerdo o se torna melancólico cuando piensa algo triste. Se emociona cuando habla de sus gemelos, Matteo y Valentino, de 7 años y tiene un gesto pícaro cuando dice: "Mi vida la he disfrutado toda."

Es transparente, aún cuando utiliza la palabra "oscura" para referise a sus etapas de angustia o inseguridad. Tiene el pelo impecablemente cortado y algo más claro en la parte superior. Las manos con uñas prolijas acompañan sus palabras tratando de explicar mejor sus pensamientos. Su cuerpo, privilegiado, le permite usar babuchas, borcegos, camisas ajustadas y todo lo que le de la gana, sin dejar de lucir canchero. El ritmo latino que lleva en su sangre lo hace brillar en el escenario con movimientos que hipnotizan a sus fans. Y sólo con la mirada se entiende con Joselo, su manager desde hace 30 años. Toma mucha agua, come sano aunque no se priva de nada de lo que le gusta. Disfruta de cada momento a pleno aunque como él dice "camina la vida con calma".

Su carisma es tan fuerte que ni bien sale al escenario se produce una explosión. La conexión con su público es inmediata y cuando llega el cierre con *La mordidita* el estadio ruge. "La magia son ellos. Provocan en mi algo especial. El show que verán en Buenos Aires será impresionante. Tiene una producción increíble. Yo me divierto en el escenario. Soy un apasionado de lo que hago. Me puedo desahogar. Mis giras son diferentes entre sí. Algunas más oscuras, otras más románticas. En este tour quería mostrar las altas y bajas que pasé en mi vida. Lo que quiero es enseñar dónde estoy ahora, mis preocupaciones y alegrías. Y la energía es catarsis."

—¿Cómo fue ganar otro Grammy al Mejor Álbum Pop Latino?

—Este Grammy es el que otorga la Academia Nacional de Artes y Ciencias de la Grabación de Estados Unidos y lo gané por segunda vez. Ese día estaba en casa, relajado y de repente chequeo mi teléfono y veo un mensaje: "Caballero, te felicito por tu Grammy." Sentí una explosión de alegría en mi pecho. Y eso que tengo cuatro Grammys Latinos. Seis en total. Siempre es una felicidad porque hago las cosas con pasión y sacrificio. Son muchas horas en el estudio, muchas horas buscando vulnerabilidad.

—¿Sos muy disciplinado en tu trabajo?

—No conozco otra forma de hacer un éxito que no sea con disciplina, dedicación y sacrificio. Siempre debe haber un enfoque, un centro. Y mucha pasión.

—Utilizás mucho la palabra "pasión" cuando hablás de tu profesión…

—Es que si perdés la pasión, mejor que te vayas a tu casa. Todo trabajo implica sacrificio y si no te apasionas con lo que haces, no se puede seguir.

—¿Sos un apasionado también en tu vida personal?

—¡Mi vida me la he disfrutado toda! A mí nadie me cuenta nada. Me lo viví intensamente. No estoy atado a nada.

—¿Cuándo componés te inspirás en vos o en otras historias de vida?

—Cuando hago música sufro mucho. Para poder componer. Este disco *A quien quiera escuchar* (tiene temas como *Adiós, Disparo al corazón, Isla bella, La mordidita* entre otros) habla sobre mi vida. Cada vez que canto una canción siento que me traslado a un lugar de mi historia. La composición es un crucigrama de dolor aunque sea una canción festiva. A pesar del sonido rítmico hay un lado oscuro.

—¿Sentís que la gente se identifica con tus letras?

—Esa es la explicación a la respuesta de la gente. Mis canciones le llegan por un motivo u otro.

—Mujeres y hombres coinciden en lo bien que se te ve… ¿Con qué crees que tiene que ver ese éxito con ambos sexos?

—Con lo genuino. La transparencia me ha llevado a otro nivel. Quiero estar en un constante proceso evolutivo. Tener la mente abierta. Y no aferrarme a ningún tipo de código que había creado en el pasado. Yo vivo con mucho agradecimiento por las altas y las bajas. Ser sabio es saber cambiar de parecer. Los necios no cambian de opinión. Vienen de un orden divino y uno no entiende las razones hasta que pasan los años y entiendes que tenías que pasar por eso. Para mí la vida no es tan complicada, sólo me preocupo por las cosas que valen la pena.

—Debe de ser un cambio muy importante pasar de un escenario donde te aclaman decenas de miles de personas a la soledad o al silencio de tu habitación…

—En esos momentos, cuando bajas de la ola, es bueno el silencio. Ayuda a salir del caos. La meditación te acerca a tu espíritu y a Dios. Y es lo que me ayuda. Cuando a la mañana no me despierto bien, o pienso en cosas feas, pienso que ya pasará. Hay mañanas oscuras y también hay mañanas muy bellas.

ACTIVIDAD: Entrevista a Ricky Martin

■ Enfoques del aprendizaje

Habilidades de pensamiento crítico: Elaboran argumentos en contra u opuestos

Después de haber leído la entrevista a Ricky Martin, di si las siguientes afirmaciones son verdaderas o falsas y **justifica** tus respuestas:

1 A Ricky Martin no le gustó el glaciar.
2 Ricky Martin lleva las uñas sucias.
3 Sus hijos se llaman Matteo y Rocco.
4 Su último trabajo se titula *A quien escuchar*.
5 Ricky Martin ha ganado ocho Grammys.
6 Ricky Martin tiene el mismo manager desde hace 20 años.
7 El último disco de este cantante está inspirado en su propia vida.

◆ Oportunidades de evaluación

En esta actividad se han practicado las habilidades que son evaluadas por medio del Criterio B: Comprensión de lectura.

PUNTO DE INDAGACIÓN

Lee las siguientes preguntas y **compara** tu experiencia y tus opiniones con las de tus compañeros:

1 ¿Qué artistas hispanoamericanos conoces?
2 ¿De qué disciplina conoces más artistas?
3 ¿En qué crees que se diferencian los artistas de otros países?
4 ¿Hay algún artista hispanoamericano que te gustaría conocer personalmente? ¿Por qué?
5 ¿Qué le dirías?

ACTIVIDAD: El paisaje

En la fotografía, puedes observar como alguien pinta un paisaje. **Describe** el paisaje de un cuadro famoso con tus propias palabras.

Fíjate en la luz, los colores, las formas, la composición, etc.

ACTIVIDAD: Artistas en español

Escoge uno de estos tres artistas: Chillida, Tapies o Botero. **Investiga** sobre su vida y su obra y **elabora** una exposición oral (tres minutos) o un texto de 250–350 palabras.

Asegúrate de que incluyes la siguiente información:
● **lugar de procedencia**
● **disciplina**
● **relevancia internacional**

CÍRCULO DE OPINIONES

Contesta las siguientes preguntas y después **comparte** tus opiniones con el resto de la clase.

1 ¿Cómo crees que es la vida de un artista?
2 ¿Crees que la fama puede cambiar positivamente tu vida?
3 ¿Por qué alguien llega a ser famoso?
4 ¿Por qué en ciertas disciplinas hay más iconos artísticos?
5 ¿En qué disciplinas crees que hay más personas famosas?

ACTIVIDAD: Entrevista a Frida Kahlo

■ Enfoques del aprendizaje

Habilidades de colaboración: Negocian con eficacia

Elabora con un(a) compañero/a la conversación para la siguiente situación:

Contexto: entrevista para un suplemento cultural

Alumno/a 1: entrevistador(a)

Alumno/a 2: Frida Kahlo

Tema: el arte

Registro: formal

Duración: cuatro minutos

◆ Oportunidades de evaluación

En esta actividad se han practicado las habilidades que son evaluadas por medio del Criterio D: Expresión escrita.

CONECTA–EXTIENDE–DESAFÍA

Partiendo de la información que has adquirido en este tema, **investiga** sobre la arquitectura en diferentes países de habla hispana. Para ello, puedes servirte de internet o de tu propio entorno familiar.

Sigue estos pasos:

1 **Conecta** la información que abordaste con lo que ya sabías previamente.
2 **Extiende** las ideas agregando información que no se haya mencionado.
3 **Desafía** las ideas mencionadas con preguntas que tengas al respecto.

Elabora una breve presentación audiovisual que **presentarás** al resto de la clase.

En ella deberás mostrar los edificios más importantes de al menos tres países de habla hispana, hablar sobre sus autores y el año de construcción, así como su uso actual y en otras épocas.

¿Debería estar el arte solamente en los museos?

Lee el siguiente artículo sobre arte urbano.

Grafitis, ¿arte o vandalismo?

Escribir y dibujar en los muros del espacio público son prácticas muy antiguas, pero es muy probable que los grafitis que hoy adornan las grandes ciudades del mundo, sus trenes y sus metros, estén estéticamente emparentados con los que florecieron en el Bronx de Nueva York en los años setenta del siglo pasado como una vertiente expresiva de la subcultura urbana del hip hop.

Como gesto de irreverencia, el acto de tomar un aerosol y cubrir paredes enteras con textos e ilustraciones es muy democrático; el grafiti nunca fue una aventura exclusiva de adolescentes. Por otro lado, aunque Jean-Michel Basquiat y algunos de sus contemporáneos explotaron con éxito las posibilidades plásticas de ese medio, no todo el que pinta garabatos en la fachada de un edificio es un artista.

En eso hacen énfasis las autoridades de algunas urbes cuando tipifican los grafitis como daños a la propiedad pública o privada, decretan leyes para tratar a sus autores como delincuentes y aplican medidas para evitar que la arquitectura de la ciudad se convierta en un lienzo libre de todo control. Bonn, la antigua capital de la República Federal de Alemania, ha seguido este ejemplo.

PIENSA–COMPARA–COMPARTE

Lee las siguientes preguntas con atención y **compara** tus ideas con las de tus compañeros:

1 **¿Crees que los grafitis son arte?**
2 **¿Quién decide si lo son o no lo son?**
3 **¿Qué diferencia hay entre grafiti y pintura?**
4 **¿Realizar grafiti es un acto vandálico?**
5 **¿El grafiti está relacionado con algún estilo musical? ¿Por qué?**

ACTIVIDAD: Los grafitis de mi ciudad

■ Enfoques del aprendizaje

Habilidades de reflexión: Consideran las implicaciones éticas, culturales y ambientales

Escribe una carta de 200–250 palabras al director de un periódico en el que expreses tu opinión sobre los grafitis en tu ciudad. No olvides comentar los siguientes aspectos:

- **quién y para qué los hace**
- **si estás de acuerdo con el uso de espacios públicos y privados por parte de los grafiteros**
- **si debería estar (más) castigado**

◆ Oportunidades de evaluación

En esta actividad se han practicado las habilidades que son evaluadas por medio del Criterio D: Expresión escrita.

ACTIVIDAD: Banksy, el grafitero más famoso del mundo

■ Enfoques del aprendizaje

Habilidades de gestión de la información: Obtienen y analizan datos para identificar soluciones y tomar decisiones fundadas

Busca en YouTube el vídeo Banksy, el grafitero más famoso del mundo o escribe la siguiente dirección web: **www.youtube.com/watch?v=AQO5aqqvQrI**.

Después de verlo, contesta las siguientes preguntas y **justifica** tus respuestas:

1 **¿Quién es Banksy?**
2 **¿Cómo es y dónde vive?**
3 **¿Cuál es su ciudad natal?**
4 **¿Cuánto dinero ha llegado a costar uno de sus murales?**
5 **¿Cuál es su edad aproximada?**
6 **¿Con qué técnica empezó?**
7 **¿Qué animales aparecían en sus primeros grafitis?**
8 **¿En qué año y dónde fue su primera exposición?**

◆ Oportunidades de evaluación

En esta actividad se han practicado las habilidades que son evaluadas por medio del Criterio A: Comprensión auditiva.

Lee el siguiente artículo sobre los adolescentes y la moda.

Adolescentes y moda

La moda puede ser muchas cosas, depende quién opine sobre ella. Para muchos adolescentes es muy importante, marca sus vidas y se convierte en una obsesión. Para otros es solo algo a lo que no hacen mucho caso. Exactamente igual que ocurre con el resto de la gente: unos siguen la moda con mucho interés y hasta devoción y otros no saben ni qué es lo que se lleva.

De esa diferente forma de ver la moda surge también la enorme divergencia que hace que algunos vean esta forma de expresión como cultura y otros no le den la más mínima importancia. Pero independientemente de lo que cada uno piense sobre ella, la moda sí tiene una marcada presencia en las familias en las que hay adolescentes, o al menos, en muchas de ellas. Esa importancia viene dada porque muchas veces se convierte en una de las principales fuentes de conflictos entre padres e hijos.

Frases como "así vestido no puedes salir", "me da igual que los demás lo lleven, tú no lo llevarás" o pensamientos como que los hijos tienen un gusto espantoso, que no saben combinar colores o que parece que lo que quieren es causar mala impresión son más que habituales entre los padres de los adolescentes.

Y si la forma de ir vestido o vestida ocasiona problemas, lo mismo ocurre con el gasto. La obsesión por determinadas marcas, el deseo extremo de llevar lo mismo que llevan los demás o la falta de cualquier pensamiento crítico cuando algunos adolescentes tienen que elegir la ropa que van a comprar puede ser igualmente una fuente de problemas.

Para no sufrir estos problemas es importante que los padres y madres de adolescentes sean conscientes de algo: lo quieran o no, la moda forma parte de la vida de una gran parte de los adolescentes. Y no solo eso, en la mayoría de los casos, la moda es una forma de comunicación y de desarrollo muy eficaz y también una manera de mostrar su rebeldía. Además, los conflictos por esta causa, aunque constantes y pesados, no suelen ser muy importantes porque no afectan gravemente al desarrollo personal del chico o la chica. Evitar o disminuir esos conflictos es posible. Para ello es bastante razonable empezar por entender cuáles son las ventajas de la moda.

CÍRCULO DE OPINIONES

Contesta las siguientes preguntas y después **comparte** tus opiniones con el resto de la clase.

1 **¿Qué es la moda?**
2 **¿Para qué sirve la moda?**
3 **¿Cómo nos define nuestra forma de vestirnos?**
4 **¿Cómo sería el mundo si todos nos vistiésemos igual?**
5 **¿Estás de acuerdo con el uso del uniforme en el colegio?**

ACTIVIDAD: Adolescentes y moda

■ Enfoques del aprendizaje

Habilidades de comunicación: Hacen deducciones y extraen conclusiones

Después de haber leído el texto sobre la moda, di si las siguientes afirmaciones son verdaderas o falsas y **justifica** tus respuestas:

1 **Todos los adolescentes adoran la moda.**
2 **La moda es una forma de comunicación y no una forma de mostrar rebeldía.**
3 **La moda siempre es motivo de conflicto en las familias.**
4 **Hay relación entre moda y gasto.**
5 **Evitar los conflictos sobre moda con adolescentes es imposible.**

◆ Oportunidades de evaluación

En esta actividad se han practicado las habilidades que son evaluadas por medio del Criterio B: Comprensión de lectura.

ACTIVIDAD: ¿Qué nos ponemos mañana?

■ Enfoques del aprendizaje

Habilidades de colaboración: Animan a otros a contribuir

Elabora con un(a) compañero/a la conversación para la siguiente situación:

Contexto: una conversación telefónica

Alumno/a 1: uno/a de los amigos

Alumno/a 2: otro/a de los amigos

Tema: mañana os vais a una fiesta de cumpleaños muy especial y os aconsejáis sobre cómo ir vestidos

Registro: informal

Duración: dos minutos

◆ Oportunidades de evaluación

En esta actividad se han practicado las habilidades que son evaluadas por medio del Criterio C: Expresión oral.

Lee el siguiente artículo sobre tribus urbanas.

Las tribus urbanas

Las tribus urbanas no admiten del todo su propia existencia. Los swaggers y los muppies —las dos subculturas al alza en 2015— son expertos en etiquetar sus contenidos en redes sociales, especialmente en Instagram. Viven una doble vida: la real y la que reflejan en el universo digital. Por eso, ser militantes de sí mismos (en el fondo) parece el único mantra que se repite en su cabeza.

Para Txema Mirón, experto en asesoría de imagen y comunicación, lo de agrupar a la sociedad se produce desde la infancia: "Después de la guardería, se forman grupos en los primeros años del colegio. Es normal que se intente agrupar a la gente. No creo que sea algo malo enmarcar a la gente por su estética o por su forma de vivir. Somos lo que somos, pero también somos lo que proyectamos a los demás."

A los swaggers – una subcultura adolescente fraguada por la influencia del hip hop y del universo "cani" (para algunos "quillos" o "bakalas") – se les identificó en Barcelona en 2014 en la puerta de la Apple Store de Plaza Cataluña. Allí se juntan para pasar la tarde, hacerse fotos y conseguir WiFi gratis. El fotógrafo Ramiro E fue uno de los primeros que inmortalizó a estos jóvenes para su blog "No thanks" by Ramiro E: "Por entonces yo desconocía el término 'swagger', para mí eran aquellos adolescentes de pintas llamativas que se juntaban en la puerta de la Apple Store," comenta el fotógrafo.

Tanto ellos como ellas conjugan su imagen con la opulencia de sus complementos: gorras y relojes que Beyoncé o Jay-Z podrían llevar mientras toman un "brunch" en algún restaurante de moda de Los Ángeles. La influencia latina en esta tribu se materializa con el "dembow": un género nacido en la República Dominicana que se baila golpeando el trasero de las chicas contra la pelvis de los chicos. Sí, el "perreo" les gusta.

ACTIVIDAD: Las tribus urbanas

Habilidades de gestión de la información: Evalúan y seleccionan fuentes de información y herramientas digitales basándose en su idoneidad para tareas específicas

Después de haber leído el texto sobre las tribus urbanas, responde las siguientes preguntas y **justifica** tus respuestas:

1 ¿En qué es experto Txema Mirón?
2 Según el experto, ¿es malo agrupar a gente por su estética?
3 ¿Dónde se reúnen los "swagger" de Barcelona?
4 ¿Por qué estaban allí?
5 ¿Cómo se llama el blog de Ramiro E?
6 ¿A quién va dirigido el texto?

◆ Oportunidades de evaluación

En esta actividad se han practicado las habilidades que son evaluadas por medio del Criterio B: Comprensión de lectura.

ACTIVIDAD: "Unhate", una famosa campaña de publicidad

Habilidades de gestión de la información: Comprenden y respetan los derechos de propiedad intelectual

Busca en YouTube el vídeo El lanzamiento de la actual campaña de Benetton, "Unhate" ha generado polémica mundial o escribe la siguiente dirección web: www.youtube.com/watch?v=1h8-UY58TT8.

Después de verlo, contesta las siguientes preguntas y **justifica** tus respuestas:

1 ¿Qué firma de moda protagoniza este reportaje?
2 ¿Por qué es polémica esta campaña?
3 ¿Qué países han condenado la campaña?
4 ¿De qué país es la marca?
5 ¿En qué año se fundó esta firma?
6 ¿Qué otras causas apoyó la marca?

◆ Oportunidades de evaluación

En esta actividad se han practicado las habilidades que son evaluadas por medio del Criterio A: Comprensión auditiva.

ACTIVIDAD: Otras tribus urbanas

■ Enfoques del aprendizaje

Habilidades de comunicación: Interpretan y utilizan eficazmente distintas modalidades de comunicación verbal

Elabora una breve presentación oral de aproximadamente dos minutos de duración sobre al menos tres tribus urbanas. Para ello, **elabora** un breve esquema en el que no olvides incluir la siguiente información:

- **qué tipo de personas forma parte de esta tribu urbana**
- **cómo es su apariencia**
- **si tienen una filosofía especial**

◆ Oportunidades de evaluación

En esta actividad se han practicado las habilidades que son evaluadas por medio del Criterio C: Expresión oral.

ACTIVIDAD: Diseñadores de moda

■ Enfoques del aprendizaje

Habilidades de colaboración: Ofrecen y reciben comentarios pertinentes

Con la ayuda de un(a) compañero/a, **investiga** sobre uno de estos tres diseñadores de moda: Balenciaga, Pertegaz o David Delfín. Después **presentadlo** a vuestros compañeros durante aproximadamente 3–4 minutos, sin olvidaros de incluir los siguientes puntos:

- **fotografías o vídeos del diseñador y sus creaciones**
- **de qué época es el diseñador**
- **cuáles son las principales características de su obra**

◆ Oportunidades de evaluación

En esta actividad se han practicado las habilidades que son evaluadas por medio del Criterio C: Expresión oral.

REFLEXIONA

Enfoques del aprendizaje

Habilidades de comunicación: Colaboran con los compañeros y con expertos utilizando diversos medios y entornos digitales

Busca en YouTube el vídeo **GLOBALIZACIÓN EN LA EDUCACIÓN** o escribe la siguiente dirección web: **www.youtube.com/watch?v=LdThkId6SaA**.

Después de verlo, reflexiona y **analiza** con tus compañeros sobre los siguientes puntos:

1 **¿Qué te sugiere el vídeo?**
2 **¿Estás de acuerdo con las ventajas y desventajas que se exponen?**
3 **¿Eres capaz de diferenciar la cultura global de la cultura local?**
4 **¿Qué opinas sobre la relación globalización-cultura?**
5 **¿Qué sería de la globalización sin internet?**
6 **¿Cómo crees que nos afectará la globalización en el futuro?**

! ACTÚA E INVOLÚCRATE

! Como hemos podido ver en este capítulo la globalización tiene ventajas y desventajas, y afecta a las culturas locales de cada lugar. Existen muchas asociaciones que contribuyen a visibilizar culturas locales que se ven afectadas por la globalización.

! Entre toda la clase, buscad y escoged asociaciones del mundo hispano que trabajen en este sentido.

! Para realizar este proyecto, deberemos seguir los siguientes pasos:

1 Buscar las asociaciones.
2 Investigar a qué se dedican.
3 Mostrar y compartir los datos con el resto de la clase.

TAREA SUMATIVA PARA EVALUAR ESTE CAPÍTULO

Utiliza esta tarea para aplicar y ampliar tu conocimiento de este capítulo. Esta tarea está diseñada para poder evaluar tus conocimientos en diferentes niveles de logro según los criterios de adquisición de lenguas.

TAREA: La globalización

■ Enfoques de aprendizaje

Habilidades de comunicación: Escriben con diferentes propósitos

Instrucciones

Vas a crear tu propia tarea de evaluación para el Criterio B: Comprensión de lectura.

Revisa la evaluación del Criterio B y **explora** lo que los estudiantes deberían conseguir al final del Nivel intermedio. Lee los descriptores con atención y subraya las palabras clave para saber lo que debes conseguir en cada nivel de logro.

Busca en internet un artículo relacionado con la globalización y los diferentes conceptos de cultura, moda o arte urbano.

Recuerda que la extensión del texto para el Nivel intermedio es de 800–900 palabras.

Tu objetivo es **escribir** al menos seis preguntas sobre el artículo que has escogido.

Puedes utilizar como guía, las tareas en las que hayas practicado el Criterio B.

Después intercambia tu tarea con algún / alguna compañero/a del mismo nivel para responder las preguntas que haya realizado sobre el texto.

Evaluad si vuestras tareas están bien hechas y cuáles son los puntos en los que tenéis dificultades y por qué.

◆ Oportunidades de evaluación

Esta tarea puede usarse para evaluar tus habilidades de los Criterio B: Comprensión de lectura, Criterio C: Expresión oral y Criterio D: Expresión escrita.

Reflexión

Reflexionemos sobre nuestro aprendizaje…
Usa esta tabla para reflexionar sobre tu aprendizaje personal en este capítulo.

Preguntas que hicimos	Respuestas que encontramos	Preguntas que podemos generar ahora			
Fácticas: ¿Qué lenguas asocias con la cultura global? ¿Qué formas de expresión artística conoces? ¿Es arte la moda? ¿Qué es el arte urbano? ¿Nos vestimos todos igual?					
Conceptuales: ¿Qué es cultura global y cultura local? ¿Es fácil identificarse con la cultura global? ¿Qué favorece la cultura global? ¿Qué importancia tiene nuestra apariencia?					
Debatibles: ¿Hay límites para el arte? ¿Existen límites en la defensa de nuestra cultura? ¿Defenderías una cultura global única? ¿Podemos vivir sin arte? ¿Debería estar el arte solamente en los museos? ¿Qué o quién decide lo que es arte?					
Enfoques de aprendizaje en este capítulo:	Descripción: ¿qué destrezas nuevas adquiriste?	¿Qué tan bien has consolidado estas destrezas?			
		Novato	En proceso de aprendizaje	Practicante	Experto
Habilidades de comunicación					
Habilidades de colaboración					
Habilidades de organización					
Habilidades de reflexión					
Habilidades de pensamiento crítico					
Habilidades de gestión de la información					
Atributos de la comunidad de aprendizaje	Reflexiona sobre la importancia de ser un buen pensador en este capítulo. ¿Cómo demostraste tus habilidades como pensador en este capítulo?				
Pensador					

10 ¿Cuánta literatura hay en nuestra vida?

La lengua tiene una **función** fundamental en la transmisión de **mensajes** y significados de una determinada **cultura** (literatura) como formas de **expresión personal y cultural**.

CONSIDERAR Y RESPONDER ESTAS PREGUNTAS:

Fácticas: ¿Cuál es la función de las leyendas y los cuentos populares? ¿Qué escritores conoces de la literatura en español? ¿Cómo se escribe una novela? ¿Cuántas canciones y películas conoces basadas en la literatura? ¿Cómo se adapta una novela al cine?

Conceptuales: ¿Qué es la literatura? ¿En qué medida está presente la literatura en la vida cotidiana? ¿En qué se parecen las leyendas de las diferentes culturas que conoces? ¿Qué se necesita para ser un buen escritor? ¿La literatura solamente está en los libros? ¿Qué sería de la música sin la literatura?

Debatibles: ¿Las enseñanzas de los cuentos populares tienen sentido hoy en día? ¿Es una profesión ser escritor? ¿Son necesarios los escritores en la sociedad actual? ¿Sería posible un mundo sin literatura? ¿El cine que conocemos sería el mismo sin literatura?

EN ESTE CAPÍTULO VAMOS A:

Descubrir:
- la importancia de la lectura en nuestras vidas
- la labor de los escritores.

Explorar:
- la relación entre la literatura y otras artes (cine, música, etc.)
- diversas figuras relevantes de la literatura en español.

Actuar para:
- divulgar la literatura en español en el colegio
- valorar la presencia de la lectura en la escuela.

■ Las siguientes habilidades de los enfoques del aprendizaje serán útiles:

- Habilidades de comunicación
- Habilidades de colaboración
- Habilidades de reflexión
- Habilidades de pensamiento crítico
- Habilidades de gestión de la información
- Habilidades de transferencia

● Reflexiona sobre el siguiente atributo de la comunidad de aprendizaje:

- **Informados e instruidos:** Desarrollamos y usamos nuestra comprensión conceptual mediante la exploración del conocimiento en una variedad de disciplinas. Nos comprometemos con ideas y cuestiones de importancia local y mundial.

VOCABULARIO SUGERIDO

Sustantivos	Adjetivos	Verbos
acepción	abordado	acurrucarse
acontecimiento	aclamado	adaptar
ansiedad	argumental	afianzar
carnívoro	calderoniano	atribuir
conducta	estimulante	aunar
credibilidad	inmune	carecer
desmesura	insultante	condensar
escenificación	omiso	considerar
función	proscrito	determinar
grandeza	raquítico	devorar
linde		enfilar
lucro		estimular
matriarca		gozar
mito		imprimir
montaje		volcarse
noción		
pasatiempo		
revuelo		
tentempié		
títere		

◆ Oportunidades de evaluación en este capítulo:

Criterio A: Comprensión auditiva

Criterio B: Comprensión de lectura

Criterio C: Expresión oral

Criterio D: Expresión escrita

GRAMÁTICA

En este capítulo se tratan los siguientes aspectos gramaticales:

1. Tiempos verbales:
   - presente de indicativo
   - pretérito indefinido de indicativo
   - pretérito perfecto de indicativo
   - futuro de indicativo
   - condicional de indicativo
   - imperativo
   - presente de subjuntivo
2. Conectores temporales
3. Conectores textuales

▼ Nexos: Lengua y literatura

La asignatura de lengua y literatura ayuda a los estudiantes a desarrollarse a través del análisis y presentación de sus sentimientos, experiencias e ideas. De esta forma, se explora y profundiza en una perfección más fuerte de uno mismo como individuo.

▼ Nexos: Artes

Visita la página web de Radio Televisión Española **www.rtve.es** e investiga sobre las series de televisión basadas en obras literarias.

¿Cuál es la función de las leyendas y los cuentos populares?

LA IMPORTANCIA DE LA LECTURA PARA LOS ADOLESCENTES
LIVESTRONG.COM BY KRISTEN BERRY

La clave para inspirar a leer a los adolescentes es encontrar un material de lectura con el que se puedan conectar.

Los adolescentes que leen constantemente tienen un pasatiempo al cual se puede acceder fácilmente que estimula la imaginación y la función cerebral. De acuerdo con el grupo nacional sin fines de lucro,

"Reading is Fundamental", los adolescentes pueden escapar del ruido, la tensión y el aburrimiento a través de un libro. Ese escape puede convertirse en un hábito saludable que se mantiene de por vida.

A través de la lectura, los adolescentes aprenden sobre el mundo y sus diferentes culturas. Los personajes inspiradores de novelas o artículos ayudan a los jóvenes a reconocer y desarrollar el respeto por la moralidad y la integridad dentro de las diferentes culturas. La lectura ayuda a los jóvenes a ampliar sus horizontes a medida que aprenden acerca de las personas de todo el mundo y los problemas que enfrentan. La lectura, a menudo, ayuda a los adolescentes a encontrar soluciones a sus propios problemas.

La lectura es una actividad tranquila que calma los nervios naturalmente y proporciona una forma de relajarse de manera estimulante pero segura. Tomarse tiempo regularmente para disfrutar de un buen libro ayuda a aliviar la presión y la ansiedad que proviene de los deportes y la escuela. La lectura ayuda a los adolescentes a aprender vocabulario nuevo y desafiar al cerebro a comprender las líneas argumentales, el desarrollo de personajes y temas. Los adolescentes desarrollan un amor por la lectura mediante la participación en las novelas dirigidas por una buena argumentación que crea un mundo lleno de pruebas, aventuras y emociones.

PIENSA–COMPARA–COMPARTE

Lee las siguientes preguntas con atención y **compara** tus ideas con las de tus compañeros:

1 ¿Te gusta leer?
2 ¿Qué te gusta leer?
3 ¿Cuándo y con qué frecuencia lees?
4 ¿Para qué te sirve leer?
5 ¿Dónde lees?

ACTIVIDAD: Las cinco águilas blancas

■ Enfoques del aprendizaje

Habilidades de gestión de la información: Obtienen, registran y verifican datos

Busca en YouTube el vídeo **Las Cinco Águilas Blancas - Leyenda Venezolana** o escribe la siguiente dirección web: **www.youtube.com/watch?v=xqX87cCF2IQ**.

Después de verlo, contesta las siguientes preguntas y **justifica** tus respuestas:

1 **¿Cuándo tiene lugar la leyenda?**
2 **¿A qué país pertenece esta leyenda?**
3 **¿Quién era Caribay?**
4 **¿Qué vio Caribay en el cielo?**
5 **¿Cómo se llama la luna en la leyenda?**
6 **¿En qué se convirtieron las águilas?**

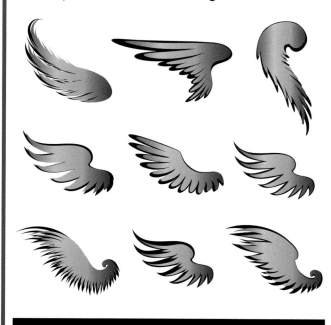

◆ Oportunidades de evaluación

En esta actividad se han practicado las habilidades que son evaluadas por medio del Criterio A: Comprensión auditiva.

Lee el siguiente blog sobre cuentos, mitos y leyendas.

Cuento

Existen acepciones que permiten determinar el origen de la palabra "cuento", de donde se destaca que ésta proviene del término latino "compŭtus", que significa "cuenta". El concepto en sí hace referencia a una narración breve de hechos imaginarios. Su especificidad no puede ser fijada con exactitud, por lo que la diferencia entre un cuento extenso y una novela corta es difícil de determinar.

Mito

1   Narración maravillosa situada fuera del tiempo histórico y protagonizada por personajes de carácter divino o heroico. Con frecuencia interpreta el origen del mundo o grandes acontecimientos de la humanidad.

2   Historia ficticia o personaje literario o artístico que condensa alguna realidad humana de significación universal.

3   Persona o cosa a las que se atribuyen cualidades o excelencias que no tienen, o bien una realidad de la que carecen.

Leyenda

Una leyenda es un relato de hechos humanos que se transmite de generación en generación generalmente de forma oral. La leyenda posee cualidades que le dan cierta credibilidad, pero al ser transmitidas de boca en boca, se va modificando y mezclando con historias fantásticas.

CÍRCULO DE OPINIONES

Contesta las siguientes preguntas y después **comparte** tus opiniones con el resto de la clase.

1   **Cuando eras pequeño, ¿leías o te leían cuentos?**
2   **¿Cuáles son los cuentos que recuerdas de tu infancia?**
3   **¿Crees que es importante que los niños lean cuentos?**
4   **¿Tienes algún cuento favorito?**
5   **¿Serías capaz de contar algún cuento de tu infancia?**

ACTIVIDAD: Cuento, mito, leyenda

■ Enfoques del aprendizaje

Habilidades de comunicación: Leen con actitud crítica y para comprender

Después de haber leído el texto con las definiciones de cuento, mito y leyenda, responde las siguientes preguntas y **justifica** tus respuestas:

1 ¿Cuál es la diferencia entre mito y leyenda?
2 ¿De dónde viene la palabra cuento?
3 ¿Qué longitud debe tener un cuento?
4 ¿Son todos ellos únicamente textos literarios?
5 ¿Cuál de los tres se suele confundir con la realidad?
6 ¿Cuál es el propósito del texto?

◆ Oportunidades de evaluación

En esta actividad se han practicado las habilidades que son evaluadas por medio del Criterio B: Comprensión de lectura.

ACTIVIDAD: Es una leyenda

■ Enfoques del aprendizaje

Habilidades de pensamiento crítico: Crean obras e ideas originales; utilizan obras e ideas existentes de formas nuevas

Durante diez minutos **elabora** una presentación oral sobre alguna leyenda que conozcas, que **presentarás** al resto de la clase durante un tiempo aproximado de dos minutos.

Puedes encontrar ejemplos de leyendas en la siguiente página web: **www.ejemplos.co/10-ejemplos-de-leyendas-cortas/**.

Asegúrate de que incluyes las siguientes partes:
• **presentación**
• **nudo**
• **desenlace**

◆ Oportunidades de evaluación

En esta actividad se han practicado las habilidades que son evaluadas por medio del Criterio C: Expresión oral.

Caperucita Roja politicamente correcta

De James Finn Garner

Érase una vez una persona de corta edad llamada Caperucita Roja que vivía con su madre en la linde de un bosque. Un día, su madre le pidió que llevase una cesta con fruta fresca y agua mineral a casa de su abuela, pero no porque lo considerara una labor propia de mujeres, atención, sino porque ello representa un acto generoso que contribuía a afianzar la sensación de comunidad. Además, su abuela no estaba enferma; antes bien, gozaba de completa salud física y mental y era perfectamente capaz de cuidar de sí misma como persona adulta y madura que era.

Así, Caperucita Roja cogió su cesta y emprendió el camino a través del bosque.

[...] De camino a casa de su abuela, Caperucita Roja se vio abordada por un lobo que le preguntó qué llevaba en la cesta.

"Un saludable tentempié para mi abuela quien, sin duda alguna, es perfectamente capaz de cuidar de sí misma como persona adulta y madura que es", respondió.

"No sé si sabes, querida", dijo el lobo, "que es peligroso para una niña pequeña recorrer sola estos bosques". Respondió Caperucita:

"Encuentro esa observación sexista y en extremo insultante, pero haré caso omiso de ella debido a tu tradicional condición de proscrito social. [...] Y ahora, si me perdonas, debo continuar mi camino".

Caperucita Roja enfiló nuevamente el sendero. Pero el lobo [...] conocía una ruta más rápida para llegar a casa de la abuela. Tras irrumpir bruscamente en ella, devoró a la anciana, adoptando con ello una línea de conducta completamente válida para cualquier carnívoro. A continuación, inmune a las rígidas nociones tradicionales de lo masculino y lo femenino, se puso el camisón de la abuela y se acurrucó en el lecho. Caperucita Roja entró en la cabaña y dijo:

"Abuela, te he traído algunas chucherías bajas en calorías y en sodio en reconocimiento a tu papel de sabia y generosa matriarca".

"Acércate más, criatura, para que pueda verte", dijo suavemente el lobo desde el lecho.

"¡Oh!" repuso Caperucita. Había olvidado que visualmente eres tan limitada como un topo. Pero, abuela, ¡qué ojos tan grandes tienes!"

"Han visto mucho y han perdonado mucho, querida".

"Y, abuela, ¡qué nariz tan grande tienes!" (relativamente hablando, claro está, y, a su modo, indudablemente atractiva).

"Y… ¡abuela, qué dientes tan grandes tienes!"

Respondió el lobo:

"Soy feliz de ser quien soy y lo que soy…". Y, saltando de la cama, aferró a Caperucita Roja con sus garras, dispuesto a devorarla. Caperucita gritó […] Sus gritos llegaron a oídos de un operario de la industria maderera (o técnicos en combustibles vegetales, como él mismo prefería considerarse) que pasaba por allí. Al entrar en la cabaña, advirtió el revuelo y trató de intervenir. Pero apenas había alzado su hacha cuando tanto el lobo como Caperucita Roja se detuvieron simultáneamente…

[…]

ACTIVIDAD: Caperucita Roja politicamente correcta

■ Enfoques del aprendizaje

Habilidades de comunicación: Leen una variedad de fuentes para obtener información y por placer

En el texto anterior, hemos visto la versión politicamente correcta de Caperucita Roja. Contesta las siguientes preguntas y **justifica** tus respuestas siguiendo la información del texto:

1 ¿Dónde vivía Caperucita Roja?
2 ¿Por qué fue Caperucita a casa de la abuela?
3 ¿Cuál era el estado de salud de la abuela?
4 ¿Qué le pareció a Caperucita el comentario que le hace en el bosque?
5 ¿Cuál es la profesión de la persona que entra en la casa al final del texto?
6 ¿En qué se diferencia este texto de la versión del cuento que tú conoces?
7 ¿Por qué crees que el autor reescribió el cuento de esta forma?

◆ Oportunidades de evaluación

En esta actividad se han practicado las habilidades que son evaluadas por medio del Criterio B: Comprensión de lectura.

ACTIVIDAD: El árbol triste

■ Enfoques del aprendizaje

Habilidades de reflexión: Consideran las implicaciones éticas, culturales y ambientales

Busca en YouTube el vídeo Cuentacuentos - El árbol triste - Jara Cuenta Cuentos o escribe la siguiente dirección web: www.youtube.com/watch?v=thzgoBnguXw.

Después de verlo, contesta las siguientes preguntas y **justifica** tus respuestas:

1 ¿Qué plantas se mencionan al principio del vídeo?
2 ¿Qué decía el rosal?
3 ¿Cómo se sentía el árbol protagonista?
4 ¿Qué animal tenía la solución?
5 ¿Qué le recomendó el animal al árbol?
6 ¿Qué árbol es el protagonista?
7 ¿Cómo fue feliz al final?
8 ¿Qué sentimientos te transmite esta historia?

◆ Oportunidades de evaluación

En esta actividad se han practicado las habilidades que son evaluadas por medio del Criterio A: Comprensión auditiva.

ACTIVIDAD: El final del cuento

■ Enfoques del aprendizaje

Habilidades de colaboración: Toman decisiones justas y equitativas

Como has podido comprobar, al cuento de Caperucita Roja le falta el final. **Elabora** con un(a) compañero/a una conversación para el final del cuento:

Contexto: final del cuento

Alumno/a 1: Caperucita Roja

Alumno/a 2: el lobo

Alumno/a 3: el leñador

Tema: final feliz del cuento

Registro: informal

Duración: tres minutos

◆ Oportunidades de evaluación

En esta actividad se han practicado las habilidades que son evaluadas por medio del Criterio C: Expresión oral.

ACTIVIDAD: Mi cuento

■ Enfoques del aprendizaje

Habilidades de pensamiento crítico: Generan metáforas y analogías

Escribe un cuento breve de 200–250 palabras de tema libre. No olvides cuidar la estructura de tu cuento, manteniendo las siguientes partes:
- **presentación**
- **nudo**
- **desenlace**

◆ Oportunidades de evaluación

En esta actividad se han practicado las habilidades que son evaluadas por medio del Criterio D: Expresión escrita.

ACTIVIDAD: Mi cuento politicamente correcto

■ Enfoques del aprendizaje

Habilidades de comunicación: Escriben con diferentes propósitos

Elige entre los siguientes cuentos tradicionales: *El patito feo*, *La casita de chocolate* o *Los tres cerditos* y **elabora** tu propia versión politicamente correcta de aproximadamente 200–250 palabras.

No olvides prestar atención a los personajes, a la estructura del cuento y a los aspectos que pueden no ser politicamente correctos.

◆ Oportunidades de evaluación

En esta actividad se han practicado las habilidades que son evaluadas por medio del Criterio D: Expresión escrita.

ACTIVIDAD: Los cuentos clásicos en el cine

Con la ayuda de un(a) compañero/a, **investiga** sobre una adaptación de un cuento clásico al cine. Después **presentadlo** a vuestros compañeros, sin olvidaros de incluir los siguientes puntos:
- **fotografías o vídeos de la adaptación**
- **de qué época es la adaptación**
- **qué es lo que más os ha llamado la atención**

ACTIVIDAD: *Canción del jinete*

■ Enfoques del aprendizaje

Habilidades de gestión de la información: Procesan datos y elaboran informes de resultados

Realiza una búsqueda en YouTube utilizando las palabras clave: **Paco Ibáñez - Canción del Jinete - Federico García Lorca** o escribe la siguiente dirección web: **www.youtube.com/watch?v=AY7t6pxpdaE**.

Después de verlo, contesta las siguientes preguntas y **justifica** tus respuestas:

1 ¿De qué trata la canción?
2 ¿De qué color es la luna? ¿Y el caballo?
3 ¿Qué instrumento suena?
4 ¿Qué te transmite la música de la canción?
5 ¿Qué lleva el caballo?
6 ¿Qué es un jinete? ¿Cuál es el femenino de jinete?

◆ Oportunidades de evaluación

En esta actividad se han practicado las habilidades que son evaluadas por medio del Criterio A: Comprensión auditiva.

PIENSA–COMPARA–COMPARTE

Lee las siguientes preguntas con atención y **compara** tus ideas con las de tus compañeros:

1 ¿Qué es para ti ser escritor?
2 ¿Conoces personalmente a algún escritor?
3 ¿Qué caracteriza a un buen escritor?
4 ¿Te gustaría ser escritor?
5 Si fueses escritor, ¿sobre qué escribirías?

Lee el siguiente artículo sobre Federico García Lorca.

Federico García Lorca

Considerado uno de los más grandes poetas que España ha tenido en el siglo XX, consiguió representar como nadie la tragedia y la grandeza del ser humano. Abiertamente homosexual, **Federico García Lorca**, el "poeta mártir", ha pasado a la historia como un aclamado símbolo de resistencia después de morir fusilado durante la Guerra Civil española.

Nació Federico García Lorca el 5 de junio de 1898 en el pueblo de Fuente Vaqueros. Su vida fue breve, tan breve que realmente sólo se puede hablar de su infancia, adolescencia y juventud.

Lorca escribió tanto poesía como teatro, si bien en los últimos años se volcó más en este último, participando no sólo en su creación sino también en la escenificación y el montaje. En sus primeros libros de poesía se muestra más bien modernista. En una segunda etapa aúna el Modernismo con la Vanguardia, partiendo de una base tradicional.

En cuanto a su labor teatral, Lorca emplea rasgos líricos, míticos y simbólicos, y recurre tanto a la canción popular como a la desmesura calderoniana o al teatro de títeres. En su teatro lo visual es tan importante como lo lingüístico, y predomina siempre el dramatismo.

No pudo disfrutar su madurez. No le dejaron. Aquella España era demasiado raquítica para la grandeza de este poeta andaluz. Mataron a Federico García Lorca en agosto de 1936. El crimen fue en Granada.

El lagarto está llorando

El lagarto está llorando.
La lagarta está llorando.

El lagarto y la lagarta
con delantalitos blancos.

Han perdido sin querer
su anillo de desposados.

¡Ay, su anillito de plomo,
ay, su anillito plomado!

Un cielo grande y sin gente
monta en su globo a los pájaros.

El sol, capitán redondo,
lleva un chaleco de raso.

¡Miradlos qué viejos son!
¡Qué viejos son los lagartos!

¡Ay, cómo lloran y lloran,
ay, ay, cómo están llorando!

Agua, ¿dónde vas?

Agua, ¿dónde vas?
Riendo voy por el río
a las orillas del mar.

Mar, ¿adónde vas?

Río arriba voy buscando
fuente donde descansar.

Chopo, y tú ¿qué harás?

No quiero decirte nada.
Yo..., ¡temblar!

¿Qué deseo, qué no deseo,
por el río y por la mar?

Cuatro pájaros sin rumbo
en el alto chopo están.

La tarara

La Tarara, sí;
la tarara, no;
la Tarara, niña,
que la he visto yo.

Lleva la Tarara
un vestido verde
lleno de volantes
y de cascabeles.

La Tarara, sí;
la tarara, no;
la Tarara, niña,
que la he visto yo.

Luce mi Tarara
su cola de seda
sobre las retamas
y la hierbabuena.

Ay, Tarara loca.
Mueve la cintura
para los muchachos
de las aceitunas.

Canción tonta

Mamá,
yo quiero ser de plata.
Hijo,
tendrás mucho frío.
Mamá.
Yo quiero ser de agua.
Hijo,
tendrás mucho frío.
Mamá.
Bórdame en tu almohada.
¡Eso sí!
¡Ahora mismo!

ACTIVIDAD: Federico García Lorca

■ Enfoques del aprendizaje

Habilidades de comunicación: Leen una variedad de fuentes para obtener información y por placer

Después de haber leído el texto sobre la biografía de Federico García Lorca y algunos de sus poemas, responde las siguientes preguntas y **justifica** tus respuestas:

1 Según el texto, ¿de qué es símbolo Federico García Lorca?

2 ¿Cómo y cuándo murió?
3 ¿Dónde murió Lorca?
4 ¿Qué dos animales protagonizan el primer poema?
5 ¿Qué hará el chopo según el segundo poema?
6 ¿Para quién mueve la cintura *La tarara*?
7 ¿Qué le pide el hijo a la madre en *Canción tonta*?

◆ Oportunidades de evaluación

En esta actividad se han practicado las habilidades que son evaluadas por medio del Criterio B: Comprensión de lectura.

PUNTO DE INDAGACIÓN

Lee las siguientes preguntas y **compara** tu experiencia y tus opiniones con las de tus compañeros:

1 **¿Qué es un género literario?**
2 **¿Cuántos géneros literarios conoces?**
3 **¿Qué género literario prefieres? ¿Por qué?**
4 **¿Qué es para ti la poesía?**
5 **¿Para qué crees que es útil la literatura?**

ACTIVIDAD: La Generación del 27

■ Enfoques del aprendizaje

Habilidades de colaboración: Logran consensos

Federico García Lorca perteneció a la generación literaria llamada "Generación del 27".

Con la ayuda de un(a) compañero/a, **investiga** y descubre los autores más importantes que la componían, así como sus principales obras. De los poemas que descubras, selecciona uno y léelo al resto de la clase.

◆ Oportunidades de evaluación

En esta actividad se han practicado las habilidades que son evaluadas por medio del Criterio C: Expresión oral.

ACTIVIDAD: Un poema

■ Enfoques del aprendizaje

Habilidades de pensamiento crítico: Generan metáforas y analogías

En la fotografía, puedes observar una puesta de sol. **Escribe** un poema de al menos ocho versos a partir de lo que te inspira la imagen. No olvides la forma de un poema: versos, estrofas, rima, etc.

◆ Oportunidades de evaluación:

En esta actividad se han practicado las habilidades que son evaluadas por medio del Criterio D: Expresión escrita.

CÍRCULO DE OPINIONES

Contesta las siguientes preguntas y después **comparte** tus opiniones con el resto de la clase.

1 ¿Te imaginas tu vida sin música? ¿Por qué?
2 ¿Y sin cine? ¿Por qué?
3 ¿Y sin videojuegos? ¿Por qué?
4 ¿Y sin literatura? ¿Por qué?
5 ¿Es necesario el arte en la sociedad?

ACTIVIDAD: El teatro de Lorca

Enfoques del aprendizaje

Habilidades de transferencia: Combinan conocimientos, comprensión y habilidades para crear productos o soluciones

Lorca escribió teatro además de poesía. **Investiga** y **selecciona** un pequeño fragmento de una de sus obras. Después prepara una lectura dramatizada junto con un(a) compañero/a.

◆ Oportunidades de evaluación

En esta actividad se han practicado las habilidades que son evaluadas por medio del Criterio C: Expresión oral.

CONECTA–EXTIENDE–DESAFÍA

Partiendo de la información que has adquirido en este tema, **investiga** sobre las técnicas que utilizan los escritores para escribir un libro. Para ello, puedes servirte de internet o de tu propio entorno familiar.

Sigue estos pasos:

1 **Conecta** la información que abordasteis con lo que ya sabíais previamente.
2 **Extiende** las ideas agregando información que no se haya mencionado.
3 **Desafía** las ideas mencionadas con preguntas que tengáis al respecto.

Elabora una breve presentación audiovisual de aproximadamente tres minutos que **presentarás** al resto de la clase.

En ella deberás **explicar** de donde sacan la inspiración, cómo construyen una novela y cómo llega a las manos de los lectores.

¿Cuántas canciones y películas conoces basadas en la literatura?

LA NOVELA Y EL CINE

La novela ha sido y sigue siendo, una frecuente fuente de inspiración para el cine. Cientos de obras conocidas se han llevado a la pantalla. Desde los cuentos infantiles como *Blancanieves y los siete enanitos*, hasta novelas como *El Quijote*, *Oliver Twist*, *La colmena*, y muchas más. Casi todos los personajes populares de la literatura han pasado a las imágenes.

Los principales problemas para convertir una novela en guión de cine son la extensión y la complejidad psicológica de los personajes y de las situaciones. Para trasladar sin distorsionar, o para llevar al cine con dignidad, una novela larga como *Los hermanos Karamazov* serían necesarias muchas horas de película. Para evitar ese problema, un buen guionista debe seleccionar la acción principal de la novela y procurar contarla en no mucho más de 100 páginas. Esa es la medida aproximada de una película que dura hora y media. La novela antes citada se ha llevado al cine en varias ocasiones y nunca se ha podido entrar con profundidad en sus personajes.

También existe la dificultad de fotografiar los sentimientos y pensamientos íntimos o poéticos que se describen en las novelas. En ocasiones hay directores que consiguen traducir en imágenes esos sentimientos, pero lo cierto es que son más adecuadas para llevar al cine las novelas en las que predominan las aventuras, las situaciones cómicas y las claramente dramáticas o sentimentales.

PIENSA–COMPARA–COMPARTE

Piensa en tres películas que hayas visto que estén inspiradas en obras literarias. Después lee las siguientes preguntas con atención y **compara** tus ideas con las de tus compañeros:

1 ¿Qué películas son?
2 ¿En qué obras literarias están basadas?
3 ¿Has leído alguna de estas obras?
4 ¿Cómo es posible la adaptación de una obra literaria?
5 ¿Crees que es posible escribir una novela inspirándose en una película?

ACTIVIDAD: El guión

Habilidades de colaboración: Ayudan a los demás a alcanzar sus objetivos

Con la ayuda de dos compañeros, **escribe** un pequeño guión de cine de aproximadamente 200–250 palabras sobre una anécdota que pueda ocurrir después de clase. Recuerda que es un diálogo con ciertas particularidades que puedes consultar en internet.

◆ Oportunidades de evaluación

En esta actividad se han practicado las habilidades que son evaluadas por medio del Criterio D: Expresión escrita.

ACTIVIDAD: Son las gaviotas amor

■ Enfoques del aprendizaje

Habilidades de reflexión: Consideran las implicaciones éticas, culturales y ambientales

Busca en YouTube el vídeo **Son las gaviotas amor - Pedro Guerra y Ángel González** o escribe la siguiente dirección web: **www.youtube.com/watch?v=a2BqUjXFzqo**.

Después de verlo, contesta las siguientes preguntas y **justifica** tus respuestas:

1 **¿Cómo son las gaviotas según la canción?**
2 **¿Qué manchan las olas?**
3 **¿Cómo es el cielo?**
4 **¿Quién borra el perfil de las colinas?**
5 **¿De qué crees que trata el poema?**
6 **¿En qué época del año sucede?**
7 **¿Qué te transmite la canción?**

◆ Oportunidades de evaluación

En esta actividad se han practicado las habilidades que son evaluadas por medio del Criterio A: Comprensión auditiva.

Lee el siguiente artículo sobre las figuras retóricas.

Las figuras retóricas

Las figuras retóricas, también conocidas como figuras literarias, representan una forma diferente de utilizar el lenguaje, con el objetivo de hacerlo más original, más literario. En español existen más de cien figuras literarias, aunque muchas de ellas son variaciones de otras generales.

Las figuras retóricas no solamente están en la literatura sino que en nuestra vida cotidiana las escuchamos y las utilizamos muy a menudo. Las figuras retóricas son muy utilizadas en publicidad para que los mensajes sean atractivos para los consumidores.

A continuación veremos las figuras retóricas más importantes y más utilizadas:

Símil o comparación

Con esta figura retórica se establece una similitud o la diferencia entre dos o más objetos, con el fin de resaltar alguna de sus cualidades. Por ejemplo:

Fría como un témpano.

Corre como un rayo.

Metáfora

La metáfora es un recurso literario por el cual se utiliza un objeto en el lugar de otro con el que tiene cierta similitud. Por ejemplo:

Los caballos del mar.

Los luceros de tu rostro.

Personificación

Esta figura retórica consiste en atribuir características humanas a un animal o a un objeto. Por ejemplo:

El amor golpeó su puerta cuando menos lo esperaba.

El sol se asomaba poco a poco entre las montañas.

Hipérbole

Este recurso consiste en el uso de la exageración con el fin de marcar énfasis en alguna característica de un objeto o situación. Por ejemplo:

Me sentía en las nubes.

Tengo tanta hambre que me comería un elefante.

Ironía

Ésta consiste en el uso de un lenguaje que marca una contradicción entre el significado real del mensaje y la forma en la que está siendo presentado. Por ejemplo:

¡Qué temprano llegaste! (Llegó muy tarde)

Si no me lo dices no me doy cuenta. (Es muy obvio)

CÍRCULO DE OPINIONES

Contesta las siguientes preguntas y después **comparte** tus opiniones con el resto de la clase.

1 ¿Qué es la publicidad?
2 ¿Para qué sirve la publicidad?
3 ¿Quién diseña la publicidad?
4 ¿Cuál es el objetivo de la publicidad?
5 ¿Qué campaña publicitaria te ha llamado más la atención? ¿Por qué?

ACTIVIDAD: Las figuras retóricas

■ Enfoques del aprendizaje

Habilidades de pensamiento crítico: Analizan conceptos y proyectos complejos desglosando las partes que los conforman y las sintetizan para dar lugar a una nueva comprensión

Después de haber leído el texto sobre las figuras retóricas, busca ejemplos de anuncios publicitarios que utilicen las figuras retóricas mencionadas u otras que conozcas. **Explica** de qué figura se trata y **justifica** tus respuestas.

◆ Oportunidades de evaluación

En esta actividad se han practicado las habilidades que son evaluadas por medio del Criterio B: Comprensión de lectura y Criterio C: Expresión oral.

ACTIVIDAD: Un buen producto

■ Enfoques del aprendizaje

Habilidades de colaboración: Delegan y comparten responsabilidades a la hora de tomar decisiones.

Elabora con un(a) compañero/a la conversación para la siguiente situación:

Contexto: después del colegio, uno de vosotros le habla a su compañero/a sobre un producto inventado y de lo bueno que es; debes tratar de convencer a tu compañero/a, con el uso de figuras retóricas, de todas sus buenas cualidades

Tema: convencer a un(a) compañero/a

Registro: informal

Duración: dos minutos

◆ Oportunidades de evaluación

En esta actividad se han practicado las habilidades que son evaluadas por medio del Criterio C: Expresión oral.

Lee el siguiente fragmento del libro *Como agua para chocolate*.

Como agua para chocolate

Dicen que Tita era tan sensible que desde que estaba en el vientre de mi bisabuela lloraba y lloraba cuando ésta picaba cebolla; su llanto era tan fuerte que Nacha, la cocinera de la casa, que era medio sorda, lo escuchaba sin esforzarse. Un día los sollozos fueron tan fuertes que provocaron que el parto se adelantara. Y sin que mi bisabuela pudiera decir ni pío, Tita arribó a este mundo prematuramente, sobre la mesa de la cocina, entre los olores de una sopa de fideos que estaba cocinando, los del tomillo, el laurel, el cilantro, el de la leche hervida, el de los ajos y, por supuesto, el de la cebolla. Como se imaginarán, la consabida nalgada no fue necesaria, pues Tita nació llorando de antemano, tal vez porque ella sabía que su oráculo determinaba que en esta vida le estaba negado el matrimonio. Contaba Nacha que Tita fue literalmente empujada a este mundo por un torrente impresionante de lágrimas que se desbordaron sobre la mesa y el piso de la cocina.

ACTIVIDAD: *Como agua para chocolate*

■ Enfoques del aprendizaje

Habilidades de comunicación: Leen una variedad de fuentes para obtener información y por placer

Después de haber leído el texto, responde las siguientes preguntas y **justifica** tus respuestas:

1 ¿**Cómo se llama la protagonista del texto?**
2 ¿**Dónde nació la protagonista?**
3 ¿**Qué ingredientes culinarios se mencionan en el texto?**

4 ¿**Qué le estaría negado a Tita en esta vida?**
5 ¿**Dónde cayeron las lágrimas del nacimiento de Tita?**
6 ¿**De qué tipo de texto se trata?**

◆ Oportunidades de evaluación

En esta actividad se han practicado las habilidades que son evaluadas por medio del Criterio B: Comprensión de lectura.

ACTIVIDAD: La cocina de Laura Esquivel

■ Enfoques del aprendizaje

Habilidades de gestión de la información: Establecen conexiones entre diversas fuentes de información

Busca en YouTube el vídeo La cocina de Laura Esquivel, un amor más allá de la literatura o escribe la siguiente dirección web: www.youtube.com/watch?v=kDqSFPY6OjU.

Después de verlo, contesta las siguientes preguntas y **justifica** tus respuestas:

1 ¿Qué encuentra Laura Esquivel en la cocina?
2 ¿En qué quiere convertir su novela *Como agua para chocolate*?
3 ¿Qué es para Laura Esquivel un acto de amor?
4 ¿Para qué le sirvió la película?
5 ¿Dónde está y qué hace?
6 ¿Cómo se llamarán los otros dos libros de la trilogía?

◆ Oportunidades de evaluación

En esta actividad se han practicado las habilidades que son evaluadas por medio del Criterio A: Comprensión auditiva.

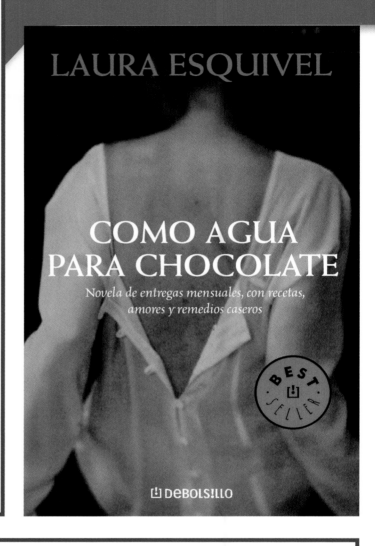

ACTIVIDAD: La comida une

■ Enfoques del aprendizaje

Habilidades de comunicación: Interpretan y utilizan eficazmente distintas modalidades de comunicación verbal

En muchas culturas, la gente se reúne y comparte experiencias alrededor de la comida. **Elabora** una breve presentación oral de aproximadamente dos minutos de duración sobre tu propia experiencia alrededor de la comida. Para ello, elabora un breve esquema en el que no olvides incluir la siguiente información:

- con qué frecuencia se reúne la familia para comer juntos
- si hay algún ritual alrededor en la mesa
- quién cocina en tu casa

◆ Oportunidades de evaluación

En esta actividad se han practicado las habilidades que son evaluadas por medio del Criterio C: Expresión oral.

REFLEXIONA

Enfoques del aprendizaje

Habilidades de pensamiento crítico: Consideran ideas desde múltiples perspectivas

Busca en YouTube el vídeo **¿Qué relación hay entre la literatura y la publicidad? - Página Dos - RTVE.es** o escribe la siguiente dirección web: **https://www.youtube.com/watch?v=n1z3rU4OKWU**.

Después de verlo, reflexiona y **analiza** con tus compañeros sobre los siguientes puntos:

1 **¿En qué te hace pensar este vídeo?**
2 **¿Conoces los autores que aparecen?**
3 **¿Crees que es arriesgada una campaña basada en la literatura? ¿Por qué?**
4 **¿Crees que un anuncio publicitario puede animar a leer?**
5 **¿Somos conscientes de la presencia de la literatura en nuestras vidas?**

! ACTÚA E INVOLÚCRATE

! Como hemos podido ver en este capítulo la literatura es muy importante en nuestras vidas. Por ello vamos a promover la lectura de obras de literatura española, incluidas las traducciones a esta lengua.

! Para realizar esta campaña, deberemos seguir los siguientes pasos:

1 Entre todos, elegiremos libros en español.

2 Haremos carteles con las portadas de estos libros, fotografías de sus autores, pequeños fragmentos, etc.

3 Los distribuiremos por lugares visibles del colegio.

4 Seleccionamos uno o varios títulos para crear un club de lectura en Español para los estudiantes de español o de obras traducidas al inglés para todo el colegio.

ALGUNAS TAREAS SUMATIVAS PARA EVALUAR ESTE CAPÍTULO

Utiliza estas tareas para aplicar y ampliar tu conocimiento de este capítulo. Estas tareas están diseñadas para poder evaluar tus conocimientos en diferentes niveles de logro según los criterios de adquisición de lenguas.

TAREA 1: Mi libro favorito

■ Enfoques de aprendizaje

Habilidades de comunicación: Interpretan y utilizan eficazmente distintas modalidades de comunicación verbal

Instrucciones

Vas a realizar una presentación de 3–4 minutos para el resto de la clase sobre tu libro favorito usando los estímulos que aparecen a continuación.

La presentación deberá incluir una respuesta personal y tu punto de vista sobre dicho libro.

Puedes hacer referencia a conceptos que has visto en este capítulo.

Estímulos:
- **¿Cuál es el argumento?**
- **¿Por qué consideras que es un buen libro?**
- **¿En qué se diferencia de otros libros que has leído?**
- **¿Por qué recomendarías la lectura de este libro?**

◆ Oportunidades de evaluación

Esta tarea puede usarse para evaluar tus habilidades del Criterio C: Expresión oral.

TAREA 2: "No corras. Ve despacio…"

■ Enfoques de aprendizaje

Habilidades de comunicación: Leen una variedad de fuentes para obtener información y por placer

Instrucciones

Vas a mantener un diálogo de aproximadamente tres minutos con tu profesor sobre El viaje definitivo … Poema …Juan Ramon Jimenez ..Voz..Miki (**https://www.youtube.com/watch?v=6uqUxzzpbJM**).

La conversación debería incluir una respuesta personal y tu punto de vista sobre el poema.

Puedes hacer referencia a ejemplos y textos que has visto en este capítulo.

No puedes preparar las respuestas con antelación.

Estímulos:
- **¿Cuál es el tema principal del poema?**
- **¿Qué es lo que más te llama la atención del poema?**
- **¿Qué crees que trata de transmitir el autor?**
- **¿A quién crees que va dirigido? ¿Por qué?**

◆ Oportunidades de evaluación

En esta actividad se han practicado las habilidades que son evaluadas por medio del Criterio C: Expresión oral.

Reflexión

Preguntas que hicimos	Respuestas que encontramos	Preguntas que podemos generar ahora
Fácticas: ¿Cuál es la función de las leyendas y los cuentos populares? ¿Qué escritores conoces de la literatura en español? ¿Cómo se escribe una novela? ¿Cuántas canciones y películas conoces basadas en la literatura? ¿Cómo se adapta una novela al cine?		
Conceptuales: ¿Qué es la literatura? ¿En qué medida está presente la literatura en la vida cotidiana? ¿En qué se parecen las leyendas de las diferentes culturas que conoces? ¿Qué se necesita para ser un buen escritor? ¿La literatura solamente está en los libros? ¿Qué sería de la música sin la literatura?		
Debatibles: ¿Las enseñanzas de los cuentos populares tienen sentido hoy en día? ¿Es una profesión ser escritor? ¿Son necesarios los escritores en la sociedad actual? ¿Sería posible un mundo sin literatura? ¿El cine que conocemos sería el mismo sin literatura?		

Enfoques de aprendizaje en este capítulo:	Descripción: ¿qué destrezas nuevas adquiriste?	¿Qué tan bien has consolidado estas destrezas?			
		Novato	En proceso de aprendizaje	Practicante	Experto
Habilidades de comunicación					
Habilidades de colaboración					
Habilidades de reflexión					
Habilidades de pensamiento crítico					
Habilidades de gestión de la información					
Habilidades de transferencia					
Atributos de la comunidad de aprendizaje	Reflexiona sobre la importancia de ser alguien informado e instruido en este capítulo. ¿Cómo demostraste tus habilidades como estudiante informado e instruido en este capítulo?				
Informado e instruido					

11 ¿Cómo sería el mundo sin internet?

El conocimiento de la **innovación científica y técnica** como herramienta de **comunicación** facilita la transmisión de **mensajes** a otros **destinarios** de **contextos** diferentes.

CONSIDERAR Y RESPONDER ESTAS PREGUNTAS:

Fácticas: ¿De cuántas formas diferentes podemos transmitir la misma información? ¿Cuáles son los medios de comunicación más importantes en tu país? ¿Qué lenguas tienen más presencia en internet y por qué? ¿En qué países existe censura? ¿Qué campañas publicitarias varían según las culturas?

Conceptuales: ¿Qué se necesita para ser un buen comunicador? ¿Cómo se organiza la información en la prensa? ¿Cómo afecta internet a nuestra vida cotidiana? ¿Somos más felices con el uso de internet? ¿Cuál es el propósito de la propaganda y de la censura? ¿Cómo influye la publicidad en nuestra vida?

Debatibles: ¿Crees que los medios de comunicación son totalmente objetivos? ¿Deben los padres controlar el uso de internet? ¿Crees que es democrático el acceso a las nuevas tecnologías? ¿En qué contextos justificarías la censura? ¿La publicidad debe tener límites?

EN ESTE CAPÍTULO VAMOS A:

Descubrir:
- cómo ha cambiado el mundo con la existencia de internet
- las características de los medios de comunicación.

Explorar:
- la teoría de la comunicación
- el mundo antes de la era digital.

Actuar para:
- colaborar en la comunidad escolar a través de la creación de un periódico en español.
- evaluar los mensajes de la publicidad y las campañas políticas.

● Reflexiona sobre el siguiente atributo de la comunidad de aprendizaje:

● **Informados e instruidos:** Desarrollamos y usamos nuestra comprensión conceptual mediante la exploración del conocimiento en una variedad de disciplinas. Nos comprometemos con ideas y cuestiones de importancia local y mundial.

■ Las siguientes habilidades de los enfoques del aprendizaje serán útiles:

- Habilidades de comunicación
- Habilidades de colaboración
- Habilidades de reflexión
- Habilidades de pensamiento crítico
- Habilidades de gestión de la información
- Habilidades de transferencia

◆ Oportunidades de evaluación en este capítulo:

Criterio A: Comprensión auditiva

Criterio B: Comprensión de lectura

Criterio C: Expresión oral

Criterio D: Expresión escrita

VOCABULARIO SUGERIDO

Sustantivos	Adjetivos	Verbos
aprendizaje	arbitrario	afianzar
canal	disponible	configurar
censura	exitoso	decodificar
código	influido	influir
emisor	inherente	transmitir
entradilla	rotundo	
etimología	vasto	
gesto		
habilidad		
infraestructura		
lid		
mostrador		
obtención		
parcialidad		
prepago		
propaganda		
propósito		
receptor		
represalia		
término		
titular		

GRAMÁTICA

En este capítulo se tratan los siguientes aspectos gramaticales:

1. Tiempos verbales:
   - presente de indicativo
   - pretérito indefinido de indicativo
   - pretérito perfecto de indicativo
   - futuro de indicativo
   - condicional de indicativo
   - imperativo
   - presente de subjuntivo
2. Conectores temporales
3. Conectores textuales

▼ Nexos: Historia

Reflexiona sobre las maneras en que los gobiernos utilizan la propaganda y la censura en su propio beneficio. Evalúa cómo los historiadores estudian la propaganda para entender un momento concreto de la historia.

¿De cúantas formas diferentes podemos transmitir la misma información?

LA COMUNICACIÓN

El término "comunicación" en su sentido más amplio refiere a la acción y resultado de comunicarse. Cuando los seres humanos nos comunicamos entre sí estamos compartiendo cuestiones, llevando a que las situaciones propias sean comunes con el otro y con las que este tenga. Por tanto, la comunicación es una actividad absolutamente humana y parte de la relación de las personas en cualquier ámbito y momento de la vida.

Si no fuese gracias a la comunicación no podríamos conocer lo que nos rodea y además compartirlo con nuestro entorno, pero al ser un hecho concreto y a nuestra disposición, la comunicación nos facilita la obtención de información para conocer, expresarnos y relacionarnos con el resto de las personas.

El proceso de comunicación implica la emisión de señales, tales como sonidos, gestos o señas con la única intención de dar a conocer un mensaje. Para que la comunicación, el mensaje, llegue a buen puerto, al destinatario, será necesario que este cuente con las habilidades de decodificar e interpretar el mensaje en cuestión.

PIENSA–COMPARA–COMPARTE

Lee las siguientes preguntas con atención y **compara** tus ideas con las de tus compañeros:

1 ¿Qué es la información?
2 ¿Qué medios de comunicación conoces?
3 ¿Qué medio de comunicación utilizas más?
4 ¿Con qué frecuencia te informas?
5 ¿Crees que estás bien informado?

ACTIVIDAD: Los medios de comunicación

■ Enfoques del aprendizaje

Habilidades de comunicación: Escriben con diferentes propósitos

Investiga y **escribe** un artículo de 200–250 palabras sobre los medios de comunicación más importantes de un país latinoamericano. No olvides mencionar qué tipo de público consume estos medios: edad, sexo, etc.

◆ Oportunidades de evaluación

En esta actividad se han practicado las habilidades que son evaluadas por medio del Criterio D: Expresión escrita.

ACTIVIDAD: La oratoria

■ Enfoques del aprendizaje

Habilidades de gestión de la información: Establecen conexiones entre diversas fuentes de información

Busca en YouTube el vídeo ORATORIA, el Arte de Conquistar o escribe la siguiente dirección web: www.youtube.com/watch?v=xVHcod3H0HQ.

Después de verlo, contesta las siguientes preguntas y **justifica** tus respuestas:

1 **¿Es lo mismo hablar que comunicar?**
2 **¿Quiénes dominan la oratoria según el vídeo?**
3 **¿En qué era experto el asesor de Clinton?**
4 **¿De qué otro presidente también era asesor?**
5 **¿Quién fue uno de los grande oradores de la historia?**
6 **¿Qué es esencial en la oratoria?**

◆ Oportunidades de evaluación

En esta actividad se han practicado las habilidades que son evaluadas por medio del Criterio A: Comprensión auditiva.

LA COMUNICACIÓN HUMANA

Un primer acercamiento a la definición de "comunicación" puede realizarse desde su etimología. La palabra deriva del latín "communicare", que significa "compartir algo, poner en común". Por lo tanto, la comunicación es un fenómeno inherente a la relación que los seres vivos mantienen cuando se encuentran en grupo. A través de la comunicación, las personas o animales obtienen información respecto a su entorno y pueden compartirla con el resto.

El proceso comunicativo implica la emisión de señales (sonidos, gestos, señas, etc.) con la intención de dar a conocer un mensaje. Para que la comunicación sea exitosa, el receptor debe contar con las habilidades que le permitan decodificar el mensaje e interpretarlo. El proceso luego se revierte cuando el receptor responde y se transforma en emisor (con lo que el emisor original pasa a ser el receptor del acto comunicativo).

En el caso de los seres humanos, la comunicación es un acto propio de la actividad psíquica, que deriva del pensamiento, el lenguaje y del desarrollo de las capacidades psicosociales de relación. El intercambio de mensajes (que puede ser verbal o no verbal) permite al individuo influir en los demás y a su vez ser influido.

Entre los elementos que pueden distinguirse en el proceso comunicativo, se encuentra el código (un sistema de signos y reglas que se combinan con la intención de dar a conocer algo), el canal (el medio físico a través del cual se transmite la información), el emisor (quien desea enviar el mensaje) y el receptor (a quien va dirigido).

CÍRCULO DE OPINIONES

Contesta las siguientes preguntas y después **comparte** tus opiniones con el resto de la clase.

1 ¿Qué es la comunicación?
2 ¿Qué diferencia la comunicación humana de otros tipos de comunicación?
3 ¿Conoces algún tipo de comunicación animal?
4 ¿Conoces otros códigos lingüísticos: lengua de signos, Braille, Morse, etc?
5 ¿Qué características tiene un buen comunicador?

ACTIVIDAD: La comunicación humana

■ Enfoques del aprendizaje

Habilidades de pensamiento crítico: Establecen conexiones inesperadas o inusuales entre objetos o ideas

Después de haber leído el texto sobre la comunicación, responde las siguientes preguntas y **justifica** tus respuestas:

1 ¿De dónde viene la palabra **comunicación**?
2 ¿Qué obtienen las personas y los animales a través de la comunicación?
3 ¿Qué elementos de la comunicación se mencionan en el texto?
4 ¿Qué tipos de mensaje se mencionan en el texto?
5 ¿Qué es el código?
6 ¿De qué tipo de texto se trata?

◆ Oportunidades de evaluación

En esta actividad se han practicado las habilidades que son evaluadas por medio del Criterio B: Comprensión de lectura.

ACTIVIDAD: El telediario

■ Enfoques del aprendizaje

Habilidades de transferencia: Aplican los conocimientos que poseen en el aprendizaje de nuevas tecnologías

Elabora una noticia sobre algún acontecimiento importante y grábate en vídeo, durante un tiempo aproximado de 3 minutos, como si fuese parte de un telediario. Después **presentaréis** vuestros vídeos al resto de la clase.

Asegúrate de que incluyes la siguiente información:
● **qué ha sucedido y quién es el protagonista**
● **dónde y cuándo sucedió**

◆ Oportunidades de evaluación

En esta actividad se han practicado las habilidades que son evaluadas por medio del Criterio C: Expresión oral.

Lee el siguiente artículo sobre las diferentes partes de una noticia.

Partes de la noticia

Una noticia tiene tres partes importantes: **el titular, el lid** o **entradilla** y **el cuerpo de la noticia**.

El titular es un conjunto de elementos de titulación, éstos son: antetítulo, título y subtítulo. Por tanto, la diferencia entre titular y título es que el titular es todo esto y el título sólo una parte.

El lid o **entradilla** es el primer párrafo de la noticia, y en ella debe darse la información principal. Las respuestas a las cinco "W" (en inglés: *what, when, where, who* y *why*) serán la base principal del cuerpo informativo, pero no deberán constituir un resumen o un sumario de todo el artículo. Ha de ser lo suficientemente completa y autónoma como para que el lector conozca lo fundamental de la noticia sólo con leer este primer párrafo. Su extensión ideal debe ser de unas 60 palabras.

El resto de los párrafos constituyen el cuerpo de la noticia. Siempre ha de escribirse cada párrafo de una noticia como si fuera el último, de tal modo que al término de cada párrafo, la noticia tenga unidad por sí misma: no puede quedar coja o a falta de alguna explicación. Esto permitirá cortar y reajustar el texto sin problemas y con rapidez en el caso de que sea necesario. También se facilita al lector que pueda enterarse de las características más relevantes de un hecho leyendo solamente el lid y los primeros párrafos del cuerpo. Esta técnica es conocida con el nombre de "pirámide invertida" (de mayor a menor interés).

De todas formas, es necesario aclarar que no es ésta una técnica de presentación de hechos obligada para todo periodista.

Otros elementos que se encuentran en las páginas de las publicaciones son:

- **Los ladillos**, pequeños títulos de no más de cuatro palabras que se colocan dentro de una columna de texto, normalmente justificados a un lado (de ahí el nombre). Sirven para seguir captando la atención del lector.

- **Los destacados** son frases entresacadas del cuerpo de la información que destacan algún aspecto interesante que pueda llamar la atención y facilite la lectura completa. Sirven también para romper la, monotonía del texto. Suelen encontrarse con mucha frecuencia en otros géneros periodísticos como la entrevista o el reportaje.

- Los **pies de foto** van en la parte inferior de la fotografía y pretenden explicar dicha ilustración.

Titular — Antetítulo / Título / Subtítulo

El último terrorista huido del 11-M murió en combate en Bagdad

Entrada

Pie de foto

Cuerpo de la noticia

ACTIVIDAD: Partes de la noticia

■ Enfoques del aprendizaje

Habilidades de gestión de la información: Procesan datos y elaboran informes de resultados

En el texto anterior, hemos visto las partes de la noticia. Contesta las siguientes preguntas y **justifica** tus respuestas siguiendo la información del texto:

1 **¿Cuántas partes tiene una noticia?**
2 **¿Qué elementos componen la titulación?**
3 **¿Qué es una entradilla?**
4 **¿Qué extensión tiene que tener el primer párrafo?**
5 **¿En qué consiste la técnica de la pirámide invertida?**
6 **¿Dónde se sitúan los pies de foto?**

◆ Oportunidades de evaluación

En esta actividad se han practicado las habilidades que son evaluadas por medio del Criterio B: Comprensión de lectura.

ACTIVIDAD: Resumen semanal de noticias

■ Enfoques del aprendizaje

Habilidades de gestión de la información: Obtienen, registran y verifican datos

Busca en YouTube el vídeo RESUMEN SEMANAL DE NOTICIAS POR RADIO COLONIA o escribe la siguiente dirección web: www.youtube.com/watch?v=TxytKeWJhSI.

Después de verlo, contesta las siguientes preguntas y **justifica** tus respuestas:

1 **¿Cómo se llama el programa de radio?**
2 **¿Cómo se llama el locutor?**
3 **¿De qué país es este programa?**
4 **¿Sobre qué tema es la primera noticia?**
5 **¿Quién se convirtió en un monstruo de la televisión?**
6 **¿A qué público va dirigido el programa?**

◆ Oportunidades de evaluación

En esta actividad se han practicado las habilidades que son evaluadas por medio del Criterio A: Comprensión auditiva.

ACTIVIDAD: Una entrevista

■ Enfoques del aprendizaje

Habilidades de colaboración: Escuchan con atención otras perspectivas e ideas

Elabora con un(a) compañero/a una entrevista para la siguiente situación:

Contexto: un artista acaba de inaugurar su última exposición; entrevístalo para saber más cosas sobre esta

Alumno/a 1: artista

Alumno/a 2: entrevistador(a)

Tema: la exposición de arte

Registro: formal

Duración: cuatro minutos

◆ Oportunidades de evaluación

En esta actividad se han practicado las habilidades que son evaluadas por medio del Criterio C: Expresión oral.

ACTIVIDAD: La noticia del año

Escribe una noticia de 200–250 palabras que se pueda ilustrar con esta fotografía.

No olvides incluir todas las partes de la noticia y también el pie de foto.

ACTIVIDAD: Un bulo

No todas las informaciones que se publican son verdaderas y contrastadas. Algunas veces se publican noticias con el objetivo de dañar la imagen o perjudicar a ciertas personas. **Investiga** sobre los bulos, su significado y cómo se extienden. **Elabora** una breve presentación oral de aproximadamente dos minutos de duración sobre esto.

ACTIVIDAD: Mi último año en YouTube

■ Enfoques del aprendizaje

Habilidades de gestión de la información: Utilizan la capacidad crítica para analizar e interpretar los contenidos de los medios de comunicación

Busca en YouTube el vídeo **Alex Puértolas analiza las redes sociales - Roomies** o escribe la siguiente dirección web: **https://www.youtube.com/watch?v=YRuaoJLyPM8**.

Después de verlo, contesta las siguientes preguntas y **justifica** tus respuestas:

1 **¿Para qué usa Alex las redes sociales?**
2 **¿Qué redes sociales usa Alex?**
3 **¿Dónde está grabando el vídeo?**
4 **¿Cuál es el tema del vídeo?**
5 **¿Qué piensa Alex de "tuenti"?**
6 **¿Cuál es la red social que mantiene más privada?**
7 **¿Qué no vamos a encontrar en las redes sociales de Alex Puértolas?**
8 **¿A quién va dirigido el vídeo?**

◆ Oportunidades de evaluación

En esta actividad se han practicado las habilidades que son evaluadas por medio del Criterio A: comprensión auditiva.

PIENSA–COMPARA–COMPARTE

Lee las siguientes preguntas con atención y **comparte** tus ideas con tus compañeros:

1 ¿Cuándo y cómo nació internet?
2 ¿Qué aprendes de internet?
3 ¿Cómo te ayuda internet en las tareas del colegio?
4 ¿Qué redes sociales utilizas?
5 ¿Para qué utilizas las redes sociales?
6 **¿Cuál es el control que ejercen tus padres sobre tu uso de las redes sociales?**

Lee el siguiente blog sobre el acceso a internet en Cuba.

Internet en Cuba

De Alejandro Equía

Hace algunos días estuve de visita en La Habana y, al llegar, lo primero que quería hacer era conectarme a internet, porque soy de esas personas que si pasan algunas horas sin conexión es como que les da algo.

Internet en Cuba siempre ha sido un tema complicado por las limitaciones de la infraestructura disponible y el bloqueo norteamericano. Pero en los últimos tiempos la situación ha mejorado bastante.

Más allá de las conexiones que pueden ofrecer los hoteles, hoy en día un turista puede encontrar en diferentes lugares puntos de conexión a una red llamada WIFI_ETECSA y también salas de navegación tipo cibercafé (Etecsa es la empresa de telecomunicaciones de Cuba).

Para acceder a internet desde estos puntos es necesario comprar unas tarjetas prepago con un usuario y una contraseña o configurar unas cuentas de acceso permanente.

Los turistas suelen utilizar las tarjetas que tienen un costo de 2 CUC por hora de navegación (poco más de 2 dólares). Hay tarjetas de 30 minutos, 1 hora y 5 horas, en las oficinas de Etecsa se venden hasta 3 por persona cada vez que se pasa por el mostrador y si eres turista debes presentar el pasaporte.

También se pueden adquirir en los hoteles donde generalmente las venden un poco más caras y hay personas que las revenden en la calle o te configuran las cuentas permanentes que pueden ser un poco más prácticas de utilizar.

Las tarjetas tienen una validez de 30 días una vez que son activadas y si por ejemplo se compra una tarjeta de una hora y sólo se navegan 15 minutos, los restantes 45 siguen estando disponibles para utilizar en otro momento.

En los puntos que me conecté la velocidad de estas redes wifi no era mala (1 Mbps de bajada) a pesar de estar conectadas al mismo tiempo muchas personas, la mayoría lo hacían desde sus celulares para acceder a las redes sociales, mirar videos y comunicarse con amigos y familiares.

Para muchos, las pequeñas pantallas son el primer contacto que están teniendo con internet, un fenómeno que se viene dando desde hace algunos años en varios países de Latinoamérica.

No es extraño que en las oficinas de Etecsa se formen filas de espera para ser atendidos, en mi caso casi siempre tuve que esperar 10 o 15 minutos hasta que llegó mi turno. No todas las personas van por internet, algunas van a realizar otros trámites o pedir ayuda con las configuraciones de sus celulares lo cual puede alargar un poco la espera.

Es curioso, pero en Cuba para hacer la fila uno tiene que llegar y "pedir el último" que consiste en preguntar quién es el último de la fila. Con este sistema cada uno sabe cual es su lugar, en mi país al menos el que se va de la fila pierde el lugar y al volver tiene que ir para atrás.

En definitiva, si bien no se tienen las mismas facilidades que en otros países donde uno simplemente puede comprar un chip y tener internet móvil todo el tiempo con buena velocidad, conectarse en Cuba no es un problema como hace algunos años atrás y las conexiones se van a seguir mejorando.

ACTIVIDAD: Internet en Cuba

Después de haber leído el texto sobre el uso de internet en Cuba, contesta las siguientes preguntas y **justifica** tus respuestas:

1 ¿Qué significa la expresión "es como que les da algo"?
2 ¿Cómo se llama la empresa de telecomunicaciones de Cuba?
3 ¿Cuántos dólares es un CUC según el texto?
4 ¿Qué validez tienen las tarjetas de conexión a internet?
5 ¿Qué significa "pedir el último"?

PUNTO DE INDAGACIÓN

Lee las siguientes preguntas y **compara** tu experiencia y tus opiniones con las de tus compañeros:

1 ¿Has estado alguna vez sin conexión a internet?
2 ¿Dónde y por qué has estado sin conexión a internet?
3 ¿Te supone algún problema no poder conectarte a internet? ¿Por qué?
4 ¿Crees que el acceso a internet debería ser gratuito?
5 ¿Es posible vivir completamente sin internet?

ACTIVIDAD: Una nueva red social

◼ Enfoques del aprendizaje

Habilidades de transferencia: Combinan conocimientos, comprensión y habilidades para crear productos o soluciones

Con la ayuda de un(a) compañero/a, piensa en una nueva red social que no exista y que podría ser útil para niños de tu edad. **Cread** un póster en el que no olvidéis decir el nombre de esta nueva red social, para qué serviría, cuál sería su funcionamiento, etc.

◆ Oportunidades de evaluación

En esta actividad se han practicado las habilidades que son evaluadas por medio del Criterio D: Expresión escrita.

ACTIVIDAD: El control parental de internet

◼ Enfoques del aprendizaje

Habilidades de reflexión: Consideran las implicaciones éticas, culturales y ambientales

Como sabes los ordenadores disponen de mecanismos para que los padres puedan controlar y restringir el uso de internet por parte de sus hijos. Reflexiona y **escribe** un post de aproximadamente 250 palabras en el que des tu opinión al respecto.

- **¿Te parece necesario?**
- **¿Qué harías si fueses padre en relación a esto?**
- **¿Cómo concienciarías a tus compañeros sobre un consumo responsable de internet?**

◆ Oportunidades de evaluación

En esta actividad se han practicado las habilidades que son evaluadas por medio del Criterio D: Expresión escrita.

CÍRCULO DE OPINIONES

Contesta las siguientes preguntas y después **comparte** tus opiniones con el resto de la clase.

1 ¿Tienes teléfono móvil?
2 ¿Desde qué edad tienes móvil?
3 ¿Para qué utilizas tu teléfono?
4 ¿Crees que haces un consumo responsable del teléfono?
5 Si fueses padre, ¿a qué edad les permitirías tener móvil a tus hijos? ¿Por qué?
6 ¿Crees que debería existir una edad mínima para el uso del móvil?

ACTIVIDAD: Internet en el colegio

■ Enfoques del aprendizaje

Habilidades de comunicación: Utilizan una variedad de técnicas de expresión oral para comunicarse con diversos destinatarios

Elabora un breve texto con forma de discurso sobre las medidas que crees necesarias sobre el uso de internet en tu propio colegio. En este texto debes incluir en qué aspectos podría mejorar la vida escolar con un mayor uso o restricción de internet.

Extensión: 200–250 palabras

◆ Oportunidades de evaluación

En esta actividad se han practicado las habilidades que son evaluadas por medio del Criterio D: Expresión escrita.

CONECTA–EXTIENDE–DESAFÍA

Partiendo de la información que has adquirido en este tema, **investiga** sobre el uso del español en internet en relación a otras lenguas. Para ello, puedes servirte de internet o de tu propio entorno familiar.

Sigue estos pasos:

1 **Conecta** la información que abordaste con lo que ya sabías previamente.
2 **Extiende** las ideas agregando información que no se haya mencionado.
3 **Desafía** las ideas mencionadas con preguntas que tengas al respecto.

Elabora una presentación audiovisual de aproximadamente tres minutos que **presentarás** al resto de la clase.

En ella deberas **explicar** los porcentajes de cada lengua, en qué redes se utiliza más, etc.

¿Cuál es el propósito de la propaganda y de la censura?

Lee el siguiente artículo sobre la censura.

La censura

Al negar el ingreso de la prensa internacional e imponer un control arbitrario sobre las coberturas nacionales, Eritrea, en el cuerno de África, aparece como el país con más censura en el mundo, según reveló el Comité para la Protección de los Periodistas (CPJ, por sus siglas en inglés) en su nuevo análisis sobre las restricciones a la prensa. En la lista de los 10 países donde existe más censura, a Eritrea le siguen de cerca Corea del Norte, Siria e Irán: tres países en los que las vastas restricciones sobre la información tienen grandes consecuencias para la estabilidad geopolítica y nuclear.

Ningún periodista extranjero tiene acceso a Eritrea, donde todos los medios de comunicación son controlados por el gobierno. El Ministerio de Información rige cada detalle de los informes de los reporteros locales. "Cada vez que [un periodista] debía escribir una nota, los funcionarios seleccionaban a los entrevistados y determinaban los temas específicos sobre los que debían escribir," comentó al CPJ un periodista eritreo en el exilio, hablando en condición de anonimato por temor a represalias. "Solíamos escribir mucho acerca del presidente, de modo que siempre fuera el centro de atención." Por esa razón cuando el Presidente Isaias Afewerki desapareció de la vida pública durante un período el mes pasado, los ciudadanos de Eritrea y la comunidad internacional solo se quedaron con rumores sobre su estado de salud.

PIENSA–COMPARA–COMPARTE

Lee las siguientes preguntas con atención y **comparte** tus ideas con tus compañeros:

1 ¿Qué es la censura?
2 ¿Para qué sirve la censura?
3 ¿Sabes en qué países hay censura?
4 ¿En qué ámbitos hay más censura?
5 ¿Quién decide lo que se censura?

ACTIVIDAD: La censura en la televisión

■ **Enfoques del aprendizaje**

Habilidades de comunicación: Utilizan formas de redacción adecuadas para distintos destinatarios y propósitos

Imagina que debes decidir que algunos programas de televisión deben ser censurados. **Escribe** un artículo de 200–250 palabras en el que **expliques** qué programas y por qué motivos lo harías.

◆ **Oportunidades de evaluación**

En esta actividad se han practicado las habilidades que son evaluadas por medio del Criterio D: Expresión escrita.

ACTIVIDAD: Turquía pretende aumentar la censura en internet

■ **Enfoques del aprendizaje**

Habilidades de gestión de la información: Obtienen, registran y verifican datos

Busca en YouTube el vídeo **El PELIGRO que TURQUÍA nos enseña sobre INTERNET - VisualPolitik** o escribe la siguiente dirección web: **https://www.youtube.com/watch?v=_U62MI8JhGo**.

Después de verlo, contesta las siguientes preguntas y **justifica** tus respuestas:

1 **¿Cuándo se desbloqueó Wikipedia en Turquía?**
2 **¿Cuántas páginas llegó a bloquear el gobierno?**
3 **¿Qué pasó en el año 2015?**
4 **¿Cuánto tiempo estuvo YouTube bloqueado en Turquía?**
5 **¿Qué otras redes sociales se bloquearon en Turquía?**
6 **¿Cuántos puntos debe tener un país para considerarse libre en internet?**

◆ **Oportunidades de evaluación**

En esta actividad se han practicado las habilidades que son evaluadas por medio del Criterio A: Comprensión auditiva.

Lee el siguiente artículo sobre la publicidad.

Publicidad en las redes sociales

Desde la llegada de internet y, por supuesto, de las redes sociales, la comunicación ha cambiado por completo. En consecuencia, las campañas y estrategias de comunicaciones en las empresas debieron, de igual forma, cambiarse, para poder hacer llegar las ofertas de productos o servicios a un público determinado y conseguir más clientes.

Aunque pudiera parecer más sencillo hacer esto, en realidad no es tarea fácil, ya que si la comunicación no se hace correctamente, el público no se sentirá atraído hacia el producto, sino que incluso se podría sufrir un revés y la imagen del producto o la compañía podrían quedar afectados negativamente.

Existen cientos de casos documentados de fracasos rotundos en campañas en redes sociales, e incluso estudios donde son discutidas las razones por las cuales una estrategia en estos medios llega a fallar. Por otra parte, existen casos de éxito muy bien documentados, y pertenecen a compañías que lograron entender qué era aquello que se necesitaba para conectar realmente con los clientes y seguidores.

Y es que una campaña exitosa no sólo es capaz de aumentar el número de clientes o consumidores de un determinado producto, sino que ayuda a crear una conciencia en estos sobre el producto que termina por afianzar la lealtad que sienten hacia la marca mientras se capta su atención.

¿Cómo conseguir generar una estrategia exitosa en redes sociales?

Para ser un ejemplo de estrategias exitosas en redes sociales, es necesario que tu empresa conecte con sus públicos a un nivel "personal". Así los clientes no sólo cumplirán con la acción que les pidas, sino que compartirán con sus amigos aquellas campañas o contenido que les guste, lo que aumenta la visibilidad de la marca.

Cada vez que una compañía, a través de las redes sociales, responde dudas de un usuario, interactúa con su público, les ofrece pequeños regalos o promociones, logra que estos se sientan no sólo conectados con la marca, sino incluso hasta en deuda, por lo que se mantendrán fieles al producto y a la marca.

Cuando un usuario siente fidelidad hacia la marca, se encargará de compartirlo con todo su entorno, e incluso convencer a los demás de las propiedades de la compañía. Aquí es donde se encuentra el principal beneficio de conseguir realizar campañas exitosas en las redes sociales.

Recuerda siempre que la principal diferencia entre los medios tradicionales y las redes sociales es que con estos últimos los procesos comunicacionales compañía-cliente son interactivos, es decir, el usuario puede interactuar directamente con la compañía y exponerle sus dudas o quejas de forma directa. Mientras, la compañía puede responder las dudas de este cliente en particular, escuchar sus quejas y mejorar los productos, lo que terminará por afianzar la relación de la compañía con sus clientes.

CÍRCULO DE OPINIONES

Contesta las siguientes preguntas y después **comparte** tus opiniones con el resto de la clase.

1 ¿Tienes alguna marca favorita? ¿Cuál y por qué?
2 ¿Recuerdas alguna campaña de publicidad de esa marca?
3 ¿Recuerdas alguna campaña de publicidad que te haya gustado?
4 ¿Crees que la publicidad te influye?
5 ¿Cuál crees que es la relación entre una buena campaña de publicidad y el éxito de esa marca?

ACTIVIDAD: Publicidad en las redes sociales

■ Enfoques del aprendizaje

Habilidades de comunicación: Leen con actitud crítica y para comprender

Después de haber leído el texto sobre la publicidad en las redes sociales, contesta las siguientes preguntas y **justifica** tus respuestas:

1 ¿Cómo ha cambiado la comunicación desde la llegada de internet?
2 ¿Qué sucede si la comunicación no se hace correctamente?
3 ¿Qué se consigue con una campaña de publicidad exitosa?
4 ¿Qué sucede cada vez que una compañía responde las dudas de un usuario a través de las redes sociales?
5 ¿Cuál es el principal beneficio de las campañas de publicidad exitosas en las redes sociales?

◆ Oportunidades de evaluación

En esta actividad se han practicado las habilidades que son evaluadas por medio del Criterio B: Comprensión de lectura.

ACTIVIDAD: Un anuncio

■ Enfoques del aprendizaje

Habilidades de colaboración: Delegan y comparten responsabilidades a la hora de tomar decisiones

Elabora con un(a) compañero/a un anuncio publicitario de un producto para emitirse por televisión y que no dure más de dos minutos. Después gravaos en vídeo y **presentadlo** al resto de la clase.

◆ Oportunidades de evaluación

En esta actividad se han practicado las habilidades que son evaluadas por medio del Criterio C: Expresión oral.

Lee el siguiente artículo sobre campañas políticas por internet.

Campañas políticas por internet

También la propaganda política ha encontrado su nicho en la Red, usando las mismas herramientas que se usan para la publicidad y para la comunicación entre personas, empresas, organizaciones e instituciones gubernamentales.

Así, desde la campaña del actual presidente de Estados Unidos hasta las convocatorias hechas en Colombia, Egipto y otros países, en diferentes momentos, los asesores de imagen y reputación en internet van aprendiendo de lo que se puede lograr usando este medio, y lo ponen cada vez más en práctica.

Como un ejemplo actual, en la campaña que se desarrolla en Perú para sus próximas elecciones, el abogado Erick Iriarte, candidato al congreso de este país, se encuentra desarrollando una campaña que se apoya principalmente en internet, y el alcance que a través de este medio puede lograr.

Sus propuestas giran en torno a legislar y regular los temas que requieren impulso, apoyo o algún tipo de control o supervisión en internet. Está utilizando vídeos, blogs, contactos en redes sociales de distinto tipo en internet para intentar llegar a los votantes de su país, ubicados en cualquier lugar del mundo, conociendo que ellos pueden votar y / o ejercer influencias en sus parientes.

Al seguir y revisar sus resultados, esa y todas las campañas publicitarias y de propaganda política en internet seguramente nos dejarán lecciones acerca de los usos más productivos de la Red como canal de comunicación masivo.

ACTIVIDAD: Campañas políticas por internet

■ Enfoques del aprendizaje

Habilidades de gestión de la información: Utilizan la capacidad crítica para analizar e interpretar los contenidos de los medios de comunicación

Después de haber leído sobre las campañas políticas de internet, responde las siguientes preguntas y **justifica** tus respuestas:

1 **¿Qué herramientas utiliza la propaganda política en internet?**
2 **¿De qué países nos habla el texto?**
3 **¿Entorno a qué giran las propuestas de Erick Iriarte?**
4 **¿Qué medios utiliza Erick Iriarte para su campaña política en internet?**
5 **¿Quién es Erick Iriarte?**
6 **¿En alguna campaña política que conozcas se utilizaron estos métodos?**

◆ Oportunidades de evaluación

En esta actividad se han practicado las habilidades que son evaluadas por medio del Criterio B: Comprensión de lectura.

ACTIVIDAD: Cómo usar las manos al hablar en público

■ Enfoques del aprendizaje

Habilidades de gestión de la información: Procesan datos y elaboran informes de resultados

Busca en YouTube el vídeo **Cómo Usar las Manos al Hablar en Público** o escribe la siguiente dirección web: **www.youtube.com/watch?v=hCyXqeDaDOk**.

Después de verlo, contesta las siguientes preguntas y **justifica** tus respuestas:

1 **¿Por qué dejamos de prestar atención a los detalles cuándo hablamos en público?**
2 **¿Qué puede provocar el uso incorrecto de las manos al hablar con alguien?**
3 **¿Qué gestos no debemos utilizar al hablar en público?**
4 **¿Qué refleja el acto involuntario de cubrirnos con las manos?**
5 **¿Qué puede desviar la atención del público?**
6 **¿Cómo deben estar las manos cuando hablamos en público?**
7 **¿Qué es lo que más te llamó la atención del vídeo?**

◆ Oportunidades de evaluación

En esta actividad se han practicado las habilidades que son evaluadas por medio del Criterio A: Comprensión auditiva.

ACTIVIDAD: Yo, presidente

Elabora una breve presentación oral de aproximadamente 3–4 minutos de duración en la cual debes convencer a tus propios compañeros de que eres el mejor representante de los alumnos para el consejo escolar. Para ello, elabora un breve esquema en el que no olvides incluir la siguiente información:

● **qué medidas propones**
● **cómo las llevarías a cabo y en qué tiempo**

REFLEXIONA

Busca en YouTube el vídeo **Así se hace un periódico** o escribe la siguiente dirección web: **www.youtube.com/watch?v=2pvU1Tw-fso**.

Después de verlo, reflexiona y **analiza** con tus compañeros sobre los siguientes puntos:

1 **¿Qué te sorprende de este vídeo?**
2 **¿Sabías cómo se hacía un periódico antes de ver el vídeo?**
3 **¿Crees que es más fácil hacer un periódico digital que uno en papel?**
4 **¿Piensas que la prensa en papel llega a más gente?**
5 **¿Crees que la gente está mejor informada desde la aparición de internet?**

! Como hemos podido ver en el capítulo, es bueno estar bien informados. Entre toda la clase, realizaremos un periódico bilingüe en papel para toda la escuela en el que incluiremos diversas secciones: cultura, deportes, moda, etc.

! No olvidéis distribuir las secciones del periódico y las funciones (editor, reportero, fotógrafo, etc.) entre toda la clase.

TAREA SUMATIVA PARA EVALUAR ESTE CAPÍTULO

Utiliza esta tarea para aplicar y ampliar tu conocimiento de este capítulo. Esta tarea está diseñada para poder evaluar tus conocimientos en diferentes niveles de logro según los criterios de adquisición de lenguas.

TAREA: Internet en el mundo

◼ Enfoques de aprendizaje

Habilidades de pensamiento crítico: Extraen conclusiones y realizan generalizaciones razonables

Instrucciones

Para hacer esta actividad tienes que trabajar con los materiales de las tres fuentes que aparecen a continuación.

Mira las fuentes A, B y C con detalle antes de contestar las preguntas. Asegúrate de que tus respuestas son detalladas.

Contesta en español y utiliza tus propias palabras todo lo que puedas.

No utilices herramientas de traducción ni diccionarios para esta tarea.

Tendrás 60 minutos para completar esta tarea.

FUENTE A

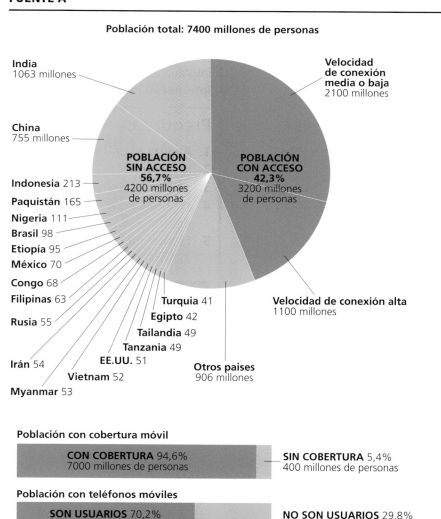

Población total: 7400 millones de personas

India 1063 millones
China 755 millones
Indonesia 213
Paquistán 165
Nigeria 111
Brasil 98
Etiopía 95
México 70
Congo 68
Filipinas 63
Rusia 55
Irán 54
Myanmar 53
Vietnam 52
EE.UU. 51
Tanzania 49
Tailandia 49
Egipto 42
Turquia 41

POBLACIÓN SIN ACCESO 56,7% 4200 millones de personas

POBLACIÓN CON ACCESO 42,3% 3200 millones de personas

Velocidad de conexión media o baja 2100 millones

Velocidad de conexión alta 1100 millones

Otros paises 906 millones

Población con cobertura móvil

CON COBERTURA 94,6% 7000 millones de personas | SIN COBERTURA 5,4% 400 millones de personas

Población con teléfonos móviles

SON USUARIOS 70,2% 5200 millones de personas | NO SON USUARIOS 29,8% 2200 millones de perso

Banco Mundial 2015 / La Nación

FUENTE B

Busca el artículo: "Todo el mundo tendrá acceso a internet en 2020, la declaración de Mark Zuckerberg y Bill Gates ante la ONU" en internet: **https://www.elespanol.com/omicrono/20150927/internet-declaracion-mark-zuckerberg-bill-gates-onu/67243293_0.html**.

FUENTE C

Busca el artículo: "En declive la libertad de internet en el mundo" en internet: **www.sipiapa.org/notas/1201836-en-declive-la-libertad-internet-el-mundo**.

Preguntas

1 **Analiza el gráfico de la Fuente A y expresa tu opinión al respecto.**
2 **Identifica el tema común a las tres fuentes.**
3 **¿Qué relación hay entre la Fuente B y la Fuente C?**
4 **¿Por qué crees que el uso de internet se restringe en determinados países?**
5 **Escribe un texto de entre 200 y 250 palabras sobre la importancia del acceso a internet y si lo consideras un derecho fundamental.**

◆ Oportunidades de evaluación

Esta tarea puede usarse para evaluar tus habilidades de los Criterio B: Comprensión de lectura y Criterio D: Expresión escrita.

Reflexión

Preguntas que hicimos	Respuestas que encontramos	Preguntas que podemos generar ahora			
Fácticas: ¿De cuántas formas diferentes podemos transmitir la misma información? ¿Cuáles son los medios de comunicación más importantes en tu país? ¿Qué lenguas tienen más presencia en internet y por qué? ¿En qué países existe censura? ¿Qué campañas publicitarias varían según las culturas?					
Conceptuales: ¿Qué se necesita para ser un buen comunicador? ¿Cómo se organiza la información en la prensa? ¿Cómo afecta internet a nuestra vida cotidiana? ¿Somos más felices con el uso de internet? ¿Cuál es el propósito de la propaganda y de la censura? ¿Cómo influye la publicidad en nuestra vida?					
Debatibles: ¿Crees que los medios de comunicación son totalmente objetivos? ¿Deben los padres controlar el uso de internet? ¿Crees que es democrático el acceso a las nuevas tecnologías? ¿En qué contextos justificarías la censura? ¿La publicidad debe tener límites?					
Enfoques de aprendizaje en este capítulo:	Descripción: ¿qué destrezas nuevas adquiriste?	¿Qué tan bien has consolidado estas destrezas?			
		Novato	En proceso de aprendizaje	Practicante	Experto
Habilidades de comunicación					
Habilidades de colaboración					
Habilidades de reflexión					
Habilidades de pensamiento crítico					
Habilidades de gestión de la información					
Habilidades de transferencia					
Atributos de la comunidad de aprendizaje	Reflexiona sobre la importancia de ser alguien informado e instruido en este capítulo. ¿Cómo demostraste tus habilidades como estudiante informado e instruido en este capítulo?				
Informado e instruido					

12 ¿Qué comparten los hispanohablantes?

○ El conocimiento de la **diversidad cultural** de una lengua contribuye a nuestro **punto de vista** sobre otras culturas y sobre la propia, a través de la **expresión personal y cultural** mejorando la **elección de palabras** y el **mensaje**.

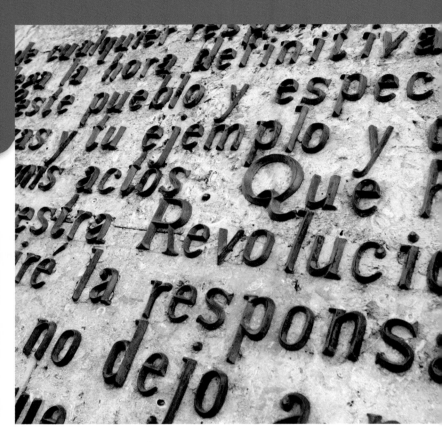

CONSIDERAR Y RESPONDER ESTAS PREGUNTAS:

Fácticas: ¿En cuántos países se habla español? ¿Se habla el mismo español en todos los países? ¿Desde cuándo se habla español en estos países? ¿Qué tienen en común los países en los que se habla español además de la lengua? ¿Qué personajes del mundo hispánico conoces?

Conceptuales: ¿Qué es un dialecto? ¿A qué se debe que una lengua se hable en muchos países? ¿En qué se parecen los mitos y leyendas de las diferentes culturas que conoces? ¿Cómo se convierte una persona en un mito?

Debatibles: ¿Son igual de correctas todas las variedades de una lengua? ¿Hay variedades que tienen más prestigio que otras? ¿Hablamos de diferentes culturas cuando la lengua es la misma? ¿Te identificas con los valores de los héroes de tu cultura? ¿Nos sirven de ejemplo los mitos? ¿Hay el mismo número de héroes que de heroínas?

○ **EN ESTE CAPÍTULO VAMOS A:**

Descubrir:
■ la riqueza y diversidad del mundo hispano
■ las variedades de las lenguas.

Explorar:
■ la relación entre lengua y cultura
■ diferentes figuras de referencia del mundo hispano.

Actuar para:
■ colaborar directamente con una ONG de un país de habla hispana
■ dar visibilidad a esta cultura en la escuela.

Las siguientes habilidades de los enfoques del aprendizaje serán útiles:

- Habilidades de comunicación
- Habilidades de organización
- Habilidades de reflexión
- Habilidades de pensamiento crítico
- Habilidades de gestión de la información

Reflexiona sobre el siguiente atributo de la comunidad de aprendizaje:

- **Indagadores:** Cultivamos nuestra curiosidad, a la vez que desarrollamos habilidades para la indagación y la investigación. Sabemos cómo aprender de manera autónoma y junto con otros. Aprendemos con entusiasmo y mantenemos estas ansias de aprender durante toda la vida.

Oportunidades de evaluación en este capítulo:

Criterio A: Comprensión auditiva

Criterio B: Comprensión de lectura

Criterio C: Expresión oral

Criterio D: Expresión escrita

GRAMÁTICA

En este capítulo se tratan los siguientes aspectos gramaticales:

1 Tiempos verbales:
   - presente de indicativo
   - pretérito indefinido de indicativo
   - pretérito perfecto de indicativo
   - futuro de indicativo
   - condicional de indicativo
   - imperativo
   - presente de subjuntivo
2 Conectores temporales
3 Conectores textuales

▼ Nexos: Individuos y sociedades

Como veremos en este capítulo, los países hispanohablantes comparten una serie de cuestiones culturales muy concretas. Con ayuda de tu profesor de Individuos y sociedades, investiga la vertiente histórica que tiene que ver con las diferencias entre estos países. Puedes trabajar en grupo y centrarte en dos o tres países vecinos de tu propia elección. Pueden ser interesantes cuestiones como la fecha y las condiciones de la independencia de esos países.

VOCABULARIO SUGERIDO

Sustantivos	Adjetivos	Verbos
afianzamiento	austero	acelerar
buró	consolidado	contraerse
censo	disímil	declinar
colonizador	empobrecido	difundir
condecoración	épico	encarnar
convivencia	estancado	estimar
crisantemo	factible	expandirse
dialecto	franco	prosperar
dominio	idiomático	sacrificar
epopeya	indígena	
hazaña	itálico	
héroe	mahometano	
hispanización	marginal	
homogeneidad	vernáculo	
intérprete	zarrapastroso	
legión		
mandatario		
mestizaje		
mito		
mitología		
multiculturalidad		
oleada		
prestigio		
valores		

¿En cuántos países se habla español?

EL ESPAÑOL DE AMÉRICA

Cuando Colón llegó a América en 1492, el idioma español ya se encontraba consolidado en la Península. Pero en este nuevo mundo se inició otro proceso, el del afianzamiento de esta lengua, llamado hispanización.

La diversidad idiomática americana era tal, que algunos autores estiman que este continente es el más fragmentado lingüísticamente, con alrededor de 123 familias de lenguas, muchas de las cuales poseen, a su vez, decenas o incluso cientos de lenguas y dialectos. Sin embargo, algunas de las lenguas indígenas importantes – por su número de hablantes o por su aporte al español – son el náhuatl, el taíno, el maya, el quechua, el aimara, el guaraní y el mapuche, por citar algunas.

El español llegó al continente americano a través de los sucesivos viajes de Colón y, luego, con las oleadas de colonizadores que buscaban en América nuevas oportunidades. En su intento por comunicarse con los indígenas, recurrieron al uso de gestos y luego a intérpretes europeos o a indígenas cautivos para tal efecto, que permitiesen la intercomprensión de culturas tan disímiles entre sí.

Sin embargo, aquellos primeros esfuerzos resultaron insuficientes, y la hispanización de América comenzó a desarrollarse sólo a través de la convivencia entre españoles e indios, sobre todo con el mestizaje.

PIENSA–COMPARA–COMPARTE

Lee las siguientes preguntas con atención y **compara** tus ideas con las de tus compañeros:

1 ¿Qué es una variedad de una lengua?
2 ¿Qué variedades del español conoces?
3 ¿Qué otras lenguas conoces que tengan variedades?
4 ¿Qué variedad del español crees que es más conocida?
5 ¿Tienen todas las variedades del español el mismo prestigio? ¿Por qué?

■ Países de habla española
■ Países con importantes minorias de hablantes

ACTIVIDAD: El español de América

■ Enfoques del aprendizaje

Habilidades de comunicación: Leen con actitud crítica y para comprender

Después de haber leído el texto, responde las siguientes preguntas y **justifica** tus respuestas:

1 ¿En qué siglo llegó Colón a América?
2 ¿Cuántas familias de lenguas hay en América?
3 ¿Qué lenguas indígenas se mencionan en el texto?
4 ¿Por qué fue importante el mestizaje?
5 ¿De dónde era la mayoría de la población hispana que llegó a América?
6 ¿De qué tipo de texto se trata?

◆ Oportunidades de evaluación

En esta actividad se han practicado las habilidades que son evaluadas por medio del Criterio B: Comprensión de lectura.

ACTIVIDAD: Variedades de otras lenguas

■ Enfoques del aprendizaje

Habilidades de comunicación: Usan una variedad de organizadores para realizar las tareas de redacción académica

Investiga y **escribe** un pequeño ensayo de 500 palabras sobre las variedades de una lengua que conozcas. No olvides mencionar el número de hablantes, en qué territorio se habla, si tienen el mismo prestigio todas las variedades de esta lengua, etc.

◆ Oportunidades de evaluación

En esta actividad se han practicado las habilidades que son evaluadas por medio del Criterio D: Expresión escrita.

ACTIVIDAD: Diferencias lingüísticas del español

■ Enfoques del aprendizaje

Habilidades de pensamiento crítico: Identifican tendencias y prevén posibilidades

Busca en YouTube el vídeo Proyecto de Lengua - Diferencias lingüísticas del español o escribe la siguiente dirección web: **www.youtube.com/watch?v=Mv4j6NzIDmg**.

Después de verlo, **escribe** una tabla con todos los elementos nombrados, fijándote en qué palabras son las más y las menos utilizadas.

Palabras más utilizadas	Palabras menos utilizadas

◆ Oportunidades de evaluación

En esta actividad se han practicado las habilidades que son evaluadas por medio del Criterio A: Comprensión auditiva.

Lee el siguiente artículo sobre los hispanohablantes.

Más hispanohablantes, pero peores

Treinta años, más o menos, lleva el gobierno de España calculando (a través de diferentes organismos pero, sobre todo, del Instituto Cervantes) el número de hispanohablantes que andan por el mundo. Echar la cuenta es difícil, pero podemos establecer referencias. Hace tres décadas, el mundo tenía 430 millones de personas que hablaban español como primera lengua. Hoy, rondan los 470 millones, a los que hay que añadir 68 millones de personas que tienen una competencia alta pero no completa del idioma. Además, en los años 80, el número de estudiantes de español andaba por los 14 millones. Hoy, supera la cuota de los 21 millones, aunque lleva algunos años estancado. Y el conjunto da un porcentaje: el 6,7% de la población mundial habla español en este momento. El porcentaje subirá hasta el 7,5% en 2030 y al 10% en tres o cuatro generaciones. En cambio, la proporción de hablantes nativos de chino e inglés desciende porque sus comunidades crecen más despacio que la población del mundo.

Víctor García de la Concha, el director del Cervantes, ha dicho que somos más pero que hablamos peor. "No hay duda de que estamos ante un caso de uso empobrecido del español. Alguna vez he usado la palabra 'zarrapastroso' para definir esta situación. Es un problema de escasa lectura y de deficiente educación."

▼ Nexos: Matemáticas

Reflexiona sobre los datos del artículo anterior y con la ayuda de tu profesor o profesora de matemáticas, organiza los datos y porcentajes que aparecen en el fragmento en alguno de los formatos que has aprendido en esa asignatura: gráfico o diagrama de barras, gráfico o diagrama de sectores, histograma, polígono de frecuencias, pictograma, etc.

CÍRCULO DE OPINIONES

Contesta las siguientes preguntas y después **comparte** tus opiniones con el resto de la clase.

1 **¿Crees que es más importante comunicar o hablar correctamente?**
2 **¿Qué crees que es lo más difícil cuando se aprende a hablar una lengua?**
3 **¿Por qué algunas lenguas son más populares entre los estudiantes?**
4 **¿Qué lenguas son más populares entre los estudiantes de lenguas?**
5 **¿Consideras que el español es atractivo para los estudiantes de lenguas?**

ACTIVIDAD: Las variedades de mi lengua

■ Enfoques del aprendizaje

Habilidades de comunicación: Interpretan y utilizan eficazmente distintas modalidades de comunicación verbal

Durante diez minutos **elabora** una presentación oral sobre las variedades de tu lengua, que **presentarás** al resto de la clase durante un tiempo aproximado de dos minutos.

Asegúrate de que incluyes la siguiente información:
- **¿Todos los hablantes de tu lengua hablan de la misma forma?**
- **¿Hay situaciones en las que hablas de forma diferente?**
- **¿Por qué cambiamos de forma de hablar según la situación?**

◆ Oportunidades de evaluación

En esta actividad se han practicado las habilidades que son evaluadas por medio del Criterio C: Expresión oral.

¿A qué se debe que una lengua se hable en muchos países?

Lee el siguiente artículo sobre el futuro de la lengua.

¿Qué pasaría si…?

Hasta cierto punto podemos decir que en el mundo occidental existe una lengua franca que es la lengua inglesa.

Es casi imposible determinar la cantidad de idiomas que existen hoy en día en nuestro planeta, sin embargo algunos estudios han llegado a calcular una cifra de 6909 lenguas.

Este número aunque parezca muy extenso es bastante limitado en relación a las lenguas que han existido a lo largo de la historia de la humanidad. Muchas lenguas van desapareciendo de año a año.

En el mundo de hoy, donde la población mundial supera los 6 mil millones de personas, la suma de 6909 idiomas es un número muy pequeño en relación a las de 10.000 o 12.000 lenguas que existían hace unos diez mil años, cuando la población no superaba los 10 millones de habitantes.

El futuro de la lengua

Los científicos y analistas del tema predicen que es casi imposible que el mundo quede dominado por un idioma solo. Esto antes que nada se debe a que el idioma es parte de nuestra cultura.

Es imposible separar la cultura de los individuos de su idioma, por esta razón la posibilidad de una primera lengua natural común queda descartada. Sin embargo se podría pensar en una segunda lengua común a todos como algo factible.

Como decíamos en la introducción del artículo, en gran parte del mundo occidental puede considerarse que el inglés es una segunda lengua común. Durante el Imperio Romano, en Occidente la lengua común o lengua franca fue el latín.

En ambos casos no fue una cuestión de azar, sino de una política expansiva por parte de los poderosos. En el caso de los romanos, una invasión física de las tropas de guerra y la posterior asimilación de la cultura de los pueblos conquistados y la cultura latinas.

De esta manera es lógico pensar que la lengua que consiga ser la segunda lengua global tendrá que estar ligada a un poder político, económico y social.

Una sola lengua

Un idioma común podría traer tanto efectos positivos como efectos negativos. Por una parte puede pensarse que la posibilidad de comunicarse globalmente podría permitir conexiones formidables para trabajos, investigaciones y relaciones sociales que ahora son solo en parte posibles.

El tráfico de información podría acelerarse de manera increíble y los proyectos a nivel mundial podrían alcanzarse más fácilmente implicando fuerzas de todos los países.

Sin embargo, una sola lengua también traería consigo la homogeneidad de la población mundial, y por tanto la destrucción de la multiculturalidad del globo. Al fin y al cabo lo que le da riqueza al mundo es la diversidad.

ACTIVIDAD: ¿Qué pasaría si...?

■ Enfoques del aprendizaje

Habilidades de comunicación: Leen con actitud crítica y para comprender

Contesta las siguientes preguntas y **justifica** tus respuestas siguiendo la información del texto:

1 **¿Cuál es la lengua franca en la actualidad?**
2 **¿Cuántas lenguas se calcula que hay en el mundo en estos momentos?**
3 **¿Existe la posibilidad de una sola lengua según el texto?**
4 **¿Cuál era la lengua franca durante el Imperio Romano?**
5 **¿A qué tendría que estar ligada la segunda lengua global?**
6 **¿Cuáles serían las consecuencias negativas de hablar una sola lengua en todo el planeta?**

◆ Oportunidades de evaluación

En esta actividad se han practicado las habilidades que son evaluadas por medio del Criterio B: Comprensión de lectura.

ACTIVIDAD: La casa de las palabras: la Real Academia Española

■ Enfoques del aprendizaje

Habilidades de gestión de la información: Procesan datos y elaboran informes de resultados

Busca en YouTube el vídeo La casa de las palabras (Real Academia Española) o escribe la siguiente dirección web: www.youtube.com/watch?v=3qKRB2RXod4.

Después de verlo, contesta las siguientes preguntas y **justifica** tus respuestas:

1 **¿Desde cuándo existe la Real Academia Española (RAE)?**
2 **¿Quién fue el primer director de la RAE?**
3 **¿Cuál es el lema de la RAE?**
4 **¿Cuántos miembros hay en la RAE?**
5 **¿De qué se ocupa principalmente la RAE?**
6 **¿A qué está destinado el nuevo diccionario histórico del español?**

◆ Oportunidades de evaluación

En esta actividad se han practicado las habilidades que son evaluadas por medio del Criterio A: Comprensión auditiva.

ACTIVIDAD: Interpretación simultánea

■ Enfoques del aprendizaje

Habilidades de comunicación: Negocian ideas y conocimientos con compañeros y profesores

La equivalencia entre dos lenguas a la hora de ser traducidas no es exacta, debido sobre todo a factores culturales. En este ejercicio vamos a comprobar cómo esto se hace evidente con frecuencia. Para ello, **elabora** un texto de aproximadamente 100 palabras, que tu compañero/a tendrá que ir traduciendo en voz alta de forma simultánea.

No olvides incluir en el texto palabras o expresiones que a tu juicio no tienen una traducción exacta en otras lenguas.

◆ Oportunidades de evaluación

En esta actividad se han practicado las habilidades que son evaluadas por medio del Criterio D: Expresión escrita.

ACTIVIDAD: Mafalda en la ONU

Habilidades de comunicación: Escriben con diferentes propósitos

En las viñetas, puedes observar cómo Mafalda quiere trabajar como intérprete en la ONU cuando sea mayor para favorecer la paz entre los países. **Escribe** un texto de aproximadamente 200 palabras en el que cuentes lo que te sugieren las viñetas.

◆ Oportunidades de evaluación

En esta actividad se han practicado las habilidades que son evaluadas por medio del Criterio D: Expresión escrita.

ACTIVIDAD: Los intérpretes de la ONU

■ Enfoques del aprendizaje

Habilidades de gestión de la información: Procesan datos y elaboran informes de resultados

En la Organización de las Naciones Unidas trabajan muchas personas como intérpretes con el fin de facilitar el entendimiento de personas que no tienen una lengua en común. **Escribe** un artículo de aproximadamente 200 palabras en el que respondas las siguientes preguntas:
- **¿Cómo crees que es este trabajo?**
- **¿Qué se necesita para trabajar de intérprete?**
- **¿Te gustaría llegar a trabajar como intérprete?**

◆ Oportunidades de evaluación

En esta actividad se han practicado las habilidades que son evaluadas por medio del Criterio D: Expresión escrita.

¿Hablamos de diferentes culturas cuando la lengua es la misma?

PIENSA–COMPARA–COMPARTE

Lee las siguientes preguntas con atención y **compara** tus ideas con las de tus compañeros:

1 ¿Qué importancia tiene la lengua en las diferentes culturas?
2 ¿Qué tienen en común los países hispanohablantes además de la lengua?
3 ¿Pueden tener dificultad para entenderse los hablantes de español de diferentes países?
4 ¿Es más rica una lengua por tener más dialectos?
5 ¿Puede un mismo hablante hablar diferentes dialectos?

ACTIVIDAD: Lenguas indígenas en México

▪ Enfoques del aprendizaje

Habilidades de gestión de la información: Utilizan la capacidad crítica para analizar e interpretar los contenidos de los medios de comunicación

Busca en YouTube el vídeo **Lenguas indígenas en México** o escribe la siguiente dirección web: **https://www.youtube.com/watch?v=T--ELzMsRbM&t=44s**.

Después de verlo, contesta las siguientes preguntas y **justifica** tus respuestas:

1 ¿A quién va dirigido el vídeo?
2 ¿Cuántas lenguas indígenas se hablan en México?
3 ¿Por qué es importante la diversidad lingüística?
4 ¿Qué se entiende por discriminación hacia las lenguas indígenas?
5 ¿Qué hay que hacer cuando una lengua se encuentra en peligro?

◆ Oportunidades de evaluación

En esta actividad se han practicado las habilidades que son evaluadas por medio del Criterio A: Compresión auditiva.

¿Las lenguas se expanden?

Entender por qué una lengua se difunde o se contrae es un asunto complicado. No hay una fórmula que explique cómo prosperan o declinan las lenguas, porque cada caso es distinto. No sabemos a ciencia cierta por qué el arameo se difundió tanto o por qué se extendieron el griego, el celta o el latín. Cada uno se expandió y continuó haciéndolo con su propio impulso. Lo mismo pasa con el inglés de la época actual y con el español en periodos más recientes.

Según el buró de censos de Estados Unidos existen 50.5 millones de hablantes de español en este país.

Según Lewis hay varios factores que pueden relacionarse con la expansión de una lengua: las actitudes de los hablantes, las relaciones entre los hablantes de las diferentes lenguas, la modernización, la movilidad, la demografía, los cambios políticos, militares y los factores ideológicos. Todos estos, al combinarse, influyen en la preferencia sobre una lengua u otra y se presentan de diversas maneras, algunas de las cuales vale la pena mencionar:

Conquistas militares

Las conquistas militares o culturales son factores decisivos para la expansión de una lengua. Por ejemplo, después de la conquista española, el castellano se extendió a toda Iberoamérica como lengua oficial y, después de la II Guerra Mundial, el inglés se difundió, ya que fue necesario interactuar más con hablantes de esa lengua. Otro ejemplo de esto es el latín, que en un principio era hablado por un número insignificante de personas que vivía en el centro de la península itálica, pero que se extendió a todo el mundo conocido cuando las legiones romanas conquistaron vastos dominios.

■ El imperio romano

Factores religiosos

Los factores religiosos suelen ser importantes en la difusión de las lenguas. Tal es el caso del árabe, que se difundió por Asia, Europa y África, cuando se convirtió en la lengua de la religión mahometana. En las orillas del Imperio otomano, el árabe cedió terreno a las lenguas que se habían hablado antes, pero en el área central desplazó al griego y al cóptico e hizo que el bereber se retirara al desierto. Al difundir su religión, los árabes difundieron su lengua, la cual, además, era indispensable para leer el Corán y, por lo tanto, para entrar en el Paraíso.

A través de los tiempos de conquistas podemos ver la diferencia entre la difusión del inglés y la del español. Para los españoles llevar la lengua era parte del ideal del imperialismo y el catolicismo y sacrificaron todo por imponerla. Para los ingleses eso no era tan importante y por ello no la impusieron en muchos de los territorios colonizados, por ejemplo, en la India.

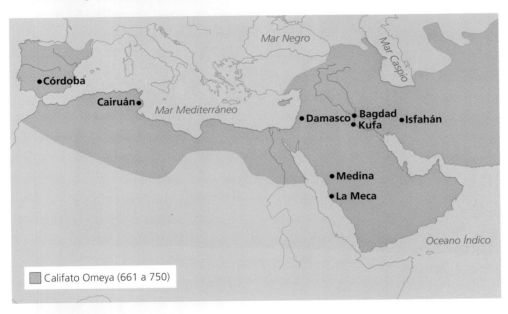

Califato Omeya (661 a 750)

■ El Califato omeya

Prestigio

Muchas veces el prestigio es lo que hace que una lengua se difunda. Resulta que en la Nueva España, por ejemplo, hablar español era una condición necesaria, entre muchas otras, para el ascenso social. Generalmente hablar la lengua vernácula se identifica con lo marginal y esto sucede aún hoy en día. Véase el caso de los hablantes de lenguas indígenas en México como sinónimo de pobreza y marginación; o el caso de África, en donde hablar la mayor parte de las lenguas vernáculas se vincula con un muy bajo perfil.

Actitud de los hablantes

Una lengua florece cuando parece ser ventajosa para los que la aprenden y declina cuando deja de serlo. La política de un Estado puede jugar un papel importante, pero son los individuos los que deciden qué hacer. Las lenguas siempre están cambiando, pero, además, cambia el atractivo que tienen para sus hablantes y el uso que éstos les dan. Unas pierden hablantes al grado de que desaparecen o pierden funciones; otras veces se extienden ganando más y más hablantes.

FIRST LANDING OF COLUMBUS ON THE SHORES OF THE NEW WORLD
AT SAN SALVADOR, W. L. OCT. 12TH 1492.

■ Cristobál Colón

ACTIVIDAD: ¿Las lenguas se expanden?

■ Enfoques del aprendizaje

Habilidades de comunicación: Leen con actitud crítica y para comprender

Después de haber leído el texto sobre la expansión de las lenguas, contesta las siguientes preguntas y **justifica** tus respuestas:

1 ¿Cuántos hablantes de español hay en Estados Unidos?
2 ¿Qué factores pueden relacionarse con la expansión de una lengua?
3 ¿Qué pasó con el castellano después de la conquista española?
4 ¿Por qué se difundió el árabe por Asia, Europa y África?
5 ¿Por qué es importante el prestigio a la hora de difundir una lengua?
6 ¿Qué es una lengua vernácula?
7 ¿Qué importancia tienen los hablantes en el florecimiento de una lengua?

◆ Oportunidades de evaluación

En esta actividad se han practicado las habilidades que son evaluadas por medio del Criterio B: Comprensión de lectura.

PUNTO DE INDAGACIÓN

Lee las siguientes preguntas y **compara** tu experiencia y tus opiniones con las de tus compañeros:

1 ¿Por qué desaparece una lengua?
2 ¿Qué factores pueden influir en la desaparición de una lengua?
3 ¿Cuántas lenguas han muerto en el último siglo?
4 ¿Para qué se estudian las lenguas muertas?

ACTIVIDAD: Una cultura bajo el agua

En la fotografía, puedes observar la isla de Kiribati que según los expertos desaparecerá bajo las aguas para el año 2100 debido al cambio climático, por lo que todos los habitantes de esa isla se quedarán sin el lugar donde su cultura ha tenido lugar durante los últimos siglos.

Imagina que tu país y todos sus bienes culturales también desaparecen bajo el agua y que todos los visitantes deben realojarse en nuevos territorios. **Escribe** un post para un blog de aproximadamente 200 palabras en el que contestes las siguientes preguntas:
- **¿Qué te sugiere esta situación?**
- **¿Qué crees que sucedería?**

◆ Oportunidades de evaluación

En esta actividad se han practicado las habilidades que son evaluadas por medio del Criterio D: Expresión escrita.

ACTIVIDAD: Otras culturas amenazadas

Investiga sobre otros lugares y culturas que estén amenazados a causa del cambio climático. Prepara una presentación audiovisual de aproximadamente tres minutos y **preséntala** al resto de la clase. No olvides decir de qué lugares se trata y su importancia, por qué ha incidido el cambio climático en su posible desaparición y qué se podría hacer para remediarlo.

◆ Oportunidades de evaluación

En esta actividad se han practicado las habilidades que son evaluadas por medio del Criterio C: Expresión oral.

CÍRCULO DE OPINIONES

Contesta las siguientes preguntas y después **comparte** tus opiniones con el resto de la clase.

1 Cuándo hablas una lengua, ¿solamente utilizas palabras de esa lengua?
2 ¿Por qué utilizamos palabras de otras lenguas?
3 ¿Conoces la situación de lugares en los que se habla más de una lengua? ¿Qué sucede en estos casos?
4 ¿Hablas más de una lengua?
5 ¿Cómo es la vida de las personas que hablan varias lenguas?
6 ¿Y las que únicamente hablan una?

ACTIVIDAD: Discurso a favor de la diversidad lingüística

■ Enfoques del aprendizaje

Habilidades de gestión de la información: Utilizan la capacidad crítica para analizar e interpretar los contenidos de los medios de comunicación

Elabora un discurso oral de aproximadamente dos minutos de duración a favor de la diversidad lingüística. Para ello, elabora un breve esquema en el que no olvides incluir la siguiente información:

- **En qué nos hace mejores respetar la diversidad.**
- **Por qué es mejor que haya muchas lenguas.**
- **En qué mejorarías la situación de algunas lenguas.**

◆ Oportunidades de evaluación

En esta actividad se han practicado las habilidades que son evaluadas por medio del Criterio C: Expresión oral.

CONECTA–EXTIENDE–DESAFÍA

Partiendo de la información que has adquirido en este tema, **investiga** sobre una lengua que se haya muerto en el último siglo. Para ello, puede servirte de internet o de tu propio entorno familiar.

Sigue estos pasos:

1 **Conecta** la información que abordasteis con lo que ya sabíais previamente.
2 **Extiende** las ideas agregando información que no se haya mencionado.
3 **Desafía** las ideas mencionadas con preguntas que tengáis al respecto.

Elabora una breve presentación audiovisual de no menos de 4 minutos que mostrarás al resto de la clase.

En ella deberás **explicar** cómo es el proceso de la desaparición de una lengua, qué hacen los gobiernos para proteger las lenguas en peligro de extinción, cómo podemos conservar esa lengua en el futuro, etc.

¿Cómo se convierte una persona en un mito?

HÉROES

Del latín "heros", que a su vez deriva de un vocablo griego, la palabra "héroe" hace referencia a un hombre que es famoso, ilustre y reconocido por sus virtudes o hazañas. Por ejemplo: "Luciano es un pequeño héroe de apenas 12 años que salvó a su madre de morir en un incendio"; "Mi tío es un héroe de guerra que cuenta con varias condecoraciones"; "Diego Maradona fue el héroe argentino en el campeonato mundial de 1986".

En una epopeya o un poema épico, el héroe es el personaje principal y quien desarrolla las acciones más importantes. En la mitología tradicional, por otra parte, un héroe es aquél que es más que un hombre, pero menos que un dios, ya que nació de un ser divino y de un ser humano.

El héroe, en ese sentido, suele encarnar los rasgos más sobresalientes y valorados de su cultura de origen. Presenta, por lo tanto, las habilidades idealizadas que le permiten concretar grandes hazañas, o actos heroicos, que son los que le dan fama y lo convierten en alguien admirado por el resto de la comunidad.

Salvar a la gente de una muerte casi segura o derrotar a un enemigo muy poderoso son las acciones heroicas por excelencia en la mitología antigua y en la épica. En la sociedad moderna, en cambio, los héroes pueden representar otros valores. De esta manera, el responsable de un éxito deportivo o el artista admirado pueden ser considerados como héroes.

■ Maradona

PIENSA–COMPARA–COMPARTE

Lee las siguientes preguntas con atención y **compara** tus ideas con las de tus compañeros:

1 ¿Qué es para ti un héroe?
2 ¿Tienes algún héroe en particular? ¿Cuál y por qué?
3 ¿Te gustaría ser un héroe?
4 ¿Qué harías para ser un héroe?
5 ¿Puedes llegar a ser héroe por accidente?

ACTIVIDAD: Comandante Che Guevara

■ Enfoques del aprendizaje

Habilidades de reflexión: Consideran las implicaciones éticas, culturales y ambientales

Busca en YouTube el vídeo Carlos Puebla - Comandante Che Guevara o escribe la siguiente dirección web: www.youtube.com/watch?v=-RYQQ518aEo.

Después de verlo, contesta las siguientes preguntas y **justifica** tus respuestas:

1   ¿De qué habla la canción?
2   ¿A quién está dedicada?
3   ¿Qué estilo de música es?
4   ¿Cómo es la mano del Che?
5   ¿Cómo viene quemando la brisa?
6   ¿Qué te hace sentir la canción?

◆ Oportunidades de evaluación

En esta actividad se han practicado las habilidades que son evaluadas por medio del Criterio A: Comprensión auditiva.

ACTIVIDAD: Mi héroe

■ Enfoques del aprendizaje

Habilidades de comunicación: Escriben con diferentes propósitos

Escribe una carta de 200 palabras en la que te dirijas a tu héroe favorito. No olvides dar las razones por las cuales es tu héroe y si crees que puedes llegar a ser como él en el futuro.

◆ Oportunidades de evaluación

En esta actividad se han practicado las habilidades que son evaluadas por medio del Criterio D: Expresión escrita.

Lee el siguiente artículo sobre José Mujica.

José Mujica, ¿el último héroe?

"Los que pensamos distinto quedamos como unos locos sueltos, a lo sumo nos pueden admirar, pero no nos siguen". Lo confiesa José "Pepe" Mujica, presidente de Uruguay, con una risa franca que capta al vuelo la cámara de Emir Kusturica, quien está rodando estos días un documental sobre el mandatario más impactante y mejor aceptado de la comunidad internacional. Obama le recibió la pasada semana en la Casa Blanca, y dijo de él que es una persona que "vive de acuerdo a lo que piensa". Y así parece, a juzgar por su forma de vida: sigue residiendo en una pequeña y más que modesta casa, el único coche que posee un viejísimo Volkswagen azul y dona gran parte de su sueldo al Fondo Raúl Sendic, una popular iniciativa solidaria.

Ese modo de vida austero ha sido confundido con la simple pobreza, calificativo que Mujica ha rechazado afirmando que: "Yo no soy pobre, pobres son los que creen que yo soy pobre. Tengo pocas cosas, es cierto, las mínimas, pero sólo para poder ser rico. Quiero tener tiempo para dedicarlo a las cosas que me motivan. Y si tuviera muchas cosas tendría que ocuparme de atenderlas y no podría hacer lo que realmente me gusta. Esa es la verdadera libertad, la austeridad, el consumir poco. La casa pequeña, para poder dedicar el tiempo a lo que verdaderamente disfruto".

"Mujica simboliza un modelo distinto de hacer política. Vive modestamente, pero no lo siente como un sacrificio. Él vive así – compra en la misma carnicería, conduce el mismo coche, cultiva crisantemos – porque está a gusto, no lo percibe como una renuncia. Y ha llegado a un punto vital en el que ha tejido una reflexión muy interesante sobre la felicidad y sobre el destino del mundo más allá de una discusión política circunstancial".

CÍRCULO DE OPINIONES

Contesta las siguientes preguntas y después **comparte** tus opiniones con el resto de la clase.

1 **¿Consideras que los políticos deben ser gente cercana?**
2 **¿Crees que es mejor un presidente de estas características? ¿Por qué?**
3 **¿Cómo se convierte un político en héroe?**
4 **¿Cómo imaginas tu vida si fueses el presidente de tu país?**
5 **¿Qué harías para mejorar tu país si fueses presidente?**

ACTIVIDAD: José Mujica, ¿el último héroe?

■ Enfoques del aprendizaje

Habilidades de comunicación: Leen con actitud crítica y para comprender

Después de haber leído el texto, responde las siguientes preguntas y **justifica** tus respuestas:

1 **¿Qué cineasta se menciona en el texto?**
2 **¿Qué dijo Obama sobre José Mujica?**
3 **¿Dónde vive José Mujica?**
4 **¿Se considera el presidente una persona pobre?**
5 **¿Para qué quiere tener tiempo José Mujica?**
6 **¿Qué simboliza el presidente de Uruguay?**
7 **¿Qué flores cultiva el presidente?**
8 **¿Qué te transmite el texto?**

◆ Oportunidades de evaluación

En esta actividad se han practicado las habilidades que son evaluadas por medio del Criterio B: Comprensión de lectura.

ACTIVIDAD: Un buen político

■ Enfoques del aprendizaje

Habilidades de comunicación: Utilizan una variedad de técnicas de expresión oral para comunicarse con diversos destinatarios

Elabora una breve presentación oral de aproximadamente dos minutos de duración sobre las características que debe tener una persona para ser un buen político. Para ello, elabora un breve esquema en el que no olvides incluir la siguiente información:
- **Cómo debe ser su trato con las personas.**
- **Cómo debe expresarse en público.**
- **Cómo debe ser su vida privada.**

◆ Oportunidades de evaluación

En esta actividad se han practicado las habilidades que son evaluadas por medio del Criterio C: Expresión oral.

Lee el siguiente artículo sobre José Martí.

José Martí

José Martí (1853–95) nació en el seno de una modesta familia española en La Habana, el 28 de enero de 1853, donde recibió su educación primaria. A los 16 años por sus ideas revolucionarias fue condenado a 6 años de prisión. Con la salud quebrantada, fue indultado y confinado en la isla de Pinos. Años más tarde, vivió su destierro en Francia. En 1875 se trasladó a México donde se casó con Carmen Zayas Bazán, y en 1877 fue a Guatemala, donde enseñó por un tiempo en la Universidad Nacional. Volvió a Cuba en 1878, pero fue desterrado nuevamente en 1879 por sus continuas actividades revolucionarias. Se trasladó a EE.UU. donde vivió entre 1881 y 1895 en Nueva York, ejerció el periodismo y fundó en 1892 el Partido Revolucionario Cubano. En 1895 en la isla de Santo Domingo redactó el Manifiesto de Montecristi, en el que predicó la guerra sin odio. Desembarcó en Playitas, en el este de Cuba, donde murió un mes más tarde, el 19 de mayo de 1895, durante una escaramuza con tropas españolas en Dos Ríos.

ACTIVIDAD: José Martí

■ Enfoques del aprendizaje

Habilidades de comunicación: Leen una variedad de fuentes para obtener información y por placer

Después de haber leído el texto, responde las siguientes preguntas y **justifica** tus respuestas:

1 ¿Quién fue José Martí?
2 ¿En qué siglo vivió?
3 ¿Adónde fue a la escuela?
4 ¿Por qué fue condenado a 6 años de cárcel?
5 ¿Por qué fue indultado?
6 ¿Cuándo vivió en Estados Unidos?
7 ¿Qué predicó José Martí?
8 ¿De qué tipo de texto se trata?

◆ Oportunidades de evaluación

En esta actividad se han practicado las habilidades que son evaluadas por medio del Criterio B: Comprensión de lectura.

ACTIVIDAD: ¿Quién fue Simón Bolívar?

■ Enfoques del aprendizaje

Habilidades de gestión de la información: Obtienen, registran y verifican datos

Busca en YouTube el vídeo **Biografia de Simón Bolívar El Libertador** o escribe la siguiente dirección web: **https://www.youtube.com/watch?v=y-mTsXMpsHY**.

Después de verlo, contesta las siguientes preguntas y **justifica** tus respuestas:

1 ¿Quién fue Simón Bolívar?
2 ¿Qué hicieron los libertadores de América?
3 ¿Qué países latinoamericanos están relacionados con Simón Bolívar?
4 ¿Quién era el ídolo de Simón Bolívar en su juventud?
5 ¿Dónde se educó Simón Bolívar?
6 ¿Qué pensaba Simón Bolívar sobre los reyes de España?
7 ¿En qué año se independizó Venezuela?
8 ¿Qué país sudamericano lleva su nombre en honor a Simón Bolívar?

◆ Oportunidades de evaluación

En esta actividad se han practicado las habilidades que son evaluadas por medio del Criterio A: Comprensión auditiva.

ACTIVIDAD: Héroes o heroínas

■ Enfoques del aprendizaje

Habilidades de comunicación: Utilizan una variedad de técnicas de expresión oral para comunicarse con diversos destinatarios

Elabora una breve presentación oral de aproximadamente dos minutos de duración en la que reflexiones sobre la escasez de mujeres heroínas en la historia de nuestros países. Para ello, elabora un breve esquema en el que no olvides incluir la siguiente información:

* ¿Por qué hay más hombres?
* ¿A qué crees que se debe esa situación?
* ¿Es igual en todos los países?
* ¿Crees que puede cambiar en el futuro?

◆ Oportunidades de evaluación

En esta actividad se han practicado las habilidades que son evaluadas por medio del Criterio C: Expresión oral.

Enfoques del aprendizaje

Habilidades de comunicación: Colaboran con los compañeros y con expertos utilizando diversos medios y entornos digitales

Busca en YouTube el vídeo **Qué difícil es hablar el español (con subtítulos en español)** o escribe la siguiente dirección web: **www.youtube.com/watch?v=eyGFz-zIjHE**.

Después de verlo, reflexiona y **analiza** con tus compañeros sobre los siguientes puntos:

1 **¿En qué te hace pensar el vídeo?**
2 **¿A qué otras lenguas te recuerda?**
3 **¿Crees que las variedades enriquecen o empobrecen una lengua?**
4 **¿Es el acento algo importante en una lengua?**
5 **¿Por qué es difícil entender esta canción?**

ACTIVIDAD: Rigoberta Menchú

Enfoques del aprendizaje

Habilidades de comunicación: Organizan y describen la información de manera lógica

Investiga sobre la figura de la Premio Nobel de la Paz, Rigoberta Menchú. Para ello, **elabora** un breve esquema de aproximadamente 100 palabras en el que no olvides incluir la siguiente información:

● **¿Por qué ha sido reconocida con el Premio Nobel?**
● **¿Crees que es una heroína?**
● **¿Crees que hay más figuras como ella que aún no han sido reconocidas?**

◆ Oportunidades de evaluación

En esta actividad se han practicado las habilidades que son evaluadas por medio del Criterio D: Expresión escrita.

! ACTÚA E INVOLÚCRATE

! Ahora que sabes más sobre el mundo hispano, es el momento de que te impliques con alguna causa en alguno de estos países. Para ello, buscad entre toda la clase una organización no gubernamental que ayude al desarrollo en algún país hispano y organizad una campaña en el colegio para recaudar fondos y colaborar económicamente con la organización que habéis escogido.

TAREA SUMATIVA PARA EVALUAR ESTE CAPÍTULO

Utiliza esta tarea para aplicar y ampliar tu conocimiento de este capítulo.
Esta tarea está diseñada para poder evaluar tus conocimientos en diferentes niveles de logro según los criterios de adquisición de lenguas.

TAREA: *1492 la conquista del paraíso*

■ Enfoques de aprendizaje

Habilidades de gestión de la información:
Obtienen, registran y verifican datos

Instrucciones

Para hacer esta actividad, busca en internet la película *1492: la conquista del paraíso* (www.youtube.com/watch?v=1_MRtIrzNjI).

Después de ver el vídeo contesta las preguntas y asegúrate de que tus respuestas son detalladas.

Contesta en español y utiliza tus propias palabras todo lo que puedas.

No utilices herramientas de traducción ni diccionarios para esta tarea.

Tendrás 60 minutos para completar esta tarea.

Preguntas

1 **¿De qué momento histórico trata la película?**
2 **¿Cuáles eran las concepciones del planeta Tierra hasta el momento histórico que trata la película?**
3 **Analiza las consecuencias que tuvieron para la humanidad los hechos de los que trata la película.**
4 **¿Qué importancia tiene Cristóbal Colón en este momento histórico?**
5 **¿Crees que los europeos se tienen que sentir orgullosos de este momento histórico y su desarrollo?**
6 **¿Crees que en el futuro puede tener lugar un hecho histórico semejante?**
7 **Escribe un texto de entre 200 y 250 palabras en el que expliques el sentido que deberíamos dar a este momento histórico en nuestros días.**

◆ Oportunidades de evaluación

Esta tarea puede usarse para evaluar tus habilidades de los Criterio A: Comprensión auditiva y Criterio D: Expresión escrita.

Reflexión

Reflexionemos sobre nuestro aprendizaje…
Usa esta tabla para reflexionar sobre tu aprendizaje personal en este capítulo.

Preguntas que hicimos	Respuestas que encontramos	Preguntas que podemos generar ahora			
Fácticas: ¿En cuántos países se habla español? ¿Se habla el mismo español en todos los países? ¿Desde cuándo se habla español en estos países? ¿Qué tienen en común los países en los que se habla español además de la lengua? ¿Qué personajes del mundo hispánico conoces?					
Conceptuales: ¿Qué es un dialecto? ¿A qué se debe que una lengua se hable en muchos países? ¿En qué se parecen los mitos y leyendas de las diferentes culturas que conoces? ¿Cómo se convierte una persona en un mito?					
Debatibles: ¿Son igual de correctas todas las variedades de una lengua? ¿Hay variedades que tienen más prestigio que otras? ¿Hablamos de diferentes culturas cuando la lengua es la misma? ¿Te identificas con los valores de los héroes de tu cultura? ¿Nos sirven de ejemplo los mitos? ¿Hay el mismo número de héroes que de heroínas?					
Enfoques de aprendizaje en este capítulo:	Descripción: ¿qué destrezas nuevas adquiriste?	¿Qué tan bien has consolidado estas destrezas?			
		Novato	En proceso de aprendizaje	Practicante	Experto
Habilidades de comunicación					
Habilidades de organización					
Habilidades de reflexión					
Habilidades de pensamiento crítico					
Habilidades de gestión de la información					
Atributos de la comunidad de aprendizaje	Reflexiona sobre la importancia de ser un indagador en este capítulo. ¿Cómo demostraste tus habilidades como indagador en este capítulo?				
Indagador					

Agradecimientos

Acknowledgements

The publishers would like to thank the following for permission to reproduce copyright material.

Every effort has been made to trace or contact all copyright holders, but if any have been inadvertently overlooked the Publishers will be pleased to make the necessary arrangements at the first opportunity.

Photo credits

p.2 © Monkey Business Images/Shutterstock.com; **p.4** © kikovic/Shutterstock.com; **p.6** © Jaromir Chalabala/Shutterstock.com; **p.7** © Monkey Business Images/Shutterstock.com; **p.8** © Monkey Business Images/Shutterstock.com; **p.9** © Blend Images/Alamy Stock Photo; **p.10** © David South/Alamy Stock Photo; **p.12** © Jupiterimages/BananaStock/Thinkstock; **p.13** l © Jennifer Lam/Shutterstock.com; **p.13** r © Allan Danahar/Photodisc/Getty Images; **p.14** © Syda Productions/Shutterstock.com; **p.15** © Jupiterimages/BananaStock/Thinkstock; **p.17** © Digital Vision/Photodisc/Thinkstock; **p.18** © Barabasa/Shutterstock.com; **p.19** © Rawpixel.com/Shutterstock.com; **p.20** © Africa Studio/Shutterstock.com; **p.21** © Mladen Mitrinovic/Shutterstock.com; **p.23** © nenetus/Shutterstock.com; **p.24** © Ollyy/Shutterstock.com; **p.25** © LoveTheWind/iStock/Thinkstock; **p.26** © paul - adobe.stock.com; **p.28** © REUTERS/Jose Palazon/Files; p.30 © Maren Winter/Shutterstock.com; **p.31** © mofles/iStock/Thinkstock; **p.32** © Oto Godfrey/http://www.terabass.com/https://commons.wikimedia.org/wiki/File:New_york_times_square-terabass.jpg/https://creativecommons.org/licenses/by-sa/3.0/deed.en; **p.33** © haveseen/Shutterstock.com; **p.34** © nuvolanevicata/Shutterstock.com; **p.35** © BigLike Images/Shutterstock.com; **p.36** © AGENZIA SINTESI/Alamy Stock Photo; **p.38** © XiXinXing/iStock/Thinkstock; **p.42** Andrey_Popov/Shutterstock.com; **p.44** © dpa picture alliance/Alamy Stock Photo; **p.45** © Mstyslav Chernov/https://commons.wikimedia.org/wiki/File:Women_and_children_among_Syrian_refugees_striking_at_the_platform_of_Budapest_Keleti_railway_station._Refugee_crisis._Budapest,_Hungary,_Central_Europe,_4_September_2015._(2).jpg/https://creativecommons.org/licenses/by-sa/4.0/deed.en/; **p.46** © Aman Ahmed Khan/Shutterstock.com; **p.47** ©bodnarchuk/iStock/Thinkstock; **p.48** © LUIS ACOSTA/AFP/Getty Images; **p.49** © JACK GUEZ/AFP/Getty Images; **p.50** © https://commons.wikimedia.org/wiki/File:Reportagem_sobre_o_projeto_%22Vozes_da_Paz%22_(17005059077).jpg/Jefferson Rudy/Senado Federal do Brasil/www.senado.gov.br/https://creativecommons.org/licenses/by/2.0/deed.en; **p.51** © StepanPopov/Shutterstock.com; **p.54** © Avesun/Shutterstock.com; **p.56** © Sergey Novikov/Shutterstock.com; **p.57** © George Dolgikh/Shutterstock.com; **p.58** © Antonio Guillem/Shutterstock.com; **p.59** © fabio formaggio/123RF; **p.60** © Landscape Nature Photo/Shutterstock.com; **p.61** © Prostock-studio/Shutterstock.com; **p.62** © Trek6500/Shutterstock.com; **p.63** © frantic00/Shutterstock.com; **p.64** l © Ben Gingell /123RF; **p.64** r © elbud/Shutterstock.com; **p.65** l © Jasminko Ibrakovic/Shutterstock.com; **p.65** r © Medioimages/Photodisc/Stockbyte/Getty Images; **p.66** t © Ttstudio/Shutterstock.com; **p.66** b © Justin Skinner /123RF; **p.67** © Billion Photos/Shutterstock.com; **p.69** © Jupiterimages/Stockbyte/Getty Images; **p.70** © Image Source Plus/Alamy Stock Photo; **p.72** © COLLART Hervé/Sygma/Getty Images; **p.73** © The Image Works/TopFoto; **p.74** © Matt Benoit/Shutterstock.com; **p.75** © KikoStock/Shutterstock.com; **p.76** © Lucky Business/Shutterstock.com; **p.77** © Rawpixel.com/Shutterstock.com; **p.80** © wimage72 - adobe.stock.com; **p.82** © Iakov Filimonov/Shutterstock.com; **p.84** © shubhangi kene /123RF; **p.85** ©asiseeit/E+/Getty Images; **p.86** © Monkey Business Images/Shutterstock.com; **p.87** © Luti/Shutterstock.com; **p.88** © Big Cheese Photo LLC/Alamy Stock Photo; **p.89** © Iakov Filimonov/Shutterstock.com; **p.90** © ESB Professional/Shutterstock.com; **p.92** © Roy Mehta/Iconica/Getty Images; **p.93** © Billion Photos/Shutterstock.com; **p.94** © wavebreakmedia/Shutterstock.com; **p.95** l © Dmytro Vietrov/Shutterstock.com; **p.95** r © Rawpixel.com/Shutterstock.com; **p.96** © Monkey Business Images/Shutterstock.com; **p.98** © gpointstudio/Shutterstock.com; **p.99** © wavebreakmedia/Shutterstock.com; **p.101** © CREATISTA/Shutterstock.com; **p.102** © Julio Aldana/Shutterstock.com; **p.103** © Iakov Filimonov/Shutterstock.com; **p.104** © Photographee.eu/Shutterstock.com; **p.105** © wang Tom /123RF; **p.108** © gpointstudio/Shutterstock.com; **p.110** © arbit/Shutterstock.com; **p.111** © Martinina/Shutterstock.com; **p.112** © Chad McDermott/Shutterstock.com; **p.113** © FCSCAFEINE/Shutterstock.com; **p.114** © Tataya Kudo/Shutterstock.com; **p.115** © Iamnee/Shutterstock.com; **p.116** © Foodio/Shutterstock.com; **p.117** © Sergey Novikov/Shutterstock.com; **p.118** © Igor terekhov /123RF; **p.119** l © Stefano Cavoretto/Shutterstock.com; **p.119** © r sodapix sodapix/Getty Images; **p.120** t © Papilio/Alamy Stock Photo; **p.120** b © 2000 Credit:Topham/PA/Topfoto; **p.121** © Sebastion Kahnert/DPA/PA Images; **p.123** © Barabasa/Shutterstock.com; **p.124** © Photographee.eu/Shutterstock.com; **p.125** © Alexander Raths/Shutterstock.com; **p.126** © kali9/E+/Getty Images; **p.127** l © Jupiterimages/DigitalVision/Getty Images; **p.127** r © De Visu/Shutterstock.com; **p.129** © Pressmaster/Shutterstock.com; **p.132** © William Perugini/Shutterstock.com; **p.134** © bikeriderlondon/Shutterstock.com; **p.135** © oouinouin/https://www.flickr.com/photos/oouinouin/5240762452//https://creativecommons.org/licenses/by/2.0/deed.en; **p.136** © Wallenrock/Shutterstock.com; **p.137** © Jim Boardman /123RF; **p.139** © Sergey Novikov/Shutterstock.com; **p.140** © Maremagnum/ Photolibrary/Getty Images; **p.141** © wavebreakmedia/Shutterstock.com; **p.142** © Monkey Business Images/Shutterstock.com; **p.143** © Iakov Filimonov/Shutterstock.com; **p.144** © James Woodson/DigitalVision/Getty Images; **p.145** © Jupiterimages, Brand X Pictures/Stockbyte/Thinkstock; **p.147** © Jan Mika/Shutterstock.com; **p.149** © ALEXEY GRIGOREV/Shutterstock.com; **p.152** © Jeffrey Blackler/Alamy Stock Photo; **p.153** © runzelkorn/Shutterstock.com; **p.154** © Alexei Novikov /123RF; **p.155** © Lichtmeister/Shutterstock.com; **p.156** © vadim_key - adobe.stock.com; **p.158** © gpointstudio/Shutterstock.com; **p.160** © Hadrian/Shutterstock.com; **p.161** © Fredrick Kippe/Alamy Stock Photo; **p.162** © garagestock/Shutterstock.com; **p.163** © Budimir Jevtic/Shutterstock.com; **p.164** © lazyllama/Shutterstock.com; **p.166** © Chensiyuan/https://commons.wikimedia.org/wiki/File:Tikal_temples_1_2_3_5_2009.JPG/https://creativecommons.org/licenses/by-sa/4.0//; **p.167** © loca4motion/Shutterstock.com; **p.168** © vitmark/Shutterstock.com; **p.169** © Hemis/Alamy Stock Photo; **p.170** © Jan Schuler/Alamy Stock Photo; **p.171** © Jupiterimages/DigitalVision/Getty Images; **p.173** © Lobro/Shutterstock.com; **p.174** © Hans-Peter Merten/Photodisc/Getty Images; **p.175** © Byelikova Oksana/Shutterstock.com; **p.176** © gary yim/Shutterstock.com; **p.177** © Solvin Zankl/Alamy Stock Photo; **p.178** © Simon Dannhauer/Shutterstock.com; **p.179** © dwphotos/Shutterstock.com; **p.180** © Danita Delimont/Alamy Stock Photo; **p.181** © Nature Picture Library/Alamy Stock Photo; **p.182** © Look Die Bildagentur der Fotografen GmbH/Alamy Stock Photo; **p.184** © spwidoff/Shutterstock.com; **p.186** © stocker1970/Shutterstock.com; **p.187** © Keith Levit /123RF; **p.188** © chirapbogdan/Shutterstock.com; **p.189** © Ljupco Smokovski/Shutterstock.com; **p.190** © Hannamar iah/Shutterstock.com; **p.191** © DayOwl/Shutterstock.com; **p.192** © lithian/Shutterstock.com; **p.193** © SlobodanMiljevic/iStock/Thinkstock; **p.194** © Arindam banerjee /123RF; **p.195** © JonesHon/Shutterstock.com; **p.196** © arindam banerjee/123RF; **p.197** © Imaginewithme/E+/Getty Images; **p.200** © Janna_08/Shutterstock.com; **p.201** © Douanes Francaises/Getty Images News/Getty Images; **p.202** © Xulio Villarino/Cover/Getty Images; **p.203** © Matyas Rehak/Shutterstock.com; **p.204** © Ingram Publishing/Alamy Stock Photo; **p.205** © hxdbzxy/Shutterstock.com; **p.208** © violetkaipa/Shutterstock.com; **p.210** © Miquel Benitez/WireImage/Getty Images; **p.211** © Purestock/Alamy Stock Photo;

Text Credits